（第三版）

思想政治教育有效性研究

思想政治教育有效性问题，常论常需，常论常新。本书以思想政治教育有效性为核心论题，由基础理论研究角度切入，以要素—过程—结果的有效性分析为逻辑展开，在理论与实践、历史与现实的紧密结合中，对提升思想政治教育有效性的规律性问题进行了深入探索。

沈壮海 著

WUHAN UNIVERSITY PRESS
武汉大学出版社

图书在版编目(CIP)数据

思想政治教育有效性研究/沈壮海著 .—3 版 .—武汉：武汉大学出版社,2016.3(2022.3 重印)
ISBN 978-7-307-17621-8

Ⅰ.思… Ⅱ.沈… Ⅲ.思想政治教育—研究—中国 Ⅳ.D64

中国版本图书馆 CIP 数据核字(2016)第 030868 号

责任编辑:胡程立　　责任校对:汪欣怡　　版式设计:马　佳

出版发行：**武汉大学出版社**　(430072　武昌　珞珈山)
(电子邮箱：cbs22@ whu.edu.cn　网址：www.wdp. com.cn)
印刷:武汉中科兴业印务有限公司
开本:720×1000　1/16　印张:15　字数:215 千字　插页:1
版次:2002 年 6 月第 1 版　2008 年 1 月第 2 版
2016 年 3 月第 3 版　2022 年 3 月第 3 版第 4 次印刷
ISBN 978-7-307-17621-8　定价:48.00 元

序

如何提高思想政治教育的有效性？这是思想政治教育理论工作者和实际工作者所共同面临的急需解答的现实问题。因此，能否运用马克思列宁主义、毛泽东思想和邓小平理论，结合时代发展的需要，从理论与实际的结合上回答这一问题，便成为思想政治教育科学发展的关键所在。因为，在新的历史条件下，我们的思想政治教育如果不能产生实效，则它的价值、功能、地位就都没有着落，它的科学发展也就成为一句空话。

江泽民同志 2000 年 6 月在中央思想政治工作会议上的讲话中明确指出，党的思想政治工作决不是可有可无、无所作为的，而是必不可少、大有可为的。他进一步指出，面对新形势新情况，思想政治工作在继承和发扬优良传统的基础上，必须在内容、形式、方法、手段、机制等方面努力进行创新和改进，特别要在增强时代感和加强针对性、实效性、主动性上下功夫，这要成为今后加强和改进思想政治工作的重点。江泽民同志在这里提出的“今后加强和改进思想政治工作的重点”，其中就包括增强“实效性”这一关键环节。因此，探索思想政治教育有效性实现与增强的客观规律，乃是当代思想政治教育理论工作者义不容辞的重大使命，值得我们认真对待，深入思考，努力钻研，以便尽快帮助人们把握提高思想政治教育有效性的客观规律。

沈壮海同志的新著——《思想政治教育有效性研究》，以市场经济的确立与发展为历史背景，以马克思主义唯物史观为指导，顺应时代需要，对提高思想政治教育有效性所涉及的一系列问题进行了从宏观到微观、从历史到现实、从理论到实践的深入探讨，其思想之敏锐，观点之新颖，论证之深刻，为同类著作所不多见，读后使人耳目为之一新。

思想政治教育有效性的理论探讨，具有超时代、超地域的特性。两千多年来，我国一代代先哲都从不同的角度和时代要求探讨过这一问题；放眼世界，东西方各民族也都在不同地域、不同社会环境中探讨过这一问题。这些探讨，就其具有某些共性而言，对于我们今天关于如何增强思想政治教育有效性的理论思考无疑具有历史借鉴意义。

例如，清初启蒙思想家顾炎武对于思想教育的社会效用就有自己的独特见解。他以“拯斯人于涂炭，为万世开太平”为己任，主张思想教育要在“经世致用”上下功夫。为此，他旗帜鲜明地反对宋明道学家“以明心见性之空言，代修己治人之实学”的腐儒学风，力主思想教育要在“转移人心，整顿风俗”上见实效，以“驯致乎治平之用”，使人们真正树立起“天下兴亡，匹夫有责”的社会责任感。显然，顾炎武关于思想教育有效性的论述，对我们今天提高思想政治教育的有效性具有不可忽视的启迪意义。

与此相一致，西方各民族思想家关于思想政治教育有效性的理论探索也有许多优秀成果值得重视。例如，古希腊著名哲学家亚里士多德认为，思想教育要“产生最佳效果”，就必须使“习惯的教导”和“理性的教导”协调一致。他所说的“习惯的教导”，具有“实践”的特色；他所说的“理性的教导”，具有论理的特色。这样，他实际上是说，只有坚持理论与实践相结合的教育，才能产生最佳的效果。毫无疑义，这一关于思想教育有效性所遵循的法则的论述，对于我们今天提高思想政治教育的有效性亦具有不可忽略的借鉴意义。

正是由于中外思想家关于思想教育有效性的理论成果在特定范围内都有其现实价值和为我所用的合理因素，所以，本书的作者用了较大的气力对中外思想家关于思想教育有效性的论述进行了系统的考察。就中国古代而言，本书系统考察了从先秦到明末清初两千多年中先贤们对思想教育有效性探讨的情况；就西方而言，本书系统考察了从古希腊到中世纪以至近、现代等各个历史时期西方诸民族有关思想家对思想教育有效性探讨的情况。这种从古到今、从中到外的理论考察，不仅显示了作者驾驭史料、贯通古今中外的理论勇气，而且也展示了本书的研究视角宽阔这一鲜明特征。本书将思想政治教育有效性问题的理论研究置于丰富的历史经验的基础上，因而使理论探索走向深入，且给人以借史弘论的深切感受。

我国古代思想家和西方思想家关于思想教育有效性的理论成果，虽然对于我们今天关于提高思想政治教育有效性的理论思考有借鉴意义，但是，它们毕竟是历史的产物，不可能替代今人从实际出发的必要研究，因而不能简单地照搬到现实中来。这是因为，思想教育具有鲜明的阶级性和社会性。它对“有效性”所要求的条件总是受阶级统治、社会条件的制约。不同阶级统治、不同社会制度、不同历史环境对思想政治教育有效性所要求的条件是不同的。因此，今人关于思想政治教育有效性实现规律的认识，不可能依靠前人为我们提供现成的答案，必须依靠我们自己的智慧，结合时代的新形势新特点，进行自己的理论探索。

正是基于上述认识，本书作者在考察了中国古代和西方思想家关于思想教育有效性的理论成果之后，把着眼点转移到研究如何增强当代中国现实的思想政治教育有效性问题上来。在这方面，作者颇用功力。他把研究的触角伸向与提高思想政治教育有效性相关的各个环节，特别是思想政治教育所涉及的“要素”、“过程”、“结果”、“规律”等，进行了一系列微观探索和细节考察。全书以思想政治教育活动的实际展开为序，从教育者、教育对象、教育目的、教育内容、教育方法、教育情境六个方面，分析了思想政治教育要素的有效性；从思想政治教育过程的内在结构及其运作的角度，揭示了思想政治教育过程的有效性；从思想政治教育结果的教育性、个体需要满足性以及社会需要满足性等层面，探讨了思想政治教育结果的有效性。在此基础上，作者从六个方面对思想政治教育有效性的运行规律进行了深入探讨和理论概括。其中不少论述，表达了作者的独特之见，给人以许多有益的启示。

例如，本书将哲学中“主体性”的概念运用于研究思想政治教育现象，提出了“思想政治教育者的主体性”范畴。其所谓“思想政治教育者的主体性”，指的是“思想政治教育者的‘本质力量’”。这种“本质力量”，体现于思想政治教育者在组织、实施、调整思想政治教育活动中所体现出的“主体功能”的实际发挥。作者认为，思想政治教育的主体性体现在思想政治教育的实践活动中，但它却取决于思想政治教育者的特定意识和特定素质。在此基础上，作者进一步运用了“主体意识”与“主体素质”的概念，认为主体意识是思想政治教育者关于自身的自觉和明晰的认识，它包括思想政治教育者对于自身在整个思想政治教育中所具有的主体地位、主导作用，所担负的具体使命以及自身主体性活动对于社会、对于教育对象全面而深刻的认知；而主体素质则指的是施教活动主体（教育者）为有效地实现自己所担负的主体性功能所具备的一切条件的总和，其中主要有政治素质、人格素质、理论素质、能力素质等。这些概念和范畴的提出与运用，对于探讨和弄清有效地进行思想政治教育对教育者的条件要求无疑都是很重要的，不仅以严密的逻辑论证将问题的理论研究引向深入，而且也以新颖的思路启迪人们认识“发挥思想政治教育者的主体性”与“提高思想政治教育有效性”两者之间的辩证关系，从而加深了人们对思想政治教育有效性实现条件的理论认识。

理论的研究总是要服务于现实，这既是理论之树常青的需要，也是研究者劳动价值实现的必由之路。本着这一原则，本书在理论探讨的基础上，对当前如何增强思想政治教育的有效性提出了相应的对策建议，认为当前要增强思想政治教育的有效性，就必须进一步加强和改善党的领导，在党的作风建设、理论建设、思想政治教育队伍建设以及思想政治教育运作模式转换等方面扎扎实实地做出成效，使思想政治教育更具有时代感、针对性、主动性。这些见解都符合实际，发人深思，富有现实启迪意义。

总之，本书在内容布局、资料运用、逻辑结构、理论创新、联系实际诸方面都有自己的独到之处，显示了作者在研究这一问题方面所达到的理论高度。毋庸讳言，由于思想政治教育有效性是一个“常论常新”的问题，因而本书的研究也难免有这样或那样的局限与不足，如书中关于思想政治教育有效性实现规律的概括表述，似还欠成熟，尚需进一步推敲、精确和完善。但瑕不掩瑜，本书仍是一本值得一读的好书，而其存在的问题可以在作者今后的研究中逐步解决。相信本书再版时，作者会有更新的收获奉献给读者。

沈壮海同志的这部著作是在他的博士论文的基础上加工而成的。他的博士论文写成后，曾得到校内外同行专家的一致好评，并被博士学位论文答辩委员会评定为优秀论文。在本书即将出版时，他约我为之写序，我欣然应允。作为他的导师，我为他的进步和成就感到由衷的欣慰。希望壮海同志再接再厉，戒骄戒躁，在未来的理论探索中获得更丰硕的成果！是为序。

黄　钊

2001年“五一”节

于珞珈山勤补书斋

目　录

导　　论

高度重视思想政治教育，是中国共产党的优良传统和政治优势。这一优良传统和政治优势的继承与强化，是以党的思想政治教育实践活动卓有成效地展开为基本条件的。与此相适应，从理论上深刻探讨思想政治教育有效性实现的条件要求与客观规律，富有针对性地提出切实加强和改进党的思想政治教育、增强党的思想政治教育有效性的基本举措，便成为我们在思想政治教育的理论建设中所必须面对的重大课题。

一　思想政治教育有效性研究的意义

人类通过自身的实践活动为自己的发展开辟道路。在人类用以指导、规约与衡估自身实践活动的诸尺度中，效用的尺度无疑有着重要的意义。因为，人类的一切实践活动，归根结底，都同人类的需要有关，都是在满足需要的驱动中进行的，自然也都以其对需要的满足为基本的尺度。正是遵循效用的尺度，人类的实践活动才获得了具有主导性意义的发展动力。

在效用尺度的支配下，人类的实践活动在满足人类的相应需要、实现人类的相应目的方面所表现出的积极特性，就构成了人类实践活动的有效性。作为一种客观存在的实践活动，思想政治教育的有效性也就是思想政治教育活动在满足人们的相应需要、实现人们的相应目的方面所表现出的积极特性。思想政治教育有效性问题的研究，具有重要的理论与实践意义。

1. 思想政治教育有效性——常论常需、常论常新的议题

“思想政治教育”的概念确立于马克思主义诞生之后，但是，作为一种特殊的实践活动，思想政治教育自人类社会中的阶级与国家产生之日起便有了客观的存在形态，只不过因时代的不同、国度的不同，人们用以表示这种借用教育的形式与渠道谋求人们思想政治意识的同化和维护社会政治稳定、发展的实践活动的语汇不同罢了。应该说，思想政治教育实践活动的产生与继续，正是以其对社会政治的稳定与发展所具有的客观效用为前提的，否则，它便无法经过人类实践活动中效用尺度的丈量而从人类的实践领域中销声匿迹。

对于思想政治教育的客观效用，历代的思想家曾从不同的角度进行过生动的揭示。众多的华夏先哲将教化视为个体获取社会性的必由之路，“性非教化不成”①，同时又视教化为立政之本，“善政，不如善教之得民也”②。在古代西方，人们将公民政治美德的培育视为善良之邦确立的基础，同时也将德性的大小视为决定个体成就大小的重要因素。诸如此类的描述，有些尽管由于脱离现实的经济关系和过分夸大思想政治教育的效用而陷入了唯心主义的泥潭，但通过林林总总的包括对于思想政治教育效用的极端夸大性的言辞，我们确实看到不同时代不同阶级的思想家都十分重视思想政治教育在人类社会历史发展中的重要作用。

在充分认定思想政治教育效用的基础上，人类对思想政治教育

① 《汉书·董仲舒传》。
② 《孟子·尽心上》。

有效性的关注也同人类关于实践活动的有效性意识一样，由对结果有效性的直接关注，进而产生了对直接影响结果有效性的条件的关注，产生了对这些条件发生作用、影响和制约结果有效性的规律的关注。正是这种关注，构成了人类关于思想政治教育有效性及其产生、实现的客观规律的探索史。无论是古希腊智者们关于“德”是否可教的机辩巧驳，还是华夏先哲就“德教”、“德化”、“教化”如何才能达到“善教”、“圣化”、“化之神者”等理想的有效状态所进行的深沉思索，都构成上述探索史之链上的一环。由于时代整体发展高度的制约以及各自所处社会关系、所持政治立场的不同，这些探索不可避免地包含有相应的时代局限与诸种缺憾，但就整体而言，这些探索仍不失为强大的思想动力，对于人类思想政治教育实践的发展，对于人类通过思想政治教育这种实践活动来满足自身的相应需要，对于人类思想政治教育实践一步步地切合于客观规律，都起到了巨大的推动作用。

综观思想政治教育的实践与理论历程，可以认定，对于思想政治教育有效性的关注，是人类思想政治教育实践不断发展的重要动力之一，也是思想政治教育理论探索中具有永恒意义的主题之一。思想政治教育有效性问题的永恒意义以及客观实践中影响思想政治教育有效性的诸因素与条件的不断发展、变化，使得思想政治教育有效性的研究成为常论常需、常论常新的议题。这一议题常论常需、常论常新的特性，赋予思想政治教育有效性研究深远的学术与实践意义。

2. 变动不居的新情况、新问题——思想政治教育有效性研究现实需求的凸显

如果说在马克思主义诞生以前，人们关于思想政治教育及其有效性的理论由于没有奠定在科学的世界观和方法论基石之上而明显地呈现着不彻底性、臆测性色彩的话，那么，马克思主义的诞生，则使人们对于思想政治教育的认识以及对于思想政治教育有效性的探讨获得了彻底性的革命。马克思主义经典作家在对人类思想政治教育历史发展以及对无产阶级思想政治教育实践经验概括、总结的

基础上，逐步提出了“思想政治教育”的科学概念，并以其对物质与精神、社会存在与社会意识、经济基础与上层建筑之间辩证关系的深刻揭示，为人们正确认识思想政治教育有效性的产生、实现以及提高奠定了基本原理，为人们关于思想政治教育有效性的探讨提供了科学的方法论指导。

以马克思主义武装起来的中国共产党从其诞生之日起，便自觉地以辩证唯物主义和历史唯物主义作为自己观察问题、分析问题、处理问题的武器，科学地看待物质与精神、社会存在与社会意识、经济基础与上层建筑之间的辩证关系，在充分肯定物质的第一性，肯定社会存在对社会意识、经济基础对上层建筑决定性作用的同时，也充分肯定精神对物质、社会意识对社会存在、上层建筑对经济基础能动的反作用，从而对思想政治教育在党的事业中的地位和作用进行了准确定位和科学把握。在数十年的思想政治教育实践中，中国共产党运用马克思主义的基本原理，结合中国革命与建设的具体实际，创造性地构建了中国共产党思想政治教育的理论体系与实践运作体系。在社会主义改革开放和现代化建设新的历史时期，每每回顾起党带领人民群众的奋斗历程，邓小平总是将强有力的思想政治教育视为党的事业胜利前进的重要保证，他反复指出：“为什么我们过去能在非常困难的情况下奋斗出来，战胜千难万险使革命胜利呢？就是因为我们有理想，有马克思主义信念，有共产主义信念。”① “过去我们党无论怎样弱小，无论遇到什么困难，一直有强大的战斗力，因为我们有马克思主义和共产主义的信念。”②在纪念中国共产党成立七十八周年座谈会上，回顾中国共产党近80年的风雨历程，江泽民也深刻地指出：“我们党所以能够发展成为今天这样一个拥有六千多万党员的坚强的马克思主义的执政党，所以能够战胜一切艰难险阻、不断开创新的事业境界，很重要的一条历史经验，就是我们始终坚持在马克思主义的指导下，结合我国的具体实际和不同历史时期的形势，围绕党的中心工作，在带领群

① 《邓小平文选》第3卷，人民出版社1993年版，第110页。
② 《邓小平文选》第3卷，人民出版社1993年版，第144页。

众进行伟大实践的过程中，坚持不懈地加强党的思想建设、政治建设、组织建设和作风建设。”① 党的思想政治建设，正赖于强有力的思想政治教育；党的思想建设、政治建设、组织建设、作风建设的中心环节，也正在于强有力的思想政治教育。

中国共产党的思想政治教育实践是富有成效的，但中国共产党的思想政治教育实践历程并非没有曲折。中国共产党思想政治教育理论体系与实践运作体系确立、成熟于革命战争年代，新中国成立之后，这一体系如何根据新的条件、围绕新的任务进行创造性转换，并没有及时解决好。不容否认，新中国成立之后的前 17 年，党的思想政治教育在推动广大党员和干部迅速适应城市工作和经济工作、端正党风、宣传马克思主义理论和党的基本路线、正确处理人民内部矛盾等基本方面，是正确的，是取得了良好效果的。但是，在具体的思想政治教育过程中也存在简单套用战争时期思想政治教育方式方法的倾向，如通过运动的形式开展思想政治教育等，也出现了反右派斗争扩大化、脱离实际、过分“突出政治”、形式主义泛滥、在意识形态领域中开展过火的政治批判等曲折和错误，这些都直接影响了思想政治教育的有效性。“文化大革命”开始后，思想政治教育愈益偏离了正确的轨道。

1978 年 12 月，党的十一届三中全会的召开，给十年动乱及其后的徘徊画上了句号，全面开拓了社会主义中国改革开放和现代化建设的崭新进程。党的思想政治教育也由此走上了恢复、发展的新的历史时期。邓小平曾指出，改革是中国的第二次革命。之所以称之为革命，无外乎这场改革对于中国社会及其发展所产生的影响之深、之广。正因为如此，思想政治教育伴随着改革开放的到来而走上了发展之途，但与此同时，改革开放又给思想政治教育带来了迅速变化的新的环境、新的对象、新的要求，带来了思想政治教育所必须面对、必须回答的一系列重大理论与现实问题。与改革开放给

---

① 江泽民：《在纪念中国共产党成立七十八周年座谈会上的讲话》，见中共中央宣传部编：《毛泽东邓小平江泽民论思想政治工作》，学习出版社 2000 年版，第 15 页。

思想政治教育所带来的教育环境、教育对象等诸层面的迅速变化相比，思想政治教育的相应改革与调整却又处于相对滞后的状态。思想政治教育与其所处环境的不相适应性，直接体现在思想政治教育有效性的弱化。20 世纪 80 年代末和 90 年代初，学术界关于在改革开放进程中人们的思想道德水准是“爬坡”还是“滑坡”的论争，从一定角度讲，便是思想政治教育有效性受到挑战的折射。20 世纪 90 年代后期，思想政治教育领域里“困境”、“有效性不足”、“功能钝化”等词语的频频出现，也以或感性直观或理性抽象的形态与方式反映着思想政治教育有效性受到挑战的现实。思想政治教育有效性的弱化问题，也为一些重要的研究课题所揭示。国家哲学社会科学“八五”重点科研项目《改革开放条件下培养社会主义建设者和接班人》的最终研究成果指出，“在改革开放条件下如何加强和改进德育，十多年来一直没有停止过探索，也不断取得进展。但从根本上说，还没有达到规律性的认识，找到成熟有效的途径”，“学校德育在内容、方法、手段方面，不适应改革开放的新情况，影响了德育工作的实效”①。据有关调研资料显示，近年来，大学生中认为学校进行的各种形式的思想政治教育有效果的、有收获的人数多徘徊在被调查对象总数的 35%左右，而认为这些思想政治教育无所谓、无效果的人数比例却要远远高于这个数字。这些研究都充分反映了思想政治教育有效性亟待提高的现实。

然而，与思想政治教育有效性的不足形成鲜明对比的，则是中国特色社会主义建设事业的逐步推进对强有力的思想政治教育的现实需要。首先，中国特色社会主义建设是一项前无古人的艰巨、复杂的开创性事业。在整个中国特色社会主义建设的进程中，党的理论、路线、方针、政策和奋斗目标，需要更深入更广泛地宣传，以为群众所理解和掌握；党和政府所采取的一系列推进改革和建设的新举措，需要向群众做通俗的、有说服力的解释；人民群众创造的新经验，需要总结和推广；建设实践中涌现的先进人物和他们的崇

① 陆钦仪、朱新钧：《跨向 21 世纪学校德育的思考与展望》，北京师范大学出版社 1998 年版，第 15 页。

高精神，需要讴歌和传播；群众日益增长的精神文化需求，需要努力满足；实践中提出的许多课题，需要认真研究和探讨；在改革中由于利益关系的调整而出现的思想认识问题和人民内部矛盾问题，需要疏导和解决；社会生活中存在的消极倾向，需要加以克服……这些任务是否能够完成，关系到我们能否保持政治稳定，能否为经济建设提供良好的社会政治环境和动力支持，关系到中国特色社会主义社会发展、进步的全面性，一句话，关系到中国特色社会主义事业的大局。而要完成这些任务，离不开党的思想政治教育卓有成效地开展。其次，我们的建设事业又处于一个国际竞争日趋激烈的世界背景之下，国际竞争归根结底即综合国力的竞争。综合国力主要表现为经济实力、技术实力、民族凝聚力。民族凝聚力的重要来源就是“爱国主义、集体主义、社会主义和马克思主义教育”①，即强有力的思想政治教育。思想政治教育提供的强大精神力量也是经济实力、技术实力这种物质力量不断发展及发挥出更好更大作用的重要条件。再次，综合国力的竞争，实质即人才素质的竞争。“在当代世界的情况下，个人现代性素质并不是一种奢侈，而是一种必需。它们不是派生于制度现代化过程的边际收益，而是这些制度得以长期成功运转的先决条件。现代人素质在国民之中的广为散布，不是发展过程的附带产物，而是国家发展本身的基本因素。”②在人的素质中，“思想政治素质是最重要的素质”③。因此，有利于现代化进程顺利推进、有利于综合国力增强的国民素质的提高，也离不开思想政治教育。可以说，越是深化社会主义改革和加强现代化建设，越需要切实做好思想政治教育工作。

正因为如此，随着改革开放和现代化建设的推进，如何适应新的形势，切实加强和改进思想政治教育，增强思想政治教育的有效

① 江泽民：《教育必须以提高国民素质为根本宗旨》，见中共中央文献研究室编：《十五大以来重要文献选编》（中），人民出版社 2001 年版，第 878 页。

② ［美］阿列克斯·英克尔斯、戴维·H. 史密斯著，顾昕译：《从传统人到现代人》，中国人民大学出版社 1992 年版，第 455 页。

③ 江泽民：《教育必须以提高国民素质为根本宗旨》，见中共中央文献研究室编：《十五大以来重要文献选编》（中），人民出版社 2001 年版，第 879 页。

性，便成为一项事关重大的课题。江泽民多次指出，“我们要加强和改善宣传教育工作。宣传教育要特别注意宣传的内容、形式和效果”①，“宣传思想工作是做人的工作，关键是要有吸引力和实效性”②。1993年8月13日中共中央组织部、中共中央宣传部、国家教育委员会颁发的《关于新形势下加强和改进高等学校党的建设和思想政治工作的若干意见》指出，作为高校思想政治教育主阵地的马克思主义理论课和思想品德课，要以增加说服力和有效性为目标。1995年10月24日国家教育委员会颁发的《关于高校马克思主义理论课和思想品德课教学改革的若干意见》再次指出，要努力提高马克思主义理论课和思想品德课教学的说服力和有效性。1999年9月29日中共中央颁发的《关于加强和改进思想政治工作的若干意见》指出，思想政治工作必须坚持从实际出发的原则，增加针对性和实效性。在2000年6月28日召开的中央思想政治工作会议上，江泽民再次强调指出，面对新形势新情况，思想政治工作在继承和发扬优良传统的基础上，必须在内容、形式、方法、手段、机制等方面努力进行创新和改进，特别要在增强时代感和加强针对性、实效性、主动性上下功夫，这要成为今后加强和改进思想政治工作的重点。因此，当我们将视角由对人类思想政治教育有效性意识的历史性考察转向对中国共产党思想政治教育有效性问题的现实性考察时，我们不能不感受到进行思想政治教育有效性问题研究所具有的重要的现实意义。

3. 研究现状——对深入、系统地进行思想政治教育有效性问题研究的召唤

如前所述，思想政治教育是自国家产生之后人类社会中便客观

---

① 江泽民：《在中央工作会议上的讲话》，见中共中央宣传部编：《毛泽东邓小平江泽民论思想政治工作》，学习出版社2000年版，第62页。

② 江泽民：《宣传思想战线是我们党的一条极其重要的战线》，见中共中央宣传部编：《毛泽东邓小平江泽民论思想政治工作》，学习出版社2000年版，第172页。

存在的一种实践活动。西方国家虽未使用“思想政治教育”的概念，但其所谓的“政治教育”、“公民教育”、“政治社会化”等在实质上即我们所说的思想政治教育。在这种实践活动中，如何实现预期效果、取得实际成效，是人们广为关注的焦点问题。

国外学者关于政治教育、公民教育等实效性的研究散见于其政治文化、政治社会化、公民教育、政治教育的有关论著中。除了在一般意义上对政治教育、公民教育有效性问题进行探讨之外，不少学者还对中国共产党的思想政治教育及其有效性问题进行过探讨，如 C. P. 塞尔的《正在发生的革命：中国的动员运动》、G. 本尼特的《中国的群众运动和社会控制》、R. J. 利夫顿的《极权主义的思想改造和心理学》、F. 舒尔曼的《共产主义中国的意识形态与组织》以及詹姆斯·R. 汤森等著的《中国政治》等。这些著作以“政治教育”、“政治社会化”、“意识形态工作”等为主题，探讨了中国共产党思想政治教育的历史、经验与教训，并对改革开放之后中国共产党思想政治教育面临的新情况进行了不同程度的分析。例如：他们将我党思想政治教育的成功经验概括为组织和通讯网的支持、动员群众直接参加政治事务和基层事务、在思想政治教育方面政策的连续性、面对面交流的教育模式等等。这些著作对影响我党思想政治教育有效性因素的分析主要涉及环境（如传统政治文化的影响；经济、教育等方面的改革使得家庭对利益资源的控制及其相对独立性的强化而导致其作为党的思想政治教育强化力量的弱化；目前条件下世界范围内开放性信息环境的形成和发展等）、思想政治教育本身的因素（如思想政治教育历程中本身存在的失误和曲折而导致的人们对其态度的变化；思想政治教育自身所面临的一些矛盾关系等的日益突出；思想政治教育人员的能力和动机等方面的因素等）。这些研究成果，实证色彩突出，政治学、心理学、教育学的分析色彩浓厚，视角多样，观点纷呈，为我们提供了丰富的可资借鉴的思想资料。但由于国外的研究者立场、方法及所据资料的准确性、全面性等方面的限制，其有些研究结论，不乏偏颇之处。

思想政治教育有效性这一常论常需、常论常新且在当前又有着强烈现实意蕴的课题，近年来也已成为我国思想政治教育理论与实践工作者关注的焦点之一。一批与思想政治教育有效性直接相关的论文陆续问世，一些地方教育科学研究部门纷纷立项以开展学校中的思想政治教育即德育的有效性问题的研究，全国哲学社会科学1992年度科研规划也曾立项资助马克思主义理论教育规律及其实效性问题的研究①。这些研究成果不同程度地涉及了思想政治教育的环境、队伍建设、运作机制、致效因素、效果评价等，从不同的层面揭示了思想政治教育有效性弱化的原因，探讨了思想政治教育有效性增强的基本对策，并以强烈的现实性为我们切实有效地加强和改进思想政治教育提供了丰富的思想资料。

但是，就整体而言，上述研究也存在一些不足。主要表现在：第一，单视角性。研究大多选取党的思想政治教育中的某一个方面，如马克思主义理论教育、社会主义道德教育等进行研究，一般都没有在党的思想政治教育的整体层面上作深入探讨。第二，微观性。研究大多抓住某一具体行业、单位中思想政治教育的具体实例，探讨影响其教育成效的原因，提出改进建议。这种微观性也直接导致了上述研究的又一点不足，即第三，经验描述性。许多已发表的论文大多为对具体、特殊个案的剖析和经验概括；大多以“有效性”为一个约定俗成、人所共知的概念而不予界定和分析就直接使用，并由之进入对提高思想政治教育有效性的对策性探讨。这种直接进入的对策性探讨又只针对几个具体问题展开，如“针对教育对象的需要开展教育，提高思想政治教育的有效性”、“运用相关心理规律开展教育，提高思想政治教育的有效性”等。许多论文便由四五个诸如此类问题的罗列构成，至于这些问题之间的逻辑关系，这些问题的探讨在思想政治教育有效性问题研究中的逻辑定位等，往往不得而知。这种研究思路和方法，导致了思想政治教育有效性问题研究中的重复性探讨、经验化描述现象在相当层面上的存在，也导致了对思想政治教育有效性问题的探讨徘徊在局部

① 该研究的最终成果为专著《马克思主义理论教育规律及其实效性研究》，该著由王新农主编，天津大学出版社1994年出版。

化、个别化的层面。第四，教育学、心理学色彩突出。研究多以一般的教育学、心理学理论为依据，分析思想政治教育中的致效因素及其发挥作用的机制，提出增强思想政治教育有效性的对策，却大多没有将思想政治教育置于党的领导的实现系统中，将增强思想政治教育的有效性与加强和完善党的领导、推动党的建设结合起来。第五，这些研究与我国当前经济成分和经济利益、社会生活方式、社会组织形式、就业岗位和就业方式多样化的发展等新的社会历史条件的结合尚不紧密。第六，研究方法相对单一，即多定性研究，少定性研究与定量研究的有机结合，多单学科探讨，少科际整合视野中的观照，从而限制了分析的深度，也使得研究成果的实际操作性、应用性相对欠缺。第七，在上述研究中，也存在一些值得商榷的观点。如有人在分析当前党的思想政治教育有效性受到挑战的情况时，认为问题出在党的思想政治教育明显的政治化倾向上；有人对马克思主义关于思想政治教育的灌输原则发出疑问，认为只有否定灌输才能提高思想政治教育的有效性；还有人主张党的思想政治教育应该心理咨询化；等等。这些观点的存在，直接影响了人们对党的思想政治教育应有的正确认识。

总之，从整体上看，目前学术界对思想政治教育有效性问题的理论研究还远远不能满足全面加强和改进思想政治教育、提高思想政治教育有效性的需要，还远远没有由经验的层面上升到理论的层面，从而真正推动思想政治教育实践科学化，推动思想政治教育理论建设学科化。思想政治教育有效性理论研究的这种现状，更进一步显示出深入开展思想政治教育有效性理论研究的重要性和紧迫性。

二　有效性的内涵及本质

1. 有效性的内涵

正如效用尺度是人类实践活动的一项基本尺度一样，有效性意识也是人类实践活动中所内含的一项基本意识，它伴随着人类实践活动的产生而产生。恩格斯在谈到人类意识的发展历程时指出，伴随着人运用工具而进行的实践活动的展开，人的“头脑也一步一步地发展起来，首先产生了对影响某些个别的实际效益的条件的意识，而后来在处境较好的民族中间，则由此产生了对制约着这些条件的自然规律的理解”①。对影响实践活动实际效益的条件的意识，即对制约实践活动有效性的诸因素的认识；对制约着这些条件的自然规律的意识，即从更根本、更本质的层面上对实践活动有效性产生与实现的客观规律的认识和把握。

恩格斯关于人类实践活动有效性意识的论述，揭示了人类有效性意识与人类实践活动产生的内在关联，同时也揭示了人类有效性意识的产生、演化是由“对影响某些个别的实际效益的条件的意识”到“对制约着这些条件的自然规律的理解”的历史进程。在实践的基础上，人类从物我不分、主客合一逐步走上了物我相离、主客分化的历程。主客分化，标志着具有自觉主体意识的人类的诞生。主客分化的重要结果，是人类将自身与其所进行的对象性活动以及对象性活动的结果区分开来，确立了为“我”而存在的一切关系，并将自身的对象性活动以及对象性活动的结果作为意识的对象，萌生了关于“关系的意识”。对象性活动及对象性活动的结果对人自身具有怎样的实际效用，便构成了这种关于“关系的意识”的核心性内容。更确切地讲，这种关于“关系的意识”所内含的效用意识，首先是作为活动结果的外界物对于人类所具有的效用的意识。人们首先是“积极地活动，通过活动来取得一定的外界物，从而满足自己的需要。……由于这一过程的重复，这些物能使人们‘满足需要’这一属性，就铭记在他们的头脑中了，人……也就学会‘从理论上’把能满足他们需要的外界物同一切其他的外界物区别开来”②。正如有的学者指出的那样，“在原始先民那里，占主要地位的、作为注意中心的，是关于外在对象对主体的效用，或者

① 《马克思恩格斯选集》第4卷，人民出版社1995年版，第274页。

② 《马克思恩格斯全集》第19卷，人民出版社1963年版，第405页。

说，一切外在对象首先作为起某种效用的对象而存在，作为引起某种主体感受的‘原因物’而存在，似乎它们之所以存在，就是为了要引起某种主体感受”①。随着实践的发展以及与此相适应的人类主体性的进一步增强，人类意识能力的进一步提高，相同的活动总是引起相应的结果的现象使得人类开始“从结果回溯到原因，从而初步领悟活动与满足需要的结果之间的联系”②，对外界物效用的上述直接性认识逐渐发展为对导致作为对象性活动产物的外界物效用的诸原因、条件的关注，亦即恩格斯所说的对于影响“实际效益的条件的意识”。与对外界物效用的直接性意识相比较，这种意识无疑具有间接性。人类有效性意识由直接性向间接性的这种转变，标志着人类有效性意识演化进程中的具有重要意义的飞跃。当人们由对对象性活动结果效用性的直接关注转变为对对象性活动导致其活动结果产生的手段和条件的关注时，人们便具备了探索对象性活动与其结果的效用性之间内在的因果关系，从而认识、掌握对象性活动有效性产生和实现的客观规律即产生恩格斯所说的对制约着影响实际效益条件的自然规律的理解的前提。总之，关注对象性活动结果的效用性、关注对象性活动结果对主体需要满足的有效性→关注对象性活动结果效用性赖以确立的种种条件和手段→关注对象性活动与其结果效用性的确立之间的因果关系即对象性活动有效性产生和实现的规律，这便是人类有效性意识发展、演化的基本脉络。

人类有效性意识的发展、演进既规定着同时也呈现了我们探讨实践活动有效性问题时应该把握的基本内涵。第一，任何实践活动的有效性问题，首要的包含着这种实践活动的结果的有效性问题。人们对任何实践活动有效性的感知与评判，最直接、最根本的依据便是这一实践活动结果的有效性。人们对实践活动有效性的追求，其落脚点也正在于这一实践活动结果的有效性。第二，人们对于有效性问题的关注以及对于有效性问题的研究，以认识、判别实践活

---

① 马俊峰：《评价活动论》，中国人民大学出版社 1994 年版，第 56 页。

② 夏甄陶：《认识发生论》，人民出版社 1991 年版，第 281 页。

动结果是否能够有效满足人们的相应需要为驱动，同时也以提高实践活动有效满足人们需要的程度为目的。如果我们的视角只停留在对实践活动结果有效性的关注，那么，最多只能导致我们对现有实践成果的选择性利用，而无法实现不断提高实践活动有效满足人们需要的程度的目的。因此，我们对于实践活动有效性的探讨，必须同时注重构成实践活动的诸要素及实践活动的方式、条件等对于特定实践活动结果的产生所应具备的有效性问题，并在此基础上揭示实践活动有效性产生和实现的基本规律。

2. 有效性的本质

实践活动的有效性，就其实质而言，是体现于特定价值关系中的价值属性问题。价值关系，表现为客体在满足主体需要的过程中所构成的主客体之间的关系。凡是能够满足主体需要的客体，就是有价值的客体，反之则是无价值的客体。价值的确立有赖于客体所具有的特定属性，同时又有赖于客体与主体之间特定主客体关系的构成，换言之，价值产生于客体所具有的特定属性与相应的主客体关系的统一之中。在谈到商品的使用价值时，马克思曾经指出，商品的“有用性不是悬在空中的。它决定于商品体的属性，离开了商品体就不存在”①。但不同的人面对相同的商品又会因其各自不同的需求而作出不同的价值判断，这是因为具有相同属性的商品处于不同的主客体关系之中。作为一种价值属性的体现，有效性所指的是特定实践活动及其结果所具有的相应特性，且这种特性又是实践活动及其结果在与相应价值主体构成的价值关系即对相应主体需要的满足关系中所表现出来的。离开了实践活动及其结果的特定属性，有效性便没有了得以确立的根基；离开了特定的价值关系，有效性也同样无从谈起。在《未来的意大利革命和社会党》一文中，恩格斯曾经运用过“有效性”一词，他说，“至于我所强调的一般的策略，长期以来，我已经确信它的有效性；它从未丧失过这种有

---

① 《马克思恩格斯全集》第23卷，人民出版社1972年版，第48页。

效性。但是说到怎样把它运用到意大利目前的状况，那就是另一回事"①。在这里，恩格斯也是将"有效性"严格作为事物在特定的关系中所表现出的特性来运用的。他之所以确信他所强调的策略的有效性，是因为这种有效性是他所强调的策略在长期的无产阶级运动中所确凿地表现出来的有利于无产阶级运动的特性；他之所以说如何把这种策略运用到意大利目前的状况是另外一回事，则是因为其有效性要置于新的价值关系之中进行判定。实践活动有效性的这种特点，规定着我们探讨实践活动有效性必须坚持的方法论原则，即必须将实践活动有效性的探讨始终置于具体的价值关系之中来进行。

3. 相关概念区辨

有效性的上述特点，使得它有别于与其相近的一系列概念范畴。

有效性不同于效率。"有效性指组织目标实现的程度，而效率指目标实现过程中的状态，特别是指为实现一个目标所需的能量和资源的数量。"② 效率所标示的是产出与投入之间的比率。有效性与效率有一定的关系。任何具有有效性的实践活动，其产出与投入之间的比率必然是大于1的，效率小于1的实践活动不可能具有有效性。但效率作为产出与投入之间的比率，只是相应关系的量的方面的标示或相应实践活动状态方面的描述，它本身并不构成相应实体所具有的属性，而有效性则在实践活动效率大于1的前提下，还揭示着这种实践活动的产出与相应主体之间所存在的肯定性价值关系。

有效性不同于效能。效能所描述的是特定的事物或活动在实现相应目的的过程中所具有的效用、能量。或者说，效能重点阐发的是事物或活动对于目的实现所具有的积极作用，或者说是手段对于

---

① 《马克思恩格斯选集》第4卷，人民出版社1995年版，第456页。

② ［美］R. E. 安德森、I. 卡特著，王吉胜等译：《社会环境中的人类行为》，国际文化出版公司1988年版，第131页。

目的的意义。如前所述，我们对实践活动有效性的探讨，包括实践活动方式方法等手段条件对于结果效用的产生即对于特定目的的实现所具有的意义，同时也包括特定实践活动结果对于相应主体所具有的需要满足的意义。如果单就前者而言，有效性与效能具有近义甚或同义性，但后者的探讨，则显然又是“效能”所不能涵盖的。

有效性也不同于效益。效益是人们对活动结果进行描述时经常使用的概念，它主要指的是与活动的目的之间具有吻合性的活动结果，重点揭示的是活动的结果所产生的正面的效用、收益。因此，如果单纯就对活动结果的考察而言，效益与有效性相近。但是，有效性问题所涵盖的另一个层面即实践活动的手段对实践活动目的的实现所具有的效用问题，则是对效益的关注所不能涵盖的。

概括而言，有效性与效率、效能、效益有一定的关联，但在本质上又是截然不同的。对实践活动有效性的考察，会涉及效率、效能、效益，但又不是这几个方面的简单组合。

三 思想政治教育有效性研究的论域、思路与方法

前文描述了思想政治教育有效性问题研究的现状，并指出了目前研究所存在的诸如经验化、局部化、零散化等方面的不足。造成这种研究状况的原因是多方面的，但其中一个重要的原因即在于目前的研究是在缺乏严整的理论框架的情况下展开的。严整、科学的理论框架的设定，是科学研究获得整体视野、遵从严密的逻辑一步步走向深化的基本条件。由于缺乏严整的理论框架，人们不能准确地把握思想政治教育有效性研究的逻辑起点，不能全面地把握思想政治教育有效性研究应该涉及的、不可或缺的基本方面，而只能以局部的视角、从既有的经验出发，对思想政治教育有效性问题进行探讨。当然，局部的、个别化的研究也是思想政治教育有效性问题的研究所需要的，从某种意义上讲，进入局部的、个别化层面的探讨还往往是研究深化的标志。但是，局部的、个别化的研究也只有确立于对思想政治教育有效性问题整体化把握的基础之上，才可能

更为深刻、精确；也只有经过了整体的、宏观的观照和探讨而达到的局部的、个别的研究，才能真正标志研究的深化，否则，它只能是研究的初始阶段。思想政治教育有效性问题的研究要想得到全面深化，必须设定严整、科学的理论框架。

严整、科学的理论研究框架的确立，在于对相应论题核心性范畴及论域构成诸方面的准确、全面的把握。

1. 思想政治教育有效性研究论域的基本构成

通过考察人类有效性意识的发生、演变历程，我们知道，关注对象性活动结果的效用性、关注对象性活动结果对主体需要满足的有效性——→关注对象性活动结果效用性赖以确立的种种条件和手段——→关注对象性活动与其结果效用性的确立之间的因果关系即对象性活动有效性产生和实现的规律，构成了人类有效性意识发展、演化的基本脉络。人类有效性意识的这种发展、演化历程，既规定着同时也呈现了我们对实践活动有效性问题的探讨应该注意的基本方面。这些基本方面，也规定了思想政治教育有效性问题研究论域的基本构成。

一般而言，我们对于思想政治教育活动是否有效即是否具有有效性的认知与评判，其最初的感知点及最终的评判对象，不是思想政治教育活动的别的方面，而是思想政治教育的结果。对于结果效用的感知，是人类实践活动有效性意识历史发展的起点，也是人类对任何事物与活动有效性认识的起点。因而，思想政治教育有效性问题的研究，自然应该包括思想政治教育结果的有效性研究。

但是，如前文所述，如果我们对于有效性问题的研究仅停留在对实践活动结果有效性的分析之上，那么我们充其量只能辨识结果、享用结果，而不可能有效地优化结果、提高结果，从而实现我们进行有效性问题研究的最终目的；我们也便没有全面地把握人类实践活动有效性意识的历史演进过程对有效性所给出的历史的界定。因此，在思想政治教育有效性问题的研究中，我们还必须在对思想政治教育结果的静态分析基础上深入到导致这一结果形成的动态的思想政治教育活动过程中，理清具体的活动过程与相应结果之间的内在关联，探讨对于相应思想政治教育结果而言，能够有效实现这一结果的思想政治教育过程即具有有效性的思想政治教育过程应该遵循的种种规定。“当我们从相对静态的活动效果追溯到活动的动态过程时，如果试图像评价活动结果的合目的性那样去审视人的活动过程与其目的的关系，那么依据同样的逻辑，与活动结果的有效部分即效果相对应的应该是活动过程的有效作用即效用。”① 对思想政治教育活动过程有效性的研究，便构成思想政治教育有效性研究的又一重要组成部分。

在对思想政治教育活动过程有效性的分析中，我们还可以发现构成思想政治教育活动的多种要素对思想政治教育过程的有效展开所客观具有的制约、影响作用。没有符合思想政治教育过程有效展开所要求的要素，就没有思想政治教育过程的有效展开；没有思想政治教育诸要素相对于思想政治教育过程的有效展开所具有的有效性，就没有思想政治教育过程的有效性。任何过程，都不是脱离具体要素的抽象存在，同样，任何过程的有效性，都不可能在脱离具体要素的有效性的前提下得以实现。要素有效性与过程有效性之间的这种不可剥离的关系，决定了思想政治教育要素有效性的研究在思想政治教育有效性问题研究中的重要地位。

总之，思想政治教育结果的有效性、思想政治教育过程的有效性、思想政治教育要素的有效性，构成了思想政治教育有效性问题研究的三个基本方面。这三个方面的研究，是我们探索思想政治教育有效性实现规律的基础，也是我们探讨中国特色社会主义建设进程中党的思想政治教育有效性问题的原理性依据。

这三个方面，也有其紧密的内在关联。思想政治教育要素有效性是思想政治教育过程有效性的前提，但思想政治教育要素的有效性，只有当我们将思想政治教育要素置于思想政治教育过程中时，才能得以明确的规定；也只有通过实际的思想政治教育过程，才能由潜在的、可能的形态转化为现实的、具体的形态，才能真正成为思想政治教育结果有效性的影响因素。思想政治教育结果的产生及

① 郭湛：《人活动的效率》，人民出版社 1990 年版，第 35 页。

其有效性的确立，又只有通过思想政治教育过程的充分展开及其有效性的确立才能得以实现。与此同时，也只有当我们将思想政治教育的实际过程与我们所期望的思想政治教育结果的产生紧密地联系起来进行考察时，思想政治教育过程的有效性才可能获得具体的意义及实际的判别标准。思想政治教育的有效结果是思想政治教育有效要素相互联系、相互作用的过程的产物，思想政治教育的有效结果又以其所内含的相应价值主体对于思想政治教育活动的具体需要而为思想政治教育要素的有效性、过程的有效性提供基本的判别标准。概括而言，在这三者中间，思想政治教育要素的有效性对于思想政治教育过程及结果的有效性具有前提意义、条件意义；思想政治教育过程的有效性是思想政治教育有效性问题研究的中心环节，也是连接思想政治教育要素有效性与思想政治教育结果有效性的中介环节；思想政治教育结果的有效性是有效思想政治教育要素参与有效思想政治教育过程的产物，是我们判断、检验整个思想政治教育活动有效性的基本依据。

2. 思想政治教育有效性研究的逻辑思路

思想政治教育结果的有效性、过程的有效性、要素的有效性之间的上述关系，以及人们对思想政治教育有效性认识、评价的一般进程，也为我们对思想政治教育有效性问题的研究提供了基本的逻辑线索。一方面，我们可以以人们对思想政治教育有效性认知、评价的一般进程为基本的逻辑线索，由对思想政治教育结果有效性的研究入手，进而探讨思想政治教育过程的有效性，再而深入到对思想政治教育要素有效性的探讨；另一方面，我们也可以以思想政治教育活动的实际展开、推进历程为基本的逻辑线索，由对思想政治教育要素有效性的研究入手，进而探讨思想政治教育过程的有效性，再而深入到对思想政治教育结果有效性的探讨。但不论采取哪种逻辑思路，我们对思想政治教育要素、过程、结果有效性的研究，都应该对这三个方面有效性各自得以体现的价值关系是什么、评价标准是什么、具体表现是什么、确立条件是什么、影响其确立的因素是什么等基本问题作出回答。沿着相应的逻辑线索，对这些基本问题进行深入解答，我们便可以达到对思想政治教育有效性问题的系统探讨之目的。

思想政治教育要素的有效性，即思想政治教育诸要素所具有的有利于实现自身在理想的思想政治教育活动中所担负功能的积极属性，它通过这些要素对于思想政治教育目的的实现所具有的效能和在实现思想政治教育目的的过程中各要素对于其他要素效能的发挥所具有的促进作用表现出来，通过思想政治教育的有效进行对教育要素的具体要求表现出来。不同要素有效性的生成条件不同。教育者的有效性取决于教育者是否具有相应的主体意识和包括政治素质、人格素质、理论素质、能力素质等在内的主体素质。教育对象的有效性取决于教育对象是否具有明确的接受主体意识及相应的知识准备与接受力。教育目的的有效性取决于目的本身的正确性、可实现性、整体性、实践性和对社会需要及教育对象身心发展规律与发展状态的适应性、表述的准确清晰性等。教育内容的有效性取决于教育内容是否具有真理性、真实性、先进性、透彻性，取决于教育内容在由纯粹的理论体系转化为教育体系的过程中是否具有表现理论体系精神实质的精确性，以及是否具有与教育对象日常生活经验、利益、需求和教育对象对思想信息认识与理解方式的契合性等。教育方法的有效性取决于教育方法对教育者、教育对象、教育目的、教育内容诸要素的适应性。教育情境的有效性取决于教育情境与思想政治教育所处的社会经济、政治、文化大环境的紧密相关性和与教育目的、内容的高度涵容性。要素有效性的确立，是思想政治教育过程有效展开、思想政治教育活动有效性得以实现的前提条件。

要素的相互联系、相互作用构成了思想政治教育过程的现实展开。思想政治教育过程由四个基本的子过程即教育者的意识活动过程、实践活动过程和教育对象的意识活动过程、实践活动过程构成。思想政治教育过程的有效性，即思想政治教育过程在最大限度地发挥诸教育要素的效能，促进教育目的实现方面所表现出的积极属性，它取决于诸子过程的充分展开及其有效性的确立，取决于教育者主导作用的充分发挥。思想政治教育过程作为思想政治教育活动的现实展开，是时刻处于特定的社会经济政治文化环境中的，其有效性能否实现，受着这种大的社会环境的影响。因此，对思想政治教育过程有效性的探讨，还应该运用生态分析的方法，揭示社会环境对思想政治教育过程的影响形式、机制与规律，从而对思想政治教育过程有效性确立的条件进行更为全面的把握。

思想政治教育结果的有效性，通过思想政治教育结果与教育者所代表的社会、与教育对象、与思想政治教育活动的持续开展之间所形成的价值关系而体现出来，它表现为思想政治教育结果对上述三个方面价值关系中价值主体的需求满足属性。对于思想政治教育活动的持续开展而言，思想政治教育结果的有效性即思想政治教育结果推动思想政治教育活动持续开展的积极属性，具体表现为特定结果的出现所带来的思想政治教育氛围的优化、思想政治教育关系的优化，以及教育对象内在认知图式、知识准备基础、需要动力系统、自我教育能力等的优化和强化。对于教育对象而言，思想政治教育结果的有效性表现为思想政治教育结果对教育对象社会适应需要、精神享受需要、自我发展需要的满足性。对于教育者所代表的社会而言，思想政治教育结果的有效性表现为思想政治教育结果对社会认同需要、社会动员需要、社会精神构建需要的满足性。思想政治教育结果有效性的全面而非片面的实现，是思想政治教育结果上述三个方面有效性的共同实现，但在具体的思想政治教育实践中，上述三个方面常常会表现出不相一致甚或冲突的关系，因此，对于思想政治教育结果有效性的研究，还应包括对上述三个方面的不一致关系、冲突关系产生的根源以及一致关系、互生关系实现的基础和条件等内容的探讨。

综上所述，以“有效性”这一核心概念为逻辑起点，对思想政治教育的要素、过程、结果有效性的多视角、多层面的分析，构成了思想政治教育有效性问题研究的基本理论框架。从这一框架出发对思想政治教育有效性所涉及的诸问题进行深入探讨，我们便可以更为精确地探索思想政治教育有效性实现的客观规律，并为增强思想政治教育有效性科学对策的探讨提供更为坚实的原理性依据。当然，对思想政治教育有效性问题的研究并非只能沿着上述一种思路进行，但应明确地看到，只有当我们确立了相对严整的理论框架之后，我们对思想政治教育有效性问题的研究才可能是整体的而非局部的、相对系统的而非零散的、具有相应的普遍性的而非个别经验化的，我们的研究才可能真正具有促进思想政治教育科学化与学科化发展、有力回应种种现实挑战的意义。本书的写作将以思想政治教育实践活动的具体展开历程为基本线索，阐述思想政治教育有效性的基本理论问题，并首先从思想政治教育实践活动的历史发展切入，系统梳理人类关于思想政治教育有效性的基本理念，揭示马克思主义的诞生对于思想政治教育有效性问题的探讨所具有的意义，以及马克思主义关于思想政治教育有效性的基本理论。在此之后，本书以思想政治教育活动的实际展开为序，依次探讨思想政治教育要素的有效性、思想政治教育过程的有效性、思想政治教育结果的有效性，揭示思想政治教育有效性实现的客观规律，在此基础上，紧扣当前思想政治教育的实践进程，分析加强和改进党的思想政治教育、切实增强党的思想政治教育有效性的应有思路。

3. 思想政治教育有效性研究的主要方法

本书对思想政治教育有效性问题的研究，在坚持马克思主义基本理论的基础上主要运用如下方法：

（1）坚持系统科学的研究方法

一方面，将思想政治教育视为一个完整的系统，从系统内部结构及其转换的角度，探讨思想政治教育有效性的实现即思想政治教育系统功能的实现。在这一探讨中，由思想政治教育系统的诸构成要素及其有效性的静态剖析入手，并以之为基础，揭示思想政治教育系统诸要素的相互联系、相互作用的动态过程，分析其对思想政治教育系统整体功能实现的影响和作用，最后再由对思想政治教育的动态分析进入对思想政治教育系统产出的静态研究，分析思想政治教育系统产出即思想政治教育结果应有的实际效用及其有效性评判体系。另一方面，将思想政治教育系统视为更大的社会系统中的子系统或要素来看待，分析其间的相互影响作用，揭示更大的社会系统对思想政治教育有效性实现的客观影响，以及思想政治教育结果对于更大的社会系统的实际效应，从而对思想政治教育有效性问题进行整体性的多层面、多视角的探讨。

（2）遵循研究方法与叙述方法的有机统一

研究过程以大量占有资料为基础，逐步由具体上升到抽象，总结、归纳出思想政治教育有效性生成、强化的客观规律、基础原理；研究结果的表述则由抽象到具体，先从对思想政治教育有效性基本理论的揭示入手，按严密的逻辑层次展开，最后以所阐发的关于思想政治教育有效性的基本理论为基本依据，提出增强党的思想政治教育有效性的基本对策。

（3）坚持历史与逻辑相统一的方法

在对思想政治教育有效性问题的历史考察中，注重分析其内在的逻辑性。在以马克思主义为方法论指导进行思想政治教育有效性基本理论逻辑构建的同时，注重对思想政治教育尤其是马克思主义思想政治教育理论的历史方面的系统考察。在对理论的逻辑推演与对历史的系统考察的统一中，来提炼、概括思想政治教育有效性生成与强化的基本原理。

（4）坚持宏观审视与微观剖析相统一的方法

注重从宏观的角度对思想政治教育有效性一般理论的阐释，但与此同时，也注重对思想政治教育有效性生成的内在微观机制、影响思想政治教育有效性的各微观因素的剖析。以微观剖析支持宏观审视，以宏观审视指导微观剖析。

第一章

思想政治教育有效性观念的历史发展

“思想政治教育”概念的明确提出，是马克思主义诞生之后的事，但是，作为一种客观的实践活动，思想政治教育却是伴随着人类阶级社会的产生、发展而产生、发展起来的。因而，沿着历史的线索，系统梳理人类关于思想政治教育有效性问题的理论思维成果，当是我们思想政治教育有效性理论研究不可回避的一个重要问题。须指出的是，“思想政治教育”是一个含义极广的概念，政治教育、道德教育、思想教育等都包含其中。本章是从对“思想政治教育”最广义的理解出发来展开探讨的。

一　中国思想家思想政治教育有效性观念的历史发展

伦理化是中国传统政治思维的鲜明特性。与这种伦理化的政治思维相一致的，则是历代以经邦济世为论学主旨的思想家们对教化的推崇①。教化的有效性问题，自然也是他们关注的焦点。

1. 春秋战国时期的思想政治教育有效性观念

春秋战国时期，是我国社会由奴隶制向封建制转变的重大转型时期。面对经济利益的分化与重组，面对各个政治王国的兴衰治乱，众多的思想家纷纷从各自的阶级立场出发，阐述为政之道。其中，对于教化及其有效性问题探讨最多的，当数儒墨两家。

首开儒家关于教化有效性探讨先河的，是儒家创始人孔子。孔子推重教化的政治效用，以之为垂拱而治之根本，"为政以德，譬如北辰，居其所而众星共之"②。对教化政治效用的肯认，无疑成为孔子倾其毕生之力于道德教化的重要动因。对孔子教化实践之成效，颜渊曾有"欲罢不能"③ 之论。如此的教化之效，与孔子对有效教化规律性的高度关注是分不开的。孔子将教化成效实现的可能性，奠定于人性可易的认识之上，所谓"性相近也，习相远也"④，正是从人性的根本上探讨教化能否有效的个体内在条件问题。在此基础上，孔子从多个角度揭示了有效教化必须遵循的基本规则：他强调教化时机对于有效教化的意义，主张"不愤不启，不悱不发"⑤，愤、悱，皆为教化对象的良好受教状态，表示良好教化时机的出现；他还强调"能近取譬"教化方法的有效性，"能近取譬，可谓仁之方也已"⑥；他认为，教化内容与教化对象的匹配也

---

① 张岱年等在谈及中国传统伦理思想的特点时就明确指出，由于人性论的德性主义和对道德政治功能的强调，使得中国传统伦理思想的道德修养论和道德教育论特别发达，这也是一个重要的特点。中国古代的教育，实即道德—政治教育。说教育即"教化"，虽言过其实，但教育以德教为主，却是事实。（参见朱贻庭：《中国传统伦理思想史》绪论，华东师范大学出版社 1989 年版。）

② 《论语・为政》。

③ 《论语・子罕》。

④ 《论语・阳货》。

⑤ 《论语・述而》。

⑥ 《论语・雍也》。

直接关系教化的有效性，所以，“中人以上，可以语上也。中人以下，不可以语上也”①；教化有效性实现的最根本的因素是教化对象的自觉能动性，“我欲仁，斯仁至矣”②；他指出，执政者的执政行为与其教化的有效性之间关系甚密，“上好礼则民莫敢不敬，上好义则民莫敢不服”③。孔子还探讨了教化有效性的评判问题。他认为，教化效果的形成是一个长期的过程，“如有王者，必世后而仁”④，即王者的教化，其效于30年之后才会显现。教化的有效性，体现为教化对象对教化内容的实际践履。孔子每每以现实生活中的具体行为向其弟子释“仁”，也正说明了孔子对“行”的关注。孔子还看到了教化有效性的评判应该坚持的长期性、多方位性，所谓“父在观其志，父没观其行，三年无改于父之道，可谓孝矣”⑤，对人要“视其所以，观其所由，察其所安”⑥等，都说明了孔子关于教化有效性评判的基本观点。

与孔子一样，孟子也是在对为政之道的整体设计中来构建他的教化论的。其所阐扬的“仁政”，即以广行教化为一项基本内容。他认为，广行教化，再加之制民以恒产，“然而不王者，未之有也”⑦。对于教化之可行性，孟子也从人性之中寻找根据。他从唯心的方面发展孔子的人性论，将“四心”、“四端”⑧作为个体所固有的先验的存在，作为教化有效性实现即个体良好品德形成的内在根据。与这种人性论相应，孟子强调教化对象的自觉能动性在良好道德品质形成中的作用，“凡有四端于我者，知皆扩而充之矣。若火之始然（燃），泉之始达。苟能充之，足以保四海，苟不充

---

① 《论语·雍也》。
② 《论语·述而》。
③ 《论语·子路》。
④ 《论语·子路》。
⑤ 《论语·学而》。
⑥ 《论语·为政》。
⑦ 《孟子·梁惠王上》。
⑧ 《孟子·公孙丑上》。

之，不足以事父母”①。在有效教化的实际运作方面，孟子还强调为政者的身体力行对于有效教化的意义，认为“君仁，莫不仁；君义，莫不义；君正，莫不正”②；强调教化的具体简约性与教化有效性之间的正相关关系，“言近而指远者，善言也。守约而施博者，善道也”③。这些方面鲜明地体现了孟子对孔子“身教”主张及“能近取譬”教化方法论的继承关系。

作为先秦时期儒家学派的集大成者，荀子继承了孔孟关于教化政治效用的种种思想，并结合自己的“礼义”立国论，打出了“礼义教化”④ 的旗帜。但与孟子不同的是，当孟子以人性为善并由此阐述教化可行之理时，荀子则以人性为恶，认为“其善者伪也”⑤。他将“善”视为后天人为之功，其实也正是对教化之效的充分肯定。较之孔孟，荀子对教化可行的个体内在根据的揭示要更为深刻。他认为，正是教化对象身上所具有的“可以知仁义法正之质”、“可以能仁义法正之具”⑥ 使得教化对象具有了接受、践履仁义法正之理的可能性。这种“可以知仁义法正之质”、“可以能仁义法正之具”也就是个体的内在心理结构所具有的种种机能。在对人的内在心理特性的分析中，荀子比孔孟更深刻地看到了艺术在有效教化中的作用，认为“乐”以其与个体心理结构的同构关系，“可以善民心，其感人深，其移风易俗”，“乐行而志清，礼修而行成，耳目聪明，血气和平，移风易俗，天下皆宁”⑦。在有效教化的实际施行方面，荀子强调为政者的示范效用，认为上为下仪，“上宣明则下治辨矣，上端诚则下愿悫矣，上公正则下易直矣”⑧；强调“师法”的作用，“人有师有法而知，则速通，勇则

① 《孟子·公孙丑上》。
② 《孟子·离娄上》。
③ 《孟子·尽心下》。
④ 《荀子·议兵》。
⑤ 《荀子·性恶》。
⑥ 《荀子·性恶》。
⑦ 《荀子·乐论》。
⑧ 《荀子·正论》。

速威，云能则速成，察则速尽，辩则速论”①。荀子也强调教化对象的自觉能动性的发挥对于有效教化的效用，主张“修身自强”②。荀子还指出，个体品质的形成，与周围环境潜移默化即所谓“靡使然”③的作用是分不开的，故应注重教化环境的优化，注重“择”友、“择”师等。荀子还看到了教化有效性实现的长期性，“今使涂之人伏术为学，专心一志，思索孰察，加日县久，积善而不息，则通于神明，参于天地矣。故圣人者，人之所积而致矣”④。

在先秦时期，尊崇教化并对教化有效性问题进行过深入探讨的还有墨家代表人物墨子。墨子将人类初始状态描绘为一人一义、十人十义且各是己义而非人之义的状态，认为“同一义”是为政者实现理想治境的必由之路。“同一义”目标的实现，不排除暴力强制手段的运用，同时也不排除教化的施行。因而，墨子虽不像儒家学者那样将教化推置于治之本的位置，但也并不否认教化对于政治秩序确立与维系的重要效用。正是在充分肯定教化效用的基础上，墨子在其言行中才处处表露出有道者劝以教人的使命意识。墨子还强调，对于教化功效的充分认定，是教化活动能够正常开展并取得成效的前提，“以学为无益也，教，悖”⑤。对于教化活动的有效开展问题，墨子也曾从多个角度进行过探讨。他强调明确的功利性目标的设置对于教化对象积极主动接受教化从而提高教化有效性的意义，这一主张虽难免有利诱之嫌，但也反映了墨子对于实际利益与教化有效性之间关系的朴素认识。墨子还看到了教化内容逻辑上的一致性与教化有效性之间的关系，因此他尖锐地批评“教人学而执有命”的做法，认为这无异于“命人葆而去亓（其）冠”⑥，自相矛盾，不可能有效果。墨子还认为，教化要取得成效，必须破立并举，在批驳人们不正确思想观念的同时，注重向人们传授正确的

① 《荀子·儒效》。
② 《荀子·修身》。
③ 《荀子·性恶》。
④ 《荀子·性恶》。
⑤ 《墨子·经说下》。
⑥ 以上见《墨子·公孟》。

思想观念，“非人者必有以易之”，否则，“若非人而无以易之，譬之犹以火救水也，其说将必无可焉”①，不可能取得良好的教化效果。此外，墨子还强调后天环境对于个体成长的影响作用，认为“士亦有染”②，个体所处环境如何，直接关系到个体的德行状况。墨子的这一观点，是有唯物论色彩的。

综上所述，儒墨两家关于教化有效性的理论思考，构成了春秋战国时期教化有效性理论的主要内容。在这一时期，儒墨两家对于教化效用的认识尚主要集中在政治的层面，儒家虽有教化对“成人”的价值的探讨，但也多是在其政治效用的大框架之下进行的。在有效教化的实际展开方面，儒家更强调教化者品性修养的实际意义及教化对象的自觉能动性在教化有效性实现中的地位，墨家则更多地探究了教化施行中的逻辑、技巧问题。此外，儒墨两家关于教化有效性的探讨都触及了教化中的心理问题，但又都处于相对零散的、朴素的阶段。涵盖性广但又都有待于从经验层面向理论层面的提高，构成了这一时期教化有效性理论的基本特征。

2. 秦汉至明中叶时期的思想政治教育有效性观念

自秦始，中国社会步入了封建主义时期。社会的变革，并未导致为政者所遵循的为政之道的彻底转变，对教化的倚重，仍是历代统治者施政中的通则。与此相适应，在思想领域，教化的有效性问题，仍是人们关注的重要内容。

秦代，吕不韦综合先秦时期各派思想，在其主持撰写的《吕氏春秋》中，对教化有效性问题进行了多方位探讨。《吕氏春秋》主张“任德化”③，它看到了教化的个体效用，但同先秦诸家一样，它也将教化个体效用的实现视为教化社会政治效用实现的手段或中介，认为经过教化，“身成则人子弗使而孝矣，为人臣弗令而忠

---

① 以上见《墨子·兼爱下》。

② 《墨子·所染》。

③ 《吕氏春秋·审分览·勿躬》。

矣，为人君弗强而平矣，有大势可以为天下正矣”①。在教化的有效开展方面，《吕氏春秋》提出了许多精辟见解。它强调“师”在有效教化中的作用，并认为师化的有效性源于师所具之“尊势”，“位尊者其教受”②。它看到了教化关系的实际状况与有效教化之间的关联，“视徒如己，反己以教，则得教之情也”③。《吕氏春秋》坚决否定强力的教化效用，认为“强令之为道也，可以成小，而不可以成大”④；它强调教化之效源于教者之“诚”，“说与治不诚，其动人心不神”⑤；它认为教化之效还源于“因”，“因其来而与来，因其往而与往”⑥，即紧扣教化对象之性情本然，充分利用教化对象身上所本有的种种可能性、主动性。《吕氏春秋》还认为，教化的有效性，源自教化与其对象接受能力的相适应，否则，“说者虽工，不能喻矣”⑦。总之，《吕氏春秋》以兼容并包之势，对教化有效性问题进行了多方位的探讨。

至汉，面对亡秦之鉴，贾谊强调教为政本，认为“教者，政之本也……有教，然后政治也”⑧。较之其他思想家，贾谊对于有效教化的思考有其独特性。一方面，他对有效教化的规律进行了初步概括，亦所谓“师傅之道，即美其施，又慎其齐，适疾徐，任多少，造而勿趣，稍而勿苦，省其所省，而堪其所堪，故力不劳而身大盛，此圣人之化也”⑨。另一方面，贾谊还将教化的有效时机溯及个体生命历程的早期，“夫心未滥而先谕教，则化易成也”⑩。此外，贾谊还探讨了礼及权势法制等对于教化的推行所具有的积极

① 《吕氏春秋·孟夏纪·尊师》。
② 《吕氏春秋·审分览·慎势》。
③ 《吕氏春秋·孟夏纪·诬徒》。
④ 《吕氏春秋·仲春纪·功名》。
⑤ 《吕氏春秋·审应览·具备》。
⑥ 《吕氏春秋·慎大览·顺说》。
⑦ 《吕氏春秋·先识览·知接》。
⑧ 《贾谊新书·大政下》。
⑨ 《贾谊新书·容经》。
⑩ 《汉书·贾谊传》。

效用，认为权势法制对于教化的施行具有保障意义，为政者只有在“势已定，权已足”之后，才能“以仁义恩厚而泽之，故德布而天下有慕志”①。将作为统治手段的教化置于各种统治手段的系统之中来探讨其有效性，这是教化有效性理论探讨历程上的一个进步。

在汉代，对教化有效性问题进行过集中探讨的，还有汉淮南王刘安集门客所撰的《淮南子》。较之其他思想家的论著，《淮南子》在肯定教化政治效用的同时，也看到了教化对教化对象、教化者利益与需求的满足价值，认为“体道者逸而不穷”②，“君子修美，虽未有利，福将在后至”③。此论与墨家之说多有相近。关于有效教化的实际展开，《淮南子》强调教化者人格修养的重要性，认为缺乏德性修养，“虽口辩而户说之，不能化一人”④。但与此同时，《淮南子》又将教化的有效施行，诉诸相应权势地位的确立，“摄权势之柄，其于化民易矣”⑤。《淮南子》还认为，教化能否有效，还在于教化“所由”是否切合事理；教化所应由之理，就是因人之本然性情施教，“因则大，化则细矣”⑥。《淮南子》强调“因”的目的之一，在于使得外在的教化活动能更好地转化为教化对象内在的心理活动，亦即“得于中”。是否“得于中”，直接关系教化成效，“不得于心而有经天下之气，是犹无耳而欲调钟鼓”⑦也。从整体上看，《淮南子》以老庄之言与阴阳五行之说为主，杂糅诸家，其论多有矛盾之处，但其关于有效教化的诸多阐述，则是有其深刻意义的。

如果说，《淮南子》是在其有悖于汉代集权化政治发展的无为而治之论中探讨教化及其有效性问题的话，董仲舒则是以其对集权化政治发展的积极顺应为出发点来确立他的教化之论的。董仲舒继

① 以上见《贾谊新书·制不定》。
② 《淮南子·原道训》。
③ 《淮南子·修务训》。
④ 《淮南子·原道训》。
⑤ 《淮南子·主术训》。
⑥ 《淮南子·泰族训》。
⑦ 《淮南子·原道训》。

承儒家注重教化政治效用的思想传统，并以天人感应论为基石对这种思想传统进行了唯心主义的改造。他从“天意”中为其所坚持的教化对于政治的首要性寻找根据，以“天”之任阳不任阴为据，阐述王者“任德教而不任刑”的应然性，认为“教化立而奸邪皆止”，“教化行而习俗美”①。与此同时，董仲舒还从人性中来寻找教化之所以能够取得成效的内在可能性。他将这种可能性诉诸人性中本有之善质，认为人“性有善质，而未能为善”②，但这种善质正是教化之所以能产生成效的内在基础，“无其质，则王教不能化”③。关于有效教化的实际运作，董仲舒强调“崇本”，“崇本，则君化若神”④。崇本，即同时注重具有理想性的、感召与威慑意义的内容的教化，注重经济生产及日常伦理规范的建设。有效的教化还须“仁”、“智”⑤ 并重，将道德情感、知识的培养与决断是非曲直的能力的培养合二为一，才有良好的教化效果。董仲舒推重艺术形式的载体在提高教化有效性方面的作用，认为艺术以其通性情而又显扬伦理的特点，“变民也易，其化人也著”⑥。就整体而言，董仲舒的教化论具有唯心主义的神秘色彩，但其中许多具体观点也有其正确的一面。

至唐，佛风炽盛。作为攘佛的中坚力量，韩愈以继承和传播道统之责任自许，对儒家以“有为”为目的的教化即注重教化现实效用的思想传统推崇备至。但韩愈同时也认为，教化之效的产生是有其范围的，性在上、中之上者，教之可化，但对于性在下品之人，只可制，而不可教。韩愈对人性及其对教化之效产生范围的划分，有鲜明的机械论与唯心论的色彩。韩愈排佛尊儒，因而，他认为儒家之论是最易于广为推行并收到现实成效的教化内容，“其为

① 以上见《汉书·董仲舒传》。
② 《春秋繁露·实性》。
③ 《春秋繁露·实性》。
④ 《春秋繁露·立元神》。
⑤ 《春秋繁露·必仁且智》。
⑥ 《汉书·董仲舒传》。

道易明，而其为教易行也”①。

作为气一元论的代表人物，北宋的张载对教化的有效性问题也进行了深入探讨。张载将人性分为“天地之性”与“气质之性”，天地之性即天性，是人所固有的本性，它在本质上是善的，而气质之性则是“形而后有”② 的，具有可变性。对人性的这种剖析，为张载论证教化的必要性及教化之效产生的可能性提供了理论基础。在教化的有效开展方面，张载强调教化者对教化内容与教化对象的熟知，“教人者必知至学之难易，知人之美恶，当知谁可先传此，谁将后倦此。若洒扫应对，乃幼而孙弟之事，长后教之，人必倦弊。惟圣人于大德有始有卒，故事无大小，莫不处极。今始学之人，未必能继，妄以大道教之，是诬也”③。张载还强调要注意抓住有利时机施教，“当其可，乘其间而施之”④，“观可及处然后告之”⑤。张载在天地之性中寻找教化之效确立的根据，显然陷入了性善论的先验主义误区，但他又从气一元论出发，强调气质之性的后天形成性及可变性并由此主张变化气质，则是具有唯物论色彩的。

在南宋，朱熹以“致广大，尽精微，综罗百代”⑥ 的恢弘气魄，成为程朱理学的完成者，将儒家的教化论推向了相当完备的形态。他高度肯定教化的政治效用，认为朝廷内修政事之急务中最急者，是振举纲纪，也就是推行其所谓的“三纲五常”，“三纲五常，天理民彝之大节而治道之本根也”⑦。朱熹发挥张载等人的人性论，认为天地之性是善及一切道德观念的根源，气质之性是恶及一切不道德观念的根源，从而论证教化必施、可行之理。在教化的有效开展方面，朱熹将以教化对象的身心发展特点为据循序施教视为有效

① 《昌黎先生集·原道》。
② 《张载集·正蒙·诚明》。
③ 《张载集·正蒙·中正》。
④ 《张载集·正蒙·中正》。
⑤ 《张载集·语录下·语录抄七则》。
⑥ 《宋元学案·晦翁学案序录》。
⑦ 《晦庵先生朱文公文集·奏札·戊申延和奏札一》。

教化的前提条件，主张以教化对象年龄、心理及接受能力的不同，合理安排教化内容。他将“学”分为小学、大学两阶段，并强调其间以同一之道而贯，前后相衔。以这种教化的渐进之序为基础，朱熹对教化内容进行层次划分，提出了“至德”、“敏德”、“孝德”的“三德”论。这三德，以孝德、敏德、至德为序，构成了一个当然次第之序，“不知至德则敏德者散漫无统，固不免乎笃学力行而不知道之讥。然不务敏德而一于至，则又无以广业，而有空虚之弊。不知敏德，则孝德者仅为匹夫之行，而不足以通于神明。然不务孝德而一于敏，则又无以立本，而有悖德之累”①。朱熹的教化论在整体上虽以宣扬服务于封建专制的“三纲五常”以及要求人们“明天理，灭人欲”② 为基本取向，然而其中关于教化有效施行的许多观点，却触及了有效教化所必须遵循的规律。

至明中叶，我国封建社会已进入后期，社会矛盾日趋尖锐，封建专制发展到了登峰造极的地步，统治阶级内部矛盾也日益激化，资本主义生产关系开始萌芽。由朱熹最后完成的程朱理学已不能再起到服务于封建统治秩序的作用。面对急剧变化的社会局势，王阳明从主观唯心主义的角度改造程朱理学，构建起了“心学”。他肯定教化的政治效用，主张以开导人心为本，将教化视为社会安定的有效渠道，认为有效的教化可使人们各勤其业，“安其农、工、商、贾之分”，天下和乐，“熙熙皞皞，皆相视如一家之亲”③。王阳明以先验的良知为天地万物和道德观念的根源，因此，在教化的实际施行上，他强调开导人心，注重开掘个体心中本有的道德资源而不是简单地灌输外来的东西。与此相适应，他将对教化对象心理特性的把握视为有效教化的基本条件，主张因人而教，反对照搬教条。他还强调教化应随“分限所及”，循序渐进，“我辈致知，只是各随分限所及。今日良知见在如此，只随今日所知，扩充到底。

① 《晦庵先生朱文公文集·杂著·周礼三德说》。

② 《朱子语类·卷十二》。

③ 以上见《王阳明全书·传习录中》。

明日良知又有开悟，便从明日所知，扩充到底，如此方是精一工夫”①。王阳明还认为，有效的教化，是最大限度地对个性的成就，而不是对个性的约束，“圣人教人，不是个束缚他通做一般：只如狂者便从狂处成就他，狷者便从狷处成就他”②。王阳明的这些主张，有其合理之处，但其对“考德”、“习礼”等课具体做法的要求与其主张成就个性的教化论具有鲜明的内在矛盾。

综上所述，自秦至明中叶，是中国封建社会由确立到高度完备的时期。这一时期的众多思想家对教化效用的论述，大多从政治效用视角着眼，围绕着如何维护封建统治秩序而展开，没有充分看到教化的个体效用。他们对教化有效开展的理论设计，较之先秦时期，有了更为多向的展开，对于教化中心理因素的认识也有了进一步深化。但是，他们对教化有效性实现的可能性的论证，多囿于教化本身及对人性的分析，尚未更深触及个体思想意识形成发展的规律，这一点，直接制约着他们所构建的有效教化论的有效性。

3. 明末清初时期的思想政治教育有效性观念

明中叶以后，中国封建社会进入发展的晚期，社会矛盾日益激化。在这一时期，思想文化领域也表现出战斗的“自我批判”色彩。李贽、黄宗羲、顾炎武、王夫之等进步思想家“从明王朝的危机和最终衰亡的历史教训中，从清统治者利用程朱理学实行思想文化专制的严酷现实中，并在商品经济发展的刺激下，认识到了宋明理学对社会和民族造成的祸害，从而对宋明理学进行了批判总结”③。在批判宋明理学、阐发新的价值观念的过程中，他们也对教化效用及其有效开展作出了新的阐释。

作为一位最早表现出反叛传统品格的思想家，李贽以“私”释“人性”，又以“私”释“圣”，认为既然在教化的出发处——

① 《王阳明全书·答黄以方问》。

② 《王阳明全书·传习录下》。

③ 朱贻庭：《中国传统伦理思想史》，华东师范大学出版社 1989 年版，第 441 页。

“人性”及教化的归宿点——“圣人”之中，私利均不可免，那么，有效的教化之道就不能是脱离功利的空洞说教，“若不是真实知其有利益于我，可以成吾之大功，则乌用正义明道为耶”?① 李贽还认为，教化之效确立于尊重个性的基础上，在他看来，用以教化之“礼”，“本是一个千变万化活泼之理”，而非“拂人之性”的枷锁，“礼”教只有使人“各获其所愿有”才能顺化民心，那种视“礼”为“不可易之物”及由此而导致的“正以条约之密”，以强力“约束之，整齐之”的教化方法，不可能收到效果，“今之言政、刑、德、礼者，似未得礼意，依旧说在政教上去了，安能使民格心从化也?”② 以私释人性，强调现实功利的实现对教化有效性实现的作用，尊重个性在教化有效性实现中的作用，反映了当时资本主义生产关系逐步萌芽的客观要求，代表着新兴市民阶层摆脱封建礼教束缚的愿望。

黄宗羲也以人性自私立论，但他并未由此走向个人利己主义，而是强调将天下国家之利作为最高的道德理想，与此相适应，他反对事功与仁义分途，主张道德教化必须走出“明天理，灭人欲”的空谈，直接服务于天下民生。他认为民富的障碍，即在于社会所积之封建陋习，“治天下者既轻其赋敛矣，而民间之习俗未去，蛊惑不除，奢侈不革，则民仍不可使富也”③，而要移风易俗，有效的途径之一即广兴科学文化及思想教育，“学校之教明而后可也”④。在这里，黄宗羲已实质上看到了教化的经济效用。为了达到有效正风俗的目的，黄宗羲倡导“清议”，以之为引导社会舆论、变易民风的有效渠道。黄宗羲的这一思想，在顾炎武那里也有明确体现。顾炎武认为，“风俗者，天下之大事”⑤，“目击世趋，方知治乱之关必在人心风俗”⑥。因而，顾炎武力主明学术，正人

① 《焚书·读史·贾谊》。
② 以上见《明灯道古录》卷上。
③ 《明夷待访录·财计三》。
④ 《明夷待访录·财计三》。
⑤ 《日知录·廉耻》。
⑥ 《亭林文集·与人书九》。

心，拨乱反正，移风易俗。要正风俗，必重清议。清议之所以有正风俗的效力，是因为它能充分发动民众力量，“政教风俗，苟非尽善，即许庶人之议矣”①，既是一种社会舆论的营造、引导，又是民众的自我参与、自我教育，故“天下风俗最坏之地，清议尚存，犹足以维持一二，至于清议亡，而干戈至矣”②。除清议之外，顾炎武还将道德楷模的树立视为有效的教化方法，认为“变化人心，荡涤污俗者，莫急于劝学奖廉二事”③。

这一时期对教化有效性问题进行过深入探讨的，还有王夫之。王夫之将教化视为治国的根本手段之一。他注重人性的形成中后天因素的作用，以性“日生则日成”来概括人性的形成过程，并将人性之所以可变革的原因归之于个体的自觉能动性，认为人“已生以后，人既有权也，能自取而自用也。自取自用，则因乎习之所贯，为其情之所歆”④。此外，王夫之还将理、欲同纳入人性之中，认为理与欲是统一的。从这种人性论出发，王夫之确立了自己关于有效教化的基本观点。他认为有效的教化必须注重个体主动性的发挥、运用，强调“教者尤以正志为本”⑤，正志即个体自觉自主的活动。王夫之还强调“行”在个体德行确立中的效用，主张知行相互为用，认为“行而后知有道，道犹路也。得而后见德，德犹得也”⑥。王夫之的人性论尽管还多有先验论的色彩，但他强调后天因素对人性形成的作用，注重行在德行形成中的效力，注重个体能动性在教化有效性实现中的作用，这都在很大程度上突破了宋明理学，有其现实意义。

在关于教化有效性问题上，颜元以鲜明的功利主义主张，否定董仲舒提出并广为宋明理学推崇的“正其谊不谋其利，明其道不

① 《日知录·直言》。
② 《日知录·清议》。
③ 《日知录·名教》。
④ 以上见《尚书引义·太甲二》。
⑤ 《张子正蒙注·中正篇》。
⑥ 《思问录·内篇》。

计其功”① 的思想，明确提出“正谊便谋利，明道便计功”②，认为以正谊、明道为目标的教化，也必须有明确的功利效用方面的指向。颜元在此所强调的功利目的，即富天下、强天下、安天下，既包含政治功利，也包括经济功利。从对教化效用的强调出发，颜元对传统的教化目标进行了相应的调整，将能够有实行、实用作为圣贤应备的重要素质列入教化目标，认为人只有能够斡旋乾坤，利济苍生，才是圣贤。与这种教化效用观及教化目标相一致，颜元将“身习而实践之”③ 作为有效教化的必由之路。颜元的这些主张，已表现出明显的唯物论色彩，有其科学意义。

从整体上看，明末清初的思想家们关于教化有效性的探讨表现出了如下特点：人性论仍是人们探讨教化有效性的主要基石；在对教化效用的认识上，已突破了以往单纯从政治视角来认识教化效用的局限，已注意到了教化的社会政治、经济效用及个体发展效用，且对教化的经济及个体效用尤为强调；在对有效教化实际运行的理论构建方面，表现出鲜明的否定宋明理学教化论的倾向，强调对个性的尊重，强调对个人利益需求的肯定和满足，强调结合功利目标的实现来推行教化，突出践行对于教化有效性实现的意义。这些特点，与明末清初资本主义生产关系的发展等社会现实是相一致的。

二 西方思想家思想政治教育有效性观念的历史发展

在注重思想政治教育方面，东西方并无二致。当中国的思想家们热衷于在对经邦治国、建国君民之道的构思中谈论教化效用及其有效施行时，西方的思想家们也围绕着公民美德的培养、公民教育、道德培养及政治教育等议题，对其有效性问题进行了多视角的

① 《汉书·董仲舒传》。
② 《颜元集·颜习斋先生言行录·教及门第》。
③ 《颜元集·存学篇·学辨一》。

探讨。

1. 古希腊时期的思想政治教育有效性观念

西方思想家对于思想政治教育有效性的关注，在古希腊智者们的教育实践及相关言论中已见端倪。智者所从事的工作，“也是政治思想工作”①，其“最普通的实践目的，就是给予政治家一种预备教育，以便在希腊从事一般职业性政治活动”②。自称以向人们传授政治的技术，并使人成为善良的公民为业的智者派代表人物普罗泰戈拉曾与苏格拉底进行过著名的“德行是否可教”的论辩。这一论辩的焦点，其实就是德行之教的有效性问题，即进行德行教育的活动能否产生实际效果的问题。在这场论辩中，苏格拉底虽然坚持“德行不可教”，但实质上他仍是“德行可教”论者。苏氏认为，美德是否可教，取决于美德是什么。因为美德是知识，知识是可教的，所以，美德也是可教的。“美德即知识”命题的提出，表明了苏氏对道德知识教育所具美德培育意义的认识，也寓含着苏格拉底对有效教育内容即可以通过教育用以培养人们德行的知识的认识。在苏氏看来，只有那些具有永恒性、普遍性及不可变易的真理性的概念体系才是真正的知识，才可以传授，也才可用于美德培养。在与普罗泰戈拉的论战中，苏氏之所以认为美德不可教，盖在他否认智者所传授的是真正的知识。

德谟克里特虽与苏格拉底的观点多有相左之处，但对教育在个体德性形成中所具作用的认识上，他们却颇为相近。德氏肯定教育的德性培育效用，认为教育造就了人的第二本性。德氏推崇说服性语言的德性培养效力，认为“要使人信服，一句言语常常比黄金更有效”③，因为说服性语言可使人们知其所以然。德氏对说服性

---

① ［苏］涅尔谢相茨著，蔡拓译：《古希腊政治学说》，商务印书馆 1991 年版，第 93 页。

② ［德］黑格尔著，贺麟、王太庆译：《哲学史讲演录》第 2 卷，商务印书馆 1960 年版，第 10 页。

③ 周辅成：《西方伦理学名著选辑》上卷，商务印书馆 1964 年版，第 74 页。

语言教育效力的肯定，其实也就是他对道德知识的教育在人们德行培养中作用的肯定，此与苏氏“美德即知识”之论是高度一致的。

在古希腊，对教育问题阐述最多的，当推柏拉图。在其《理想国》中，柏拉图“直言不讳地认为国家首先是一个教育机构”①，将对公民知识与道德的教育，视为“建立邦国者的责任”②。在具体的教育开展方面，柏拉图认为教育内容的真实性是教育有效性的前提，“虚构本身，对天神既是无用的，对人也只是在医药方面偶或有用，所以只配医生去使用，而一般人应该与它绝缘”③。柏拉图还看到了教育时机的选择与教育效果之间的关系，认为每个人最初所受的教育容易决定以后行为的性质。他还认为教育方式也直接关系到教育的有效性，强调一个有自由的心灵的人不应该奴隶般地去从事任何学业，“强迫学习的东西是不会保存在心里的”④。柏拉图还提出了课程的育德效力问题，他认为，“各种学问即整个课程，也正有同样效力引导心灵中最尊贵的机能来审视所有实在里最好的东西”，包括认识“善”⑤。柏拉图的这一观点与苏格拉底“美德即知识”的命题之间有明确的继承关系。

亚里士多德继承柏拉图的学说并在很多方面进行了唯物主义性质的改造。亚氏强调公民教育对于良好城邦建立的意义，并极其注重培养善良公民方法论的研究，他说：“在一切艺术和科学中我们对于目的与方法应该同样掌握。”⑥ 在公民教育的实际开展方面，

---

① [美]乔治·霍兰·萨拜因著，盛葵阳、崔妙因译：《政治学说史》上册，商务印书馆1986年版，第86页。

② 华东师范大学教育系、杭州大学教育系：《西方古代教育论著选》，人民教育出版社1985年版，第55页。

③ 华东师范大学教育系、杭州大学教育系：《西方古代教育论著选》，人民教育出版社1985年版，第25页。

④ 华东师范大学教育系、杭州大学教育系：《西方古代教育论著选》，人民教育出版社1985年版，第67页。

⑤ 以上见华东师范大学教育系、杭州大学教育系：《西方古代教育论著选》，人民教育出版社1985年版，第64~65页。

⑥ 转引自华东师范大学教育系、杭州大学教育系：《西方古代教育论著选》，人民教育出版社1985年版，第100页。

亚里士多德强调习惯的教导和理性的教导协调一致“方能产生最佳的效果”①，这是因为美德由理智的美德和道德的美德两部分构成，理智的美德表现为知识和智慧，来源于理性的训练和教导；道德的美德表现为制约情感和欲望的习惯，来源于习惯的培养。亚氏将理智的美德作为美德的内容，这是对苏格拉底等“美德即知识”命题的继承，但其将道德的美德也纳入美德的范围，又是对该命题的突破。亚氏强调美德的后天形成性，则是对苏格拉底、柏拉图先验论的否定和超越。也正是以此为基础，亚氏格外看重现实的社会生活及社会生活中的实际训练在德性形成中的价值，他说：“德性则由于先做一个一个的简单行为，而后形成的，这和技艺的获得一样。”② 他还认为有些人什么合于美德的事都不做，而是躲到有关美德的道德言谈之中，这么做就像认真听医生讲话但并不按其指示做的病人。亚氏还探讨了德性培养目标的设定与德性培养有效性的关系问题，他认为，任何一种德性都不可能单独形成和存在，其形成总是与相应的多方面德性的形成相一致的，看不到这一点，德性培养便不可能收到理想效果，“教育不能仅以一种德性或最主要地以这种德性为关心的目标。即使他们致力于这一目标，也并没能付诸实现”③。在对德性培养有效模式的探讨中，亚里士多德也提出过专门育德的问题。他认为“应当有一种教育，依此教育公民的子女，既不立足于实用也不立足于必需，而是为了自由而高尚的情操”④。对于这种教育，亚氏未展开论述，但这一教育当属专门育德的教育，是可以确定的，且从亚氏的思想来看，音乐教育便属其

① 苗力田：《亚里士多德全集》第 9 卷，中国人民大学出版社 1997 年版，第 263 页。

② 转引自周辅成：《西方伦理学名著选辑》上卷，商务印书馆 1964 年版，第 292 页。

③ 苗力田：《亚里士多德全集》第 9 卷，中国人民大学出版社 1997 年版，第 275~276 页。

④ 苗力田：《亚里士多德全集》第 9 卷，中国人民大学出版社 1997 年版，第 275 页。

中一种。亚氏认为音乐具有陶冶人们性情和灵魂的效力，因为音乐的旋律本身便是对人的性情的模仿，能唤起人们的情感反应，带给人们崇高的体验。当然，亚氏也承认“没有什么妨碍音乐产生某些粗俗或低级的效果”①，但他认为，只要充分考虑“为了培养公民政治方面的德性，他们参加的音乐活动应有什么样的数量界限；他们应采取什么样的曲调与节奏；他们在学习中应该使用哪种乐器”②，就可以避免音乐可能带来的负面效应，而充分发挥其在德性培养方面的效用。

就整体而言，古希腊时期思想家对于美德教育效用的探讨，多集中指向社会政治方面。在美德教育的有效开展方面，他们已经涉及了教育内容、教育方法、教育目的、教育载体、教育渠道等与教育有效性之间的关系，对于这些关系的揭示虽尚处于相对朴素的层面，但却为其后人们对美德教育有效性的研究提供了基本稳定的论域及思维范式。

2. 中世纪时期的思想政治教育有效性观念

公元 5 至 15 世纪，是欧洲的封建主义时期，即中世纪。以文艺复兴为界，中世纪分为前后两个阶段。在中世纪前期，基督教教义成为欧洲社会主导的意识形态，宗教、神学色彩笼罩一切思想领域，“教育本身也渗透了神学的性质”③。德性培养的理论探讨，也成为服务于神学的奴婢，不仅没有长足的推进，而且在一定程度上，较之古希腊思想家在对人的关注中所构建起的德性培养理论，有了很大的倒退。

从 14 世纪起，资本主义生产关系逐渐在欧洲萌芽、发展，资产阶级逐步形成。与此相适应，在思想文化领域，掀起了代表着资

① 苗力田：《亚里士多德全集》第 9 卷，中国人民大学出版社 1997 年版，第 282 页。

② 苗力田：《亚里士多德全集》第 9 卷，中国人民大学出版社 1997 年版，第 282 页。

③ 《马克思恩格斯全集》第 7 卷，人民出版社 1959 年版，第 400 页。

产阶级意愿的文艺复兴运动。这场思想文化领域的运动，打出复兴古希腊罗马文化的旗帜，“借用它们的名字、战斗口号和衣服，以便穿着这种久受崇敬的服装，用这种借来的语言，演出世界历史的新的一幕”①。许多人文主义者在对经院主义的批判中，阐述着自己的政治观、伦理观及其教育问题，其中也内含着他们关于德行教育有效性问题的探索。在《一个基督教王子的教育》中，人文主义者伊拉斯谟便集中阐述了如何有效进行德行教育的问题。他十分看重教师在德行教育中的作用，认为“一个好王子，一切都归功于运用道德的原则使他成为好王子的那个人”②。为此，他系统地提出了能够有效担负起教导王子重任的导师应具备的资格，如优秀的品德、精通理论等。伊拉斯谟还概括了有效德行教育方法的基本特点，如有效的教化方法要符合中庸之道以及具有因人而变性和潜移默化性，其“作用正像喝酒一样……当开始喝酒的时候，它并没有什么效果，但是，当它逐渐流经每一根血管时，它俘虏了整个人，完全控制了他”③。作为一位资产阶级的思想家，伊拉斯谟主要以资产阶级贵族为其教育理论的立论对象，这是他的阶级立场所局限的，但他对教师有效开展教化所应具有的条件及有效教育方法的探讨，却是有启迪意义的。

文艺复兴之后，欧洲又掀起了科学复兴运动的大潮。作为科学复兴运动的代表人物，弗兰西斯·培根打出了“知识就是力量”的旗帜。在这一旗帜下，培根将知识传授与德性培养紧密结合起来，视知识为德性的基础，“真理就是道德和善的印章”④。培根继承亚里士多德注重教人为善之法研究的思想，强调进行德性“耕

① 《马克思恩格斯选集》第1卷，人民出版社1995年版，第585页。

② 华东师范大学教育系、杭州大学教育系：《西方古代教育论著选》，人民教育出版社1985年版，第204页。

③ 华东师范大学教育系、杭州大学教育系：《西方古代教育论著选》，人民教育出版社1985年版，第225页。

④ 滕大春：《外国教育通史》第2卷，山东教育出版社1989年版，第306页。

稼术"① 的探讨。在评析人们所开列的各种德行教育方法的基础上，培根提出了心理培育法，认为这种方法较之其他方法要更为有效。但培根并不认为心理培育法是最为有效的，在他看来，"在一切进德方法中是最为简便、直接而又最为高贵而最能使人心恪遵德性、处于良好状况"亦即最有效的方法"是给一个人自己选择并阐明他力所能及的那些良善有德的人生目标"②。因为依这种方法，个体能以一种神圣的心理状态献身于对具有"众善悉备的维系力"③ 的目标的追求，可以实现德的方面的完善，而其他方法则只能在某个方面发生效用。培根将这一有"众善悉备的维系力"的目标归结为"仁爱"，认为"一个人的心灵如果真正被仁爱所燃烧起来，那末那种仁爱确乎比一切道德学说可以使人突然进到更大的完善地步"④。与中世纪后期其他许多思想家一样，培根也没有摆脱宗教的影响。他将基督教的仁爱视为引导人们德性完善的最终目标，不能说不是培根德性培养及其有效性理论的局限。

中世纪后期，对德性培养及其有效性问题进行过较多探讨的还有捷克教育家杨·阿姆司·夸美纽斯。夸美纽斯接受了文艺复兴中人文主义思潮的影响，并经受了宗教改革及科学复兴运动的洗礼，因而，他是"手执人文主义、新教主义、民主主义和泛智主义这四件法宝登上教育的历史舞台的"⑤。在其《大教学论》中，夸美

① 周辅成：《西方伦理学名著选辑》上卷，商务印书馆 1964 年版，第 563 页。

② 以上见周辅成：《西方伦理学名著选辑》上卷，商务印书馆 1964 年版，第 572 页。

③ 周辅成：《西方伦理学名著选辑》上卷，商务印书馆 1964 年版，第 573 页。

④ 周辅成：《西方伦理学名著选辑》上卷，商务印书馆 1964 年版，第 573 页。

⑤ 滕大春：《外国教育通史》第 2 卷，山东教育出版社 1989 年版，第 416 页。

纽斯高度肯定了德行教育的社会及个体效用，认为在当时的道德状况下，对国家贡献更大的事情是教导青年；具备良好德行，也是人之成其为人的重要条件。在夸美纽斯看来，德行教育效用产生的基础在于个体身上本有的德行的种子及人脑所具有的接受外来影像的能力。在关于如何有效开展德行教育方面，夸美纽斯主张早教，认为在年轻时，人脑更适于接受外来影像。他强调判断能力的培养，认为对于事实问题的健全判断是一切德行的真正基础；强调教师的示范作用，认为教师如果不能以身作则，他的一切工作都将是白费。同时，他还强调实践、知识教育对于德行形成的效用和德行、科学、虔信三方面教育的统一对于德行教育有效性的影响。作为一位承前启后的教育思想家，夸美纽斯的教育理论为近现代资产阶级教育理论体系的构建奠定了基础，他关于德行教育及其有效性问题的探讨，在当时条件下，有其进步意义，但正如 P. 孟禄所指出的那样，夸美纽斯"观念的表述形式和对于使用方法的特殊解释"，也"充满了所处时代作者职业训练所固有的神学色彩"①。这一评论，也基本上概括了这一时期人们在德行教育有效性探讨方面的主要特征。

3. 近代西方的思想政治教育有效性观念

16 世纪末至 19 世纪末，是欧洲资本主义建立和上升的时期。一批新兴资产阶级思想的代言人，从维护资产阶级利益的角度出发，纷纷提出自己的政治及道德方面的学说，其中，对德行培养的有效性问题，也多有涉及。

作为英国新兴自由资产阶级思想的代言人，约翰·洛克较之以往的思想家更多地摆脱了神学与古典主义的约束，从世俗的现实功用的角度建立了他的德行教育及其有效性理论。洛克以世俗的道德为德行培养的根本内容，并从现实功用的角度明确地提出了德行教育对国家强盛及个体幸福的增进效用。他将德行视为理性对欲望的

① 以上见赵祥麟：《外国教育家评传》第 1 卷，上海教育出版社 1992 年版，第 463 页。

规范和引导，并认为有无德行的关键在于“有没有管束约束欲望的能力与克制自己某种欲望的功夫”，而“不在有没有欲望”①。德行是理性对欲望的规范，但并不排斥欲望，相反，欲望的存在是个体德行的基础和动力。洛克的这种德行观，直接影响到了他对如何有效进行德行教育的看法。他将保持个体精神安逸、活泼、自由且又能使之抑制不当的欲望视为教育的真正秘诀，因为这种方法既保持个体的欲望的合理存在又引导其接受理性指导。洛克否定奴隶式教育方法的有效性，因其是在消除欲望而不是引导欲望。洛克还推崇说理的方法，认为“温和地据理劝说一番，效果要好得多”②，因为个体总有一种被人看作是有理性的动物的欲望。洛克称榜样教育为“最简单、最容易而又最有效的办法”③，原因在于榜样教育具有强烈的直观性和感染力。强调榜样教育的效力，与洛克对环境影响效力的看法也是一致的。

法国18世纪启蒙运动的巨匠让·雅克·卢梭以归于自然为核心构建了他的自然主义教育学说，也由此阐述了他关于德行培养及其有效性问题的看法。他认为有效的德行教育奠定于遵循教育对象心身发展的规律之上，而个体只有到了青春期才有道德的需要及接受道德教育的能力，所以，只有从这一时期开始的道德教育才是有效的。他还认为，在教育中，应首先注重个体感觉力的培养及影响个体情感发展环境的优化，还应注重个体理性判断力的培养，注重引导个体进行道德实践。卢梭的这些主张对于有效地进行道德教育是有意义的，但他关于道德教育开始阶段的界定则有机械之憾。

与卢梭同期的另一位法国唯物主义者爱尔维修用利益来解释人们的一切行为包括道德行为，认为“利益是我们用以判断各种

---

① 以上见［英］洛克著，傅任敢译：《教育漫话》，人民教育出版社1985年版，第44页。

② ［英］洛克著，傅任敢译：《教育漫话》，人民教育出版社1985年版，第82页。

③ ［英］洛克著，傅任敢译：《教育漫话》，人民教育出版社1985年版，第83页。

行为的根据”①，如果爱美德没有利益可得，那就没有美德。但个体利益只有与社会利益一致时，美德才成为个人利益的必然结果。与此相适应，“唯一造就道德公民的办法，是把个人利益与公共利益联系起来”②，在看到美德教育的这一唯一有效方法的同时，爱尔维修也指出了这一方法生效的前提条件——政治和法律条件，认为人们生来并没有同情心，只有当法律、政治统治形式和教育可以使他们变成这样时，他们才有可能成为这样，并实际成为这样。爱尔维修虽看到了美德教育有效性实现的社会环境条件问题，但他只指出了专制和教权政治对美德教育有效性实现的阻碍，没有也不可能看到与私有制相适应的法律、政治制度对美德教育有效性实现的制约，相反，他将美德教育有效性实现的希望寄托在私有制和以保护私有财产为使命的法律及君主制上，这是他所持阶级立场的必然产物。爱尔维修关于德行教育有效性的这些阐述，在霍尔巴赫的思想中也有极为相似的反映。

在卢梭、爱尔维修等人思想的影响下，英国18世纪末19世纪初的激进民主派思想家威廉·葛德文曾深入探讨过道德传播的有效性问题。他认为道德传播是人们能送给别人最宝贵礼物的行为，因为只有道德才具有引导人实现最实在最持久幸福的效用。葛德文说：“道德在其最纯正最充分的意义上，是假定对于原因及其后果作一广泛的考察，从而使我们在对人类事务中的利害作了一番公正的比较之后，可以采取导向最大实际利益的那种行动。”③ 从这种道德本质观出发，葛德文强调知识在增进个体德行中的效用，因为只有有了对道德价值的深刻认识及健全的判断力与选择力，个体才会成为有道德的人，而这都与知识有关。与此相适应，葛德文高度肯定知识载体的运用对于道德传播的效力，认为道德“只有凭借

① 周辅成：《西方伦理学名著选辑》下卷，商务印书馆1964年版，第44页。

② 周辅成：《西方伦理学名著选辑》下卷，商务印书馆1964年版，第66页。

③ 转引自周辅成：《西方伦理学名著选辑》下卷，商务印书馆1964年版，第514~515页。

知识来传给别人”，“除了靠灌输兼容并蓄的观点和传达有力量的真理之外，怎么能产生我们刚才所设想的那种道德呢”?① 葛德文是一个必然论者，他确信事物的前因后果之间有一种必然的关系，这种必然论的立场使得葛德文极为看重直接施教的有效性，他认为，在传播道德方面，教育者完成任务的关键就在于利用“前因”，“他的任务将包括两个部分：展示追求某种目的的动机和说明达到那个目的的最简便的和最有效的方法”②。从必然论出发，葛德文肯定惩罚在影响人们思想方面的效用，“必然论会教我们把惩罚划分在我们拥有能够影响人类思想的一系列方法之中，并且会使我们去研究它作为一种改正错误的手段的功效。我们越是能表明人类思想受动机的影响，我们就越能肯定惩罚会产生一种巨大的和毫无疑问的效果”③。

从整体上看，这一时期人们在对德行教育有效性的探讨中，更多地看到了德行教育社会方面及个体方面的现实功用。他们对德行教育有效开展的种种理论设计，都明显地表现出尊重个性、尊重个体利益需求的特点，且开始将视角拓展到德行教育之外，探讨德行教育所处于其中的社会政治经济制度对于德行教育有效性实现的现实影响。尽管这些探讨多未得出科学的结论，但却为后人正确揭示社会政治经济制度与德行教育有效性实现的内在关系，提供了宝贵的思想资料。

4. 现代西方的思想政治教育有效性观念

从 19 世纪末开始，尤其是到了 20 世纪，检讨传统的道德教育理论并评析其实际有效性的大小，成为西方多种道德教育理论及价值教育理论的重要内容，也成为众多道德教育理论及价值教育理论

---

① 周辅成：《西方伦理学名著选辑》下卷，商务印书馆 1964 年版，第 517 页。

② 周辅成：《西方伦理学名著选辑》下卷，商务印书馆 1964 年版，第 519 页。

③ 周辅成：《西方伦理学名著选辑》下卷，商务印书馆 1964 年版，第 520 页。

确立的起点。

有“当代道德教育理论之父”美誉的法国学者迪尔凯姆，以其对20世纪初法国所进行的道德教育非宗教化运动所提倡的理性化道德教育有效性的关注为基点，构建起了他的道德教育论。迪尔凯姆认为，非宗教化的道德教育要取得理想效果，须在抽去宗教因素的同时，找到能起到原来宗教在道德教育中所起作用的替代物。在他看来，能充任这一替代物的只有“社会”，因为只有“社会”才具有宗教所具有的既对人们构成强制力量又成为人们精神寄托之所的特点。这种思想导致了迪尔凯姆道德教育论的社会本位性，与此相适应，迪尔凯姆也肯定由社会出发的带有强制性的教育方法的有效性，但他并不否认教育对象的个性，“一切社会约束并不一定要排斥人的个性”①。从社会本位出发，迪尔凯姆还肯定科学教学的道德教育效力，因为在他看来，科学教学是人们认识社会的重要渠道，而认识社会又是形成“社会我”的必备条件。从整体上看，迪尔凯姆关于道德教育有效性的基本思想倾向是从以社会为本位的带有强制规范性的权威型模式中寻求道德教育有效性的实现的，以致有人将其学说视为“与当代道德教育理论的一般走向是背道而驰的。”② 但是，认识到道德教育的社会的与政治的性质并由此出发探讨道德教育的有效性，恰恰构成了迪尔凯姆学说的特色。

19世纪末20世纪初，美国进步主义教育运动的代表人物杜威从其实用主义教育哲学的视角出发对学校道德教育的有效性问题进行了探讨。杜威从社会的存在与发展的角度阐释教育的意义与本质，进而将教育被社会精神支配的程度、教育社会功能实现的程度作为衡量学校教育包括学校道德教育价值的标准。与此相适应，杜威认为，学校道德教育的有效性，取决于学校生活与社会生活的一

① ［法］E. 迪尔凯姆著，狄玉明译：《社会学方法的准则》，商务印书馆1995年版，第26页。

② Elias J.. Moral Education：Secular and Religious，p. 108. 转引自戚万学：《冲突与整合——20世纪西方道德教育理论》，山东教育出版社1995年版，第138页。

致性，“威胁着学校工作的巨大危险，是缺乏养成渗透一切的社会精神的条件；这是有效的道德训练的大敌”①。要增强学校道德教育的有效性，须使学校本身成为一种社会生活，并具有社会生活的全部含义，还须充分利用各学科的道德教育价值，因为这些学科具有代表社会生活中各种标准要求的意义，“如果我们把发展性格作为最高目的，同时又把必然占学校主要时间的获得知识和发展理解力看作和性格无关，那么学校的道德教育就是没有希望的”②。杜威肯定各科教学的道德教育价值，但却坚决否定专门修身课的道德教育效用，认为这种课不具备与社会生活、与有着个体主动参与的活动相联系的特点，而往往是与培养学生对一系列规范的遵从或形成一系列的道德品格如诚实、正直等直接相连的，这种课程无异于视骨骼为生命，着力于一些可以指名的强调意义上的道德，着力于各自独立的德行的组合，因而不可能有真正的效果。杜威强调各科教学的道德教育价值并由此提出学校中的道德教育问题就是获得知识的问题，但又一味否定专门道德教育课程的有效性，显然是有其内在矛盾的。

20 世纪 60 年代，在美国社会道德状况逐渐恶化、加强道德教育成为社会客观需求的背景下，价值澄清学派在反思传统道德教育有效性的过程中获得了长足发展。价值澄清学派认为传统道德教育的无效在于它的灌输性质及由此而必然产生的对教育对象的自主评判和选择能力的无视。基于这一认识，价值澄清学派综合杜威的经验论及人本主义心理学的相关成果，提出了有效施行价值教育的方法论及评价过程论，并将关注生活、接受事实、深入思考、培养个体能力作为价值澄清的四大要素，突出自由选择、评价在个体价值观形成中的关键意义，注重个体自主评价能力方面的训练。对于价值澄清方法的有效性，价值澄清学派代表人物坚信不疑，认为

---

① ［美］约翰·杜威著，王承绪译：《民主主义与教育》，人民教育出版社 1990 年版，第 375 页。

② ［美］约翰·杜威著，王承绪译：《民主主义与教育》，人民教育出版社 1990 年版，第 370~371 页。

“这种学说已经受各种各样的研究项目的检验，尽管没有一种研究项目能断定为盖棺之论，然而越来越多的证据似乎支持这一学说之有效性”。① 在实践中，价值澄清方法也确以其实用、易行等特点得到人们的肯定。

20 世纪 60~70 年代美国的社会道德现实促成了价值澄清学派的兴起，也促成了劳伦斯·柯尔伯格道德教育理论的形成和发展。柯尔伯格不赞同价值澄清理论，因为在他看来，这一理论的立论基石——伦理相对论本身就是非科学的。柯尔伯格还坚决否定传统的“美德袋”教育方法的有效性。他认为这种传统的道德教育方法在到底应确定哪些美德构成“美德袋”的问题上难以达成一致，且所选出的美德也往往难以反映教育对象“从事他们的道德决断或道德行为时所运用的基本的心理结构”②。柯尔伯格还反复引证哈茨霍恩和梅关于品格教育课程与修课学生道德品质的实证研究，论证品格教育的无效性。在否定传统道德教育方法有效性的过程中，柯尔伯格自称获得了“对实施某种新的有效的学校道德教育的可能性”③ 的一种比较肯定的看法，即其道德认知发展理论。这一理论以促进个体道德判断的发展为目的，主张教师通过引起教育对象的内在道德冲突从而刺激其道德判断的发展，并认为引起冲突的方法在于通过道德二难问题的陈述而提出一系列互相对立的观点。在这一过程中，教师言语性活动的发展水平、所给予推理的水平与教育对象已有思维水平之间的“般配”问题等都直接影响着刺激道德判断发展的整个教育活动效果的大小。柯尔伯格的这一理论，引起了道德教育理论界的极大关注，但也遭到了许多批评，不少人质疑其关于道德判断发展阶段划分的普遍性，也对其充分肯定的道德判断与道德行为之间关系的必然性持否定态度。

---

① ［美］路易斯·拉思斯著，谭松贤译：《价值与教学》，浙江教育出版社 2003 年版，第 281~282 页。

② Kohlberg L. & Turiel E. . Moral Development and Moral Education. In Lesser, S. G. （Ed. ）, Psychology and Educational Practice, 1971.

③ 瞿葆奎：《教育学文集·教育与人的发展》，人民教育出版社 1989 年版，第 701 页。

20世纪后半叶，从价值教育的角度对有效性问题再次进行系统探讨的是加拿大学者克里夫·贝克。如果说20世纪60年代兴起的价值澄清理论所处的社会背景是当时美国社会道德的每况愈下，那么，克里夫·贝克的价值教育理论则是对如何解决当代社会生态环境的恶化、人口数量的迅速膨胀、贫富差距的日益拉大、信仰的失落等新的时代性课题的一种回应。贝克否定20世纪初盛行的"品格教育"的有效性，认为这种以对教育内容的反复陈述、说明为主要特征的教育方法因其忽视教育对象的主体因素，缺乏相应的理智基础等而不可能具有足够的有效性。他也对柯尔伯格的道德认知发展理论心存非议，认为这一理论对与正规学术传统相连的价值系统研究的需要强调得不够，也低估了环境对个体价值观念的不可避免的影响，所以其"功效也很微弱"①。贝克还认为，价值澄清理论虽在相应领域中具有有效性，但这一理论存在夸大个人选择而忽视社会环境影响，注重评价过程而忽视价值内容的倾向，这种倾向直接影响了它在实践中的有效性。基于对各家学说是非得失的评价，贝克提出一系列自认为行之有效的价值教育方法。他强调具体的以问题为中心的价值学习，主张把普遍原则的学习与具体问题结合起来，强调社会学习及价值教学的清晰性、趣味性、综合性及实践性，反对价值教学过分"学术味"。至20世纪90年代，贝克又提出了"包含的许多东西恰是当代价值教育所缺乏的"② 对话法，强调教育者与学习者关系的双向性而非权威单向性，强调内容与形式的并重性而非对形式的片面注重；主张尊重彼此的观点、经历及言论、信仰和行动的自由，共同决定对话的形式和内容；关心具体的生活经验；通过具体行动（实践）验证的基本模式实施价值教育等。贝克的这些观点，代表了当前西方道德教育理论综合化、务实化发展的基本取向。

---

① ［加］克里夫·贝克著，詹万生等译：《学会过美好生活——人的价值世界》，中央编译出版社1997年版，第216页。

② ［加］克里夫·贝克著，詹万生等译：《学会过美好生活——人的价值世界》，中央编译出版社1997年版，第231页。

就整体上看，当代西方关于道德教育、价值教育有效性的探讨，已不再过分关注道德教育、价值教育的实际效用问题，而是开始更多地进入道德教育、价值教育如何才能有效的论域。在对这一问题的解答中，各种流派表现出鲜明的现实针对性及理论交锋性，其研究方法呈现出鲜明的心理学化倾向及实验性、多学科整合性，其依各自立场提出的种种“有效”方法，也具有微观性、高度的操作性等鲜明特点。

综上所述，我们沿着历史发展的线索，粗线条地考察了中外思想家思想政治教育有效性观念的基本发展历程。可以看出，如何有效地实施教化、实施公民美德培养或曰德行教育，始终是人们在构建相关的理论体系时所极其关注的论题。尽管由于文化传统、致思方式及所面临的具体实际的不同，中外思想家关于思想政治教育有效性的探讨呈现出多方面的差异，但就整体而言，中外思想家思想政治教育有效性的观念都呈现出由对思想政治教育政治效用的关注发展为对思想政治教育政治、经济等多方面效用的关注，由对思想政治教育社会效用的关注发展为对思想政治教育社会效用、个体效用同时关注的特点。在关于思想政治教育有效开展的理论构建中，中外思想家都涉及了教育者与教育效果、教育内容与教育效果、教育对象与教育效果、教育环境与教育效果等思想政治教育有效性探讨必须涉及的论域。这些探讨，内含许多深邃的思想，从不同的角度折射着人们对思想政治教育有效性实现规律的把握。对于我们当前的思想政治教育有效性研究及实际的思想政治教育工作而言，这些探讨，都是一笔弥足珍贵的思想资料。

但是，思想政治教育是有鲜明政治指向性的实践活动，虽然在阶级社会的任何时代都有思想政治教育的客观存在，但是其所最终指向的服务对象及所求之效，却因所处时代、所持立场等的不同而表现出鲜明的差异。任何思想政治教育运行体系的构建都必然地受制于相应的思想政治教育目的，因而，历代思想家所设计的种种思想政治教育的施行方案，无不打烙着各自的政治印记。思想政治教育所不可剔除的政治指向性，决定了众多的思想家所留给我们的关于思想政治教育有效性探讨的思想资料必然是糟粕与精华并存的混合体，因而，做好清理辨别工作，便成为我们能否真正从这些思想资料中吸取养料的前提。

三 马克思主义经典作家对于深入探讨思想政治教育有效性问题的科学贡献

马克思主义的诞生，为人们科学地探讨思想政治教育有效性问题提供了可靠的理论基石；在围绕无产阶级革命和社会主义建设而进行的思想政治教育实践中，马克思主义经典作家也对思想政治教育有效性问题本身作出了许多精辟的阐述。

作为马克思主义的创始人，马克思恩格斯同时也是马克思主义的宣传者、传播者，是无产阶级思想政治教育的实践者。对于他们丰富的思想政治教育实践，恩格斯曾有描述。他指出，马克思“在布鲁塞尔抓住时机创立了德意志工人协会，从而开始了实际的鼓动工作。自从1847年他和他的政治上的朋友加入已存在多年的秘密的‘共产主义者同盟’后，实际的鼓动工作对于他就具有更重要的意义了”①，“我们通过口头、书信和报刊，影响着最杰出的盟员的理论观点”②。在丰富的思想政治教育实践中，马克思恩格斯对如何更为有效地发挥思想政治教育的作用作出了大量的论述。如在《共产主义者和卡尔·海因岑》一文中，恩格斯详细剖析了卡尔·海因岑所进行的宣传工作的效果问题，进而从一般意义上揭示了宣传教育的方式方法与宣传教育的效果之间的内在关系③；1891年，在为马克思《雇佣劳动与资本》单行本写的导言中，恩格斯明确地谈到了用于宣传的著作对文字表述形式的要求问题④；在《给奥·倍倍尔、威·李卜克内西、威·白拉克等人的通告信》

① 《马克思恩格斯选集》第3卷，人民出版社1995年版，第329页。

② 《马克思恩格斯选集》第4卷，人民出版社1995年版，第198页。

③ 参见《马克思恩格斯选集》第1卷，人民出版社1995年版，第199～202页。

④ 参见《马克思恩格斯选集》第1卷，人民出版社1995年版，第321～322页。

中，马克思恩格斯提到了对无产阶级运动有益处的真正的教育者、真正的实际教育材料或理论教育材料的问题，亦即在有效地对人们进行无产阶级意识教育中对教育者、教育材料的要求问题①。这些论述，直接表达了马克思和恩格斯关于思想政治教育有效性问题的相关见解。

然而，对于思想政治教育有效性问题，马克思恩格斯更大的贡献则在于他们所创立的辩证唯物论为我们科学研究思想政治教育有效性问题和揭示其客观规律，提供了全面而坚实的理论基础。马克思恩格斯关于社会存在与社会意识之间决定与反映、作用与反作用关系的理论，关于人的本质、人的主体性、人的需要、人的全面发展及其条件的理论，关于革命理论的作用及革命理论发挥作用的条件的理论，关于人的思想意识与环境、与人的实践活动及物质利益等关系的理论等，为我们准确把握思想政治教育的可能效用，从而对思想政治教育作出科学的功能定位，深刻认识作为思想政治教育对象的人及其思想意识发展变化的规律，全面理解影响人的思想意识发展变化的途径及条件因素，探寻有效的思想政治教育方式方法体系等提供了理论指南，使得思想政治教育有效性问题的探讨获得彻底的、科学的形态具有了可能性。

列宁是马克思主义的积极实践者和推进者。在领导俄国社会主义革命与建设的具体过程中，列宁将马克思主义关于社会主义的学说从科学转变为实践，并在这种崭新的实践中，创造性地丰富和发展马克思主义。在思想政治教育方面，列宁坚持马克思恩格斯所奠定的与无产阶级政党思想政治教育密切相关的基本理论，明确地提出了“政治教育”、“政治教育工作”等概念，创立了无产阶级政党的思想政治教育工作管理机构，开展了卓有成效的思想政治教育实践，并构建了系统的思想政治教育理论，对思想政治教育有效性问题进行了多层面的理论阐释。他将马克思恩格斯关于社会存在与社会意识关系的原理具体运用于对思想政治教育有效性实现的分析，强调马克思主义和共产主义的教育必须与教育对象所处社会条

① 参见《马克思恩格斯选集》第3卷，人民出版社1995年版，第684页。

件相一致，认为“在大工业最发达的条件下，工人阶级和它的思想家领会马克思主义最容易、最迅速、最完整、最扎实”①。同马克思恩格斯一样，列宁也极为强调现实生活、革命实践在人们无产阶级意识形成中的作用，将密切联系实际视为思想政治教育取得成效的重要条件，认为联系具体的实际进行思想政治教育是每个教育者“工作中主要的和基本的内容，谁领悟了这一点，谁在工作中就一定能做出成绩来”②。列宁还明确地阐述了“灌输”的理论，强调无产阶级政治意识只能从外面灌输给工人，即只能从经济斗争外面，从工人同厂主的关系范围外面灌输给工人。此外，列宁还提出了教育者与教育对象之间同志式关系的达成与思想政治教育效果的关系、教育内容的真实性与思想政治教育效果的关系等问题。列宁的这些思想及其关于思想政治教育的其他许多观点，是其自觉地将马克思主义基本原理创造性地运用于无产阶级思想政治教育实践的产物，标志着马克思主义关于思想政治教育及其有效性理论的具体化展开。

作为一个伟大的马克思主义政党，中国共产党从其创建之初起就将思想政治教育作为自己使命实现过程中的不可缺少的一个重要部分和环节。在漫长的革命和建设历程中，中国共产党人根据中国的实际，运用马克思主义关于思想政治教育的基本原理，在思想政治教育的理论与实践方面都作出了重大贡献。毛泽东曾经对中国共产党的思想政治教育进行过评价，他指出，“政治工作的研究有第一等的成绩，其经验之丰富，新创设之多而且好，全世界除了苏联就要算我们了”③。在这一评价中，“创设之多”说明了我们党对马克思主义思想政治教育理论在实践中结合中国实际所进行的创造和丰富的程度，而“好”则无疑是对我们党所创造的思想政治教育方式方法有效性的一种高度评价。思想政治教育卓有成效的开展，离不开中国共产党人对于思想政治教育有效性问题的理论

① 《列宁选集》第2卷，人民出版社1995年版，第274页。
② 《列宁选集》第4卷，人民出版社1995年版，第310页。
③ 《毛泽东选集》第2卷，人民出版社1991年版，第554页。

思考。

作为中国共产党人的杰出代表，毛泽东关于思想政治教育有效性问题的理论思考主要表现在：第一，强调有效的思想政治教育必须符合教育规律、符合教育环境、符合教育对象的实际及其思想发展变化的规律。毛泽东指出，“人们要想得到工作的胜利即得到预想的结果，一定要使自己的思想合于客观外界的规律性，如果不合，就会在实践中失败”①；我们的思想只有完全适合于我们所处的环境，“才能使我们的工作样样见效，并迅速见效”②，“共产党员如果真想做宣传，就要看对象”③。第二，强调教育内容新鲜活泼、为人们所喜闻乐见，且要具有鲜明性，“毫不吞吞吐吐”，“用钝刀子割肉，是半天也割不出血来的”④。第三，强调思想政治教育要运用说理的方法，启发教育。毛泽东认为思想认识问题“不是痛快一时，乱打一顿，所能奏效的。……‘治病救人’的态度，才是正确有效的方法”⑤，“如果说理说得好，说得恰当，那是会有效力的”⑥。此外，毛泽东还提出了思想政治教育者队伍质量与思想政治教育效果、文化学习与理论学习效果等之间的关系问题。毛泽东的这些思想及其关于思想政治教育的其他许多观点，是中国共产党人自觉地运用马克思主义及其关于思想政治教育的基本原理于中国共产党思想政治教育实践的产物，是马克思主义与中国实际相结合的第一次飞跃所产生的理论成果——毛泽东思想的重要组成部分，在指导中国共产党思想政治教育实践卓有成效的展开中发挥了重要作用。

在改革开放、全面推进中国特色社会主义现代化建设的伟大进程中，中国共产党的第二代领导核心——邓小平高度关注党的思想政治教育，并在大量的讲话中对思想政治教育的价值、目标、内

① 《毛泽东选集》第1卷，人民出版社1991年版，第284页。
② 《毛泽东选集》第3卷，人民出版社1991年版，第1016页。
③ 《毛泽东选集》第3卷，人民出版社1991年版，第836页。
④ 《毛泽东选集》第4卷，人民出版社1991年版，第1322页。
⑤ 《毛泽东选集》第3卷，人民出版社1991年版，第828页。
⑥ 《毛泽东选集》第3卷，人民出版社1991年版，第833页。

容、原则、方法等作出了深刻阐述。这些阐述，以有中国特色社会主义现代化建设需要怎样素质的劳动者、如何培养具有这种素质的劳动者为主题，以解放思想、实事求是为主线，构成了社会主义现代化建设进程中党的思想政治教育的科学理论体系。对思想政治教育如何才能富有成效问题的回答，贯穿在邓小平思想政治教育理论的多个方面。首先，邓小平站在马克思主义唯物史观的高度，抓住生产力的发展在人类社会发展中的根本性、决定性作用，进而抓住人的素质在生产力的发展中的最为活跃、最为积极的作用，结合社会主义中国发展的根本任务，阐明了社会主义现代化建设对劳动者素质的基本要求，从而将“四有”公民的培养确立为党的思想政治教育的目标。邓小平在确立党的思想政治教育目标的过程中所坚持的这一马克思主义的方法论原则，为其所确立的思想政治教育目标赋予了高度的科学性和突出的现实性，使思想政治教育的有效开展具有了可能性。其次，邓小平从社会主义社会全面发展的整体视野、马克思主义政党历史使命的实现、社会主义新人培养的政治高度出发，对思想政治教育的内容进行科学规划，强调系统抓好马克思主义理论、科学的社会主义观、社会主义初级阶段党的基本路线的教育，并提出随着社会主义建设的全面展开和不断深入，思想政治教育要根据不同时期、不同形势与任务的要求，及时充实新的内容，有针对性地开展教育。这种规划、确立思想政治教育内容体系的思维方法，为思想政治教育的有效开展创造了积极条件。再次，邓小平阐述了有效的思想政治教育所应遵循的基本原则。他强调思想政治教育要坚持整体系统性，在多种教育内容的整体作用中实现思想政治教育的应有效果；强调理论联系实际，认为“群众从事实上感觉到党和社会主义好，这样，理想纪律教育，共产主义思想教育和爱国主义教育，才会有效”①；强调思想政治教育要坚持实事求是的原则，要面向社会主义经济建设，结合经济工作来做，要坚持说服教育的原则等。邓小平的上述思想及其关于思想政治教育的其他多方面的观点，是他坚持马克思主义思想政治教育基本原

① 《邓小平文选》第 3 卷，人民出版社 1993 年版，第 144~145 页。

理、继承毛泽东思想政治教育理论的科学精髓、总结马克思主义政党思想政治教育实践中成败的经验和教训的产物，是马克思主义与中国实际相结合的第二次飞跃的伟大理论成果——邓小平理论的重要组成部分，为社会主义改革开放和现代化建设条件下中国共产党卓有成效地开展思想政治教育提供了科学的理论依据①。

综上所述，马克思主义为思想政治教育有效性问题的探讨确立的基本理论依据、马克思主义经典作家从不同的视角对思想政治教育有效性问题作出的基本论断，实现了人类思想政治教育有效性理论探索史上的革命，为思想政治教育有效性问题的理论探讨具有科学的形态奠定了坚实的理论基础，并为我们结合新的社会历史条件深入探讨思想政治教育有效性问题提供了科学的方法论原则。自觉地以马克思主义为指导，从基本理论的层面对新的社会历史条件下思想政治教育的有效性问题进行深入研究，构成为本书的主旨。

---

① 参见沈壮海：《邓小平关于思想政治教育的理论建构》，载《思想理论教育导刊》1999 年第 12 期。

第二章

思想政治教育的有效要素

如前所述，我们对思想政治教育有效性的感知、评判如同对其他一切实践活动有效性的感知、评判一样，总是由对实践活动结果效用的直接感知开始并由此进入到对这一活动的构成要素及其运作方式等的有效性的考察。但是，任何实践活动有效性实现的实际历程却正是沿着与此相反的方向发展的。实践活动有效性实现的实际历程，也正是我们探寻实践活动有效性实现规律的科学路径。我们对于思想政治教育有效性的探讨，便沿着这一路径，由对构成思想政治教育活动的要素及其有效性的分析开始。

一 思想政治教育的要素及其有效性

要素，即构成特定系统与活动所必不可少的因素、元素。系统功能的发挥及活动有效性的确立，就系统或活动本身而言，依赖于要素对于系统、对于活动所具有的积极效能，依赖于要素的有效性。所谓要素的有效性，即要素在推动具体系统、活动的有效运行方面所表现出的积极属性。要素有效性在系统功能及活动有效性实现过程中所扮演的这种角色，决定了我们从要素出发进行系统或活动有效性问题研究的必要性和重要性。

然而，系统与活动的确立，依赖于要素的存在及其有效性的确立，这只是要素与系统、与活动关系的一个方面。就另一方面来看，任何要素，总是与相应的系统和活动紧密地联系在一起的，没有相应系统或活动的存在，就没有要素的存在。不联系具体的系统或活动，我们就不能认识要素的具体意义，无法具体分析要素应具有怎样的效能。要素与系统、与活动关系的这一方面，决定了我们对要素有效性的分析所应遵循的方法论原则，即对要素有效性的分析必须与相应的系统或活动紧密地联系起来，将要素置于整个系统或活动之中，分析其对系统、对活动所具有的应有意义与实际意义，从而来认识要素的有效性。

思想政治教育的要素，即构成思想政治教育运行系统或者说思想政治教育实际活动的基本元素。对于思想政治教育要素的具体构成，学术界有“三要素”说、“四要素”说等多种观点，说法不一，且多以主体、客体、介体等词汇来表示所列出的思想政治教育诸要素。思想政治教育要素的确定，必须在思想政治教育活动的整体视野中进行；所确定的思想政治教育要素，必须处于相同的思想政治教育运作层面，必须是思想政治教育活动的开展所必不可少且其本身又必须是不可再分的。此外，思想政治教育活动在本质上是人与人之间的活动，是一种主体际的活动。从不同的视角出发，它内含着不同的主客体关系，因此，我们也不宜笼统地将所确立的思想政治教育要素标以主体、客体等称谓。对于相应的思想政治教育要素，我们只能从思想政治教育活动的具体方面来阐述其所具有的主体或客体意义。依据这一思路，我们可将思想政治教育者、思想政治教育对象、思想政治教育内容、思想政治教育目的、思想政治教育方法、思想政治教育情境作为思想政治教育的要素。本书所谓的思想政治教育的有效要素即指具有有效性的上述思想政治教育要素。

在思想政治教育活动中，不同的要素担负着不同的功能，因而其有效性也有着各自不同的体现，但就整体而言，思想政治教育要素的有效性，即思想政治教育诸要素所具有的有利于实现自身在理想的思想政治教育活动中所担负的功能的一切属性。思想政治教育要素的有效性通过这些要素对于思想政治教育活动目的的实现所具有的效能，通过在实现思想政治教育目的的过程中各要素对于其他要素效能的发挥所具有的促进作用而不是阻碍作用表现出来，并且还通过思想政治教育的有效进行对教育要素的具体要求表现出来。思想政治教育要素的有效性，不等于思想政治教育活动的有效性，但却构成思想政治教育活动有效性得以实现的基本前提。思想政治教育要素的有效性体现在具体的思想政治教育活动之中，脱离具体的思想政治教育活动，我们无法感知同时也无法探讨思想政治教育要素有效性的实际内涵，无法把握思想政治教育的有效进行对教育要素的具体要求。因而，思想政治教育要素有效性的研究，必须遵循要素分析及其有效性研究的一般原则。

二 思想政治教育者的有效性

思想政治教育者即思想政治教育活动的组织者与实施者。在整个思想政治教育活动中，思想政治教育者占有着主导性地位，发挥着主导性作用，这种主导性作用具体表现为其所具有的组织功能（对教育内容、教育情境的组织）、教育功能（对教育内容的传输、对教育对象思想行为变化的引导等）、调控功能（获取思想政治教育过程中的各种反馈信息，进行分析、整理，并据以调控自己的组织行为及教育行为等）。思想政治教育者的有效性即思想政治教育者所具有的有助于实现自身在思想政治教育活动中所担负的上述功能的属性。从组织、实施、调控思想政治教育的角度而言，思想政治教育者是思想政治教育组织、实施、调控活动的主体，组织、教育、调控功能是思想政治教育者所具有的主体功能。与此相适应，思想政治教育的有效开展对教育者的要求，便集中体现为对教育者主体性的要求。

思想政治教育者的主体性，是思想政治教育活动得以有效展开的基本条件。马克思指出，“我的对象只能是我的一种本质力量的确证……任何一个对象对我的意义（它只是对那个与它相适应的感觉说来才有意义）都以我的感觉所及的程度为限”①。具备怎样的本质力量，决定着个体在怎样的程度和范围内将怎样的事物作为自己的对象来看待并予以作用。思想政治教育者的“本质力量”，也就是思想政治教育者的主体性。是否具有以及具有多大的主体性，决定着思想政治教育者在思想政治教育活动中能否确立以及在何种程度上确立基本的主体—对象关系，即能否以及在何种程度上将思想政治教育对象作为自己活动的真正对象予以认识和引导；能否以及在何种程度上理解、把握思想政治教育内容并按照自己对思想政治教育对象的认识予以合乎教育规律要求的编制；能否将整个思想政治教育活动的客观进程作为自己认识与作用的对象予以定向、调控和推进。对于思想政治教育者的主体性在思想政治教育活动中所具有的基本条件意义，马克思主义经典作家曾经进行过多方面的阐述。马克思指出，“如果你想感化别人，那你就必须是一个实际上能鼓舞和推动别人前进的人”②，即在感化、鼓舞、推动他人前进的实践活动方面具有有效性的人。在《给奥·倍倍尔、威·李卜克内西、威·白拉克等人的通告信》中，马克思和恩格斯还指出，“要对无产阶级运动有益处”，必须有“真正的教育者”③。这里马克思和恩格斯所特别强调的“真正的教育者”，就是能够有效地对无产阶级进行正确的思想观念教育从而推动无产阶级运动向正确方向发展的教育者。

思想政治教育者的主体性体现于思想政治教育的实践活动中，但它却决定于思想政治教育者所具有的特定意识和特定素质。或者说，思想政治教育者的主体性是思想政治教育者的特定意识与素质在具体的思想政治教育活动中的一种表现。因此，探讨思想政治教育者主体性的核心，在于揭示思想政治教育者要成为“真正的教

---

① 《马克思恩格斯全集》第42卷，人民出版社1979年版，第126页。

② 《马克思恩格斯全集》第42卷，人民出版社1979年版，第155页。

③ 以上见《马克思恩格斯选集》第3卷，人民出版社1995年版，第684页。

育者”，要有效开展思想政治教育活动所必须具备的特定意识与素质。在批判海因岑的过程中，恩格斯曾对担负着思想政治教育职责的“党的政论家”所应具备的素质作过深刻分析。恩格斯指出：“党的政论家应当具备完全不同于海因岑先生……所具有的素质。海因岑先生也许怀有人间最善良的愿望，他也许是全欧洲信念最坚定的人。我们也知道，他是一个正直的人，具有勇气和毅力。但是，单凭这些条件还不能成为党的政论家。作为党的政论家，除了一定的信念、善良的愿望和洪亮的嗓音而外，还需要一些别的条件。同海因岑先生现在具有的和多年经验证明他能够具有的各方面的条件相比，党的政论家还需要具有更多的智慧、更明确的思想、更好的风格和更丰富的知识。”① 在此，恩格斯将信念、愿望、智慧、思想、风格、知识等都视为党的政论家所应具备素质的重要方面，这对于我们探讨有效的思想政治教育者应具备的素质，具有多方面的启迪。

具体而言，作为有效的施教主体，思想政治教育者应该具备相应的主体意识和主体素质。

1. 主体意识

主体意识是思想政治教育者关于自身的自觉和明晰的认识，它包括思想政治教育者对于自身在整个思想政治教育活动中所具有的主体地位、主导性作用和所担负的具体使命，以及自身主体性活动对于社会、对于自己的教育对象所具有的现实与长远意义的全面而深刻的认知。强烈的主体意识，是思想政治教育者自觉地以主体身份与责任意识开展思想政治教育活动的重要驱动力量，是推动思想政治教育者由应当的施教主体向实际的施教主体转化的重要条件。“人作为社会的应当的和可能的主体要转化为现实的和实际的主体，需要一个重要的条件，即主体人的自我意识。就是说，人在社会历史活动中主体地位的实际确立和有效实现，是以人对自身在社会历史过程中的地位、职责、使命和任务及实现途径等的足够清醒

① 《马克思恩格斯选集》第1卷，人民出版社1995年版，第203页。

的自觉意识为前提条件的。"① 思想政治教育活动亦然。强烈的主体意识，也为思想政治教育者根据自身所开展的思想政治教育活动的实际体验，自觉对照有效开展思想政治教育活动所要求思想政治教育者的应然素质，检讨并不断增强自己现实具备的实然素质，提供着强大的动力。因而，强烈的主体意识的存在，使得思想政治教育者主体素质的不断提高获得了重要的驱动力量，为思想政治教育者能够适应不断变化着的环境，针对不断变换着的思想政治教育对象及不断变化着的思想政治教育对象的思想需要开展有效的教育活动，提供了内在的基础。

2. 主体素质

主体素质即作为施教活动主体的思想政治教育者为有效地实现自己所担负的主体性功能所具备的一系列条件的总和。如果说主体意识是思想政治教育者由应当的施教主体转化为实际的施教主体的重要驱动力量，那么，主体素质则是思想政治教育者由应当的施教主体转化为实际的施教主体的内在根据，它为思想政治教育者实现自己所担负的主体功能提供着可能性基础。

思想政治教育者的主体素质包括政治素质、人格素质、理论素质和能力素质四个方面。

（1）政治素质

思想政治教育是有着鲜明政治特性的教育活动。在任何国家，不论以怎样的称谓来表示思想政治教育这种客观存在的教育活动，都无法抹杀它的政治色彩，它总是围绕着特定的政治目标而展开、为特定的政治利益而服务的。这种政治指向性，可以通过国家对教育内容的选定而规定，但是，这种政治指向性得以具体贯彻的最关键的途径却不是思想政治教育活动中其他方面的要素，而只能是作为思想政治教育施教主体的思想政治教育者。列宁曾经指出："在任何学校里，最重要的是课程的思想政治方向。这个方向由什么来

---

① 欧阳康：《社会认识论导论》，中国社会科学出版社 1990 年版，第 145 页。

决定呢？完全而且只能由教学人员来决定。”① 对于整个思想政治教育活动而言，也是如此。思想政治教育者在体现、贯彻思想政治教育特定政治指向中的这种关键性地位，要求思想政治教育者具有过硬的政治素质。此外，思想政治教育内容作为由多方面的教育内容构成的综合体，又是以政治教育为其核心的②。政治教育作为思想政治教育的重要内容和其在整个思想政治教育内容体系中的核心性，也同样要求思想政治教育者具有过硬的政治素质，否则政治教育的任务便无法有效完成。慕尼黑政治研究院的一项研究结果认为，“只有当全体教师本身从思想上接受了民主准则……并以校外活动加以辅助，加强校内教育，这样，政治教育才是有效的”③。这一研究结果所揭示的，也正是思想政治教育者政治素质与其教育效果之间的关系。

思想政治教育者的政治素质包括正确的政治方向和政治观点、坚定的政治立场，高度的政治责任感、政治纪律性、政治鉴别力和政治敏锐性等多个方面。正确的政治方向和政治观点、坚定的政治立场、高度的政治纪律性在教育者具体的思想政治教育开展过程中发挥着定向作用，是思想政治教育沿着正确的政治方向前进的保证，也是思想政治教育者引导教育对象的思想、行为朝着积极、向上的方向发展的前提。高度的政治责任感是思想政治教育者自觉地以主体身份负责任地开展思想政治教育的强大驱动力量，也是推动思想政治教育者其他素质由潜在准备形态转化为现实作用形态并最大限度发挥效用的强大力量。高度的政治鉴别力和政治敏锐性则是思想政治教育者善于从政治的高度、大局的高度认识思想政治教育的重大使命，分析研判人们思想意识领域的发展趋向及所提出的重大现实问题，正确认识人们思想意识领域有关具体矛盾性质的保

① 《列宁全集》第45卷，人民出版社1990年版，第249页。

② 参见王玄武：《政治观教育通论》，高等教育出版社1999年版，第15页。

③ ［美］卡扎米亚斯、马西亚拉斯著，福建师范大学教育系等译：《教育的传统与变革》，文化教育出版社1981年版，第185页。

证，也是思想政治教育能否做得深入、能否取得良好效果的根本所在。

（2）人格素质

思想政治教育者的人格素质是思想政治教育者作为人格健全的个体所应具备的基本素质。是否具有良好的人格素质，直接关系到思想政治教育者能否卓有成效地进行思想政治教育。这是因为，思想政治教育不同于一般教育活动的地方在于它是通过教育者向教育对象传递相应的思想观念，以期影响教育对象思想、行为的活动，是品德塑造的活动。这种品德塑造活动，以有关教育形式为手段，同时更以人格感染为手段，且教育形式的效力在相当程度上受制于教育者的人格形象对其所宣讲的教育内容的印证、实践程度。正因为如此，中国古代的先哲视身教重于言教，推崇“其身正，不令而行”的教化效力以及“我无事而民自化”的教化境界。西方的众多学者也将教师的健全人格视为教育活动有效开展的前提性条件以及生发教育力量的重要因素。人本主义教育思潮代表人物罗杰斯以“真实的人”来概括教育者应具备的人格素质，认为：“当促进者是一个真实的人，坦诚无遗，同学生建立关系时没有一种装腔作势或者一种假面具，这个时候，他总是能富有成效的。”① 另一位教育学研究者贝尔金则撰文指出，教师的一言一行、一举一动都在影响着学生的道德观点，都在帮助学生形成他的道德价值看法和行动②。

概括而言，思想政治教育者的人格素质主要包括道德素质、心理素质。思想政治教育目的的重要方面即教育对象良好道德素质的形成。而要塑造教育对象良好的道德素质，教育者本人首先必须具有良好的道德素质，身体力行自己所倡导的道德规范。在心理方面，教育者除了具备一个健康正常的人所应具备的心理素质外，还

① 卡尔·罗杰斯：《促进学习中的人际关系》，转引自方展画：《罗杰斯“学生为中心”教育理论述评》，教育科学出版社1990年版，第151页。

② 参见傅统先、张文郁：《教育哲学》，山东教育出版社1986年版，第176页。

必须同时具有高度的开展思想政治教育的自我效能感。自我效能感“既是一种心理的状态，也是一种精神的力量，是由积极的、自信的、有为的动态心理激发出来的精神力量”①。心理素质要求的另一个方面即对思想政治教育所具有的深厚情感以及与此相联系的从事思想政治教育的激情。激情是教育者言行感染力的重要源泉之一，“激情是惟一始终在进行说服的演说家。它们似乎赋予自己的主人一种天生的技艺，其规则是准确无误的。具有激情的最笨讷的人，也要比没有激情的最雄辩的人更能说服人”②。激情同时又具有驱动力量，推动思想政治教育者积极投入思想政治教育活动，“完全缺乏移情的人，或移情完全特定化（即指向某一个或某几个人）的人，在改革社会弊端、辨别是非、表达公共道德义愤或其他任何集体情绪等方面，不但不能立刻实现目标，而且也很难成为他人的领导者和鼓动者”③。

（3）理论素质

思想政治教育者的理论素质是教育者为有效开展思想政治教育活动所应具有的相应理论准备。这种理论准备包括与思想政治教育活动的实际组织、实施相关的理论准备及与思想政治教育内容相关的理论准备两个方面。

教育者必须具备上述两个方面的理论准备，这是由思想政治教育活动的特点所决定的。一方面，作为一种教育活动，思想政治教育活动的开展必须遵循教育活动所固有的内在逻辑，其所要实现的教育内容由教育者向教育对象的传递，所要促成的教育内容在教育对象身上的内化、外化都必须按照客观的教育规律，通过适宜的教育形式才能得以实现；教育者对思想政治教育活动中的各种反馈信息的分析，也都必须置于相应的教育理论框架之中，才能得到科学

① 郭湛：《人活动的效率》，人民出版社 1990 年版，第 45 页。

② ［法］拉罗什福科著，何怀宏译：《道德箴言录》，生活·读书·新知三联书店 1987 年版，第 2 页。

③ ［英］威廉·麦独孤著，俞国良等译：《社会心理学导论》，浙江教育出版社 1997 年版，第 135 页。

准确的把握并由此确定自己调控行为的基本方案，这就要求教育者必须具备相应的关于思想政治教育实际组织、实施的理论准备。正如有的学者指出：“政治教育工作的效果在很大程度上取决于对社会心理学和教育学理论的通晓以及善于在实际中应用。”① 另一方面，作为一种思想观念的传递活动，思想政治教育主要是通过对相关思想观念的宣讲，通过对相关现实问题的深刻而有说服力的理论分析、解释，引导教育对象确立相应的思想观念并进而促其将之转化为实际的行为。因此，作为施教活动主体的教育者，必须有充分的理论准备，缺此，思想政治教育就没有施教的武器，就没有所用，就没有思想政治教育意义上的具有根本性的连接教育者与教育对象的纽带，思想政治教育就势必成为无所依、无所指的肤浅的空谈。一如日本著名教育学者小原国芳所谈到的不了解善、恶、道德本质等“根本问题”而进行的“修身教学”一样，成为“一种虚伪的教学”②。只有具备充分的理论准备，教育者才具有深刻阐释相关思想政治教育内容、促成思想政治教育顺利推进并取得实效的条件，亦即列宁所指出的，制定理论的工作愈有进展，“社会民主主义就成长得越快”③。马克思恩格斯之所以批判《未来》杂志、《新社会》杂志的那些德国的社会改良派们不是真正的教育者，其中一个重要原因就在于他们缺乏引导无产阶级运动所必需的理论素质。他们只会把他们领会得很肤浅的社会主义思想和他们从大学或其他什么地方搬来的各种理论观点调和起来，给人们提供一个比一个更糊涂的观点。“他们中的每一个人都不是自己首先钻研新的科学，而宁可按照搬来的观点把这一新的科学裁剪得适合于自己，匆促地为自己制造自己的私人科学并且狂妄地立即想把它教给别人。所以，在这些先生当中，几乎是有多少脑袋就有多少观点。他们什

① 苏共中央直属社会科学院心理学和教育学教研组编，史民德、何得霖译：《党的工作中的社会心理学和教育学》，广西人民出版社 1986 年版，第 1 页。

② 以上见［日］小原国芳著，由其民等译：《小原国芳教育论著选》上卷，人民教育出版社 1993 年版，第 307 页。

③ 《列宁选集》第 1 卷，人民出版社 1995 年版，第 77 页。

么也没有弄清楚，只是造成了极度的混乱——幸而几乎仅仅是在他们自己当中。这些教育者的首要原则就是拿自己没有学会的东西教给别人。党完全可以不要这种教育者。”①

（4）能力素质

思想政治教育者的能力素质即教育者将自己的理论准备成功地运用于实际，顺利开展思想政治教育活动所应具备的能力条件，是教育者从事思想政治教育所应具备的实践能力的总括。它包括教育者确立思想政治教育关系的能力；激发、激活思想政治教育对象接受意愿、接受需要的能力；根据社会要求和思想政治教育对象的实际，确立具体的思想政治教育目的、编制思想政治教育内容的能力；引导、调控思想政治教育活动过程的能力等多个方面。相应政治素质、人格素质、理论素质的具备，为教育者有效开展思想政治教育提供了前提条件及动力保障。但是，在进入思想政治教育实践活动之前，它们只是以潜在的、准备的形态存在于教育者身上，只有在具体的思想政治教育实践中它们才能发挥现实的作用，而思想政治教育实践活动的展开及上述素质由潜在、准备形态向现实、效用形态的转化，必须依靠教育者相应的从事思想政治教育的实践能力。为了实现思想，就要有具备实践能力的人。正是在这一意义上，列宁强调制定理论的工作与实际的宣传鼓动工作的融合，强调社会主义的宣传鼓动人员理论素质与能力素质的并重，他指出，“如果社会主义者的任务是要做无产阶级的思想领导者，领导无产阶级进行现实斗争，去反对横在一定社会经济发展的现实道路上的现实的真正敌人”，就必须将制定理论的工作和实际的宣传鼓动工作融合为一个工作，“不做上述理论工作，便不能当思想领导者；不根据事业的需要进行这项工作，不在工人中间宣传这个理论的成果并帮助他们组织起来，也不能当思想领导者”②。列宁还指出，社会民主党人如果不只是口头上主张必须全面发展无产阶级的政治意识，就应当既以理论家的身份，又以宣传员的身份，又以鼓动员

① 《马克思恩格斯选集》第3卷，人民出版社1995年版，第684页。

② 以上见《列宁选集》第1卷，人民出版社1995年版，第78~79页。

的身份，又以组织者的身份到居民的一切阶级中去。以理论家、宣传员、鼓动员、组织者的身份到实际生活中进行思想政治教育，就是要求教育者在具备相应理论素质的前提下，同时具备多方面的从事具体思想政治教育的实际能力。

综上所述，政治素质、人格素质、理论素质和能力素质构成了思想政治教育主体素质的基本内容。思想政治教育主体素质与主体意识的状况共同决定着思想政治教育者能否在思想政治教育活动中有效地实现其所应发挥的功能，即能否成为有效的教育主体。准确而全面地把握思想政治教育者成为有效的思想政治教育者的上述基本条件，并在此基础上深入探讨有效的思想政治教育者的生成机制，我们才有可能真正建设好一支结构合理、相对稳定、素质过硬的思想政治教育者队伍。

三　思想政治教育对象的有效性

思想政治教育对象即思想政治教育活动中在思想政治教育者引导下以接受、实践相应思想政治教育内容者，是思想政治教育者有意识地对其施以影响，以期其形成相应思想政治素质的对象。

在思想政治教育活动中，教育对象是双重身份的统一体。对于教育者的施教活动而言，教育对象表现出客体身份的一面，在这一过程中，他是教育者观察、认识的客体，是教育者意欲通过自己的教育活动予以改变的对象，是教育者教育活动的所指向者。在接受、实践思想政治教育内容的过程中，教育对象则以主体的身份出现，他自觉能动地以主体的视角体察教育者的教育活动及其所表达的意义，以自己的认知图式诠释、选择、内化教育者所传递的思想政治教育内容，并通过自己的实际活动来实践思想政治教育内容所具有的行为指令意义。在理想的思想政治教育活动中，教育对象便是这种主体与客体的统一体。一方面，教育对象只有成为客体，思想政治教育作为一种客观的实践活动才能够确立基本的主体—客体关系，才具有开展的可能性；另一方面，教育对象只有成为主体，思想政治教育过程才有可能获得其完整性。因此，对于整个思想政治教育活动的顺利开展而言，教育对象只有同时具有客体身份与主体身份，他才能真正成为有利于思想政治教育有效进行的教育对象。

作为客体，教育对象应具有客体性；作为主体，教育对象则应具有主体性。思想政治教育的有效进行对教育对象的要求，就表现为教育对象所应具有的客体性与主体性的统一。但是，作为客体的教育对象，他又不同于其他实践活动中的客体，他是有生命、有自我意识的存在，而不是无生命、无自我意识或者有生命但无自我意识的存在；他不是在主体作用力的影响下直接地或纯粹条件反射类型地发生着主体所预期的形体的或生理的变化，而是在主体作用力的影响下经过自己自觉的思维运作过程之后才可能发生主体所预期的思想的和行为的变化——他是具有鲜明主体性的客体。马克思曾经指出，“对象如何对他说来成为他的对象，这取决于对象的性质以及与之相适应的本质力量的性质”①。主—客体关系的确立决定于对象的性质与主体的主体性两者之间的关系。思想政治教育的施教活动中主客体关系的确立同样决定于教育者（主体）的主体性与教育对象（客体）的性质之间的关系。因此，教育对象的性质，是影响思想政治教育施教活动中主—客体关系确立的关键因素之一，而作为教育对象的性质对思想政治教育施教活动中主—客体关系的确立起作用的，正是教育对象的主体性。故而，思想政治教育的有效进行对教育对象的要求，归根结底，集中表现为对教育对象主体性的要求。

教育对象的主体性不同于教育者的主体性，它表现在教育对象对教育者所发出的思想政治教育信息的接受、转化的态度与过程之中，有自身特定的内涵。对于与思想政治教育对象角色类似的一般教育活动中的教育对象的主体性，或者说教育活动的有效进行所要求的教育对象应具备的条件，教育学界曾进行过多方面阐述。赫尔巴特将“接受可能”视为有效教育对象的基本条件，视为教育活动得以进行的前提。他说：“教育的基本观念是学生有接受教养的

① 《马克思恩格斯全集》第42卷，人民出版社1979年版，第125页。

可能。"① 加涅则将这种"接受可能"概括为学生"先前学习的必备能力"。他说："如果学习中的主要因素不是重复或练习，那么什么因素才是主要的呢？我倾向于作出的回答是：确保学习的最可靠的条件是先前学习的必备能力。有些人称这些能力为学习的'特定的准备（specific readinesses）'，另一些人则称其为'有可能的条件（enabling conditions）'。诚然，如果有人想保证使学生能学会特定的新活动，最有力的保证就是他以前学到了必备的能力。"② 此外，人们还曾提出过一系列相关的概念，如"学习潜力"、"学习的受纳性"、"学习潜力和品德修养"、"个人在学习中的内在立场"、"学习的可能性"即"学习潜力"和"工作精力"的结合、"学习动机和学习态度"、"有道德修养的意志"、"学业水平和兴趣的独特性"等来描述有效教育对象应具备的条件或状态。这些探讨，虽未直接涉及思想政治教育这一独特的教育活动中的教育对象，但仍不失有益的启示。对于思想政治教育对象而言，其主体性主要体现在其明确的接受主体意识与接受意愿，以及接受的相应知识准备和相应的接受力。

1. 明确的接受主体意识与接受意愿

明确的接受主体意识是教育对象对自己在思想政治教育活动中所扮演角色、对自己的接受行为对于整个思想政治教育活动的进行和完成所具意义的深刻而清晰的认识，它同时还包括作为接受主体的教育对象参与、配合作为施教主体的教育者的相关活动的自觉意识，以及自主地选择、评判、践履思想政治教育内容的自觉意识。明确的接受主体意识是促成教育对象从应然的接受主体向实然的接受主体转化的重要条件，是激活教育对象的一切有利于接受活动实现的内在准备因素、状态的动力源。明确的接受意愿主要表现为教

① 转引自张焕庭：《西方资产阶级教育论著选》，人民教育出版社1979年版，第297页。

② 加涅：《学与教的新观点》，转引自瞿葆奎：《教育学文集·教学》上册，人民教育出版社1989年版，第562页。

育对象活跃的需要—动机系统。人们的一切行为都是在相应的需要—动机系统的支配下进行的。“推动人去从事活动的一切，都要通过人的头脑，甚至吃喝也是由于通过头脑感觉到饥渴而开始，并且同样由于通过头脑感觉到饱足而停止。外部世界对人的影响表现在人的头脑中，反映在人的头脑中，成为感觉、思想、动机、意志，总之，成为‘理想的意图’，并且以这种形态变成‘理想的力量’”①，“不愿意明白的人是不可能明白的”②。需要—动机系统的有无、强弱及其性质直接关系到教育对象参与思想政治教育活动和进行思想信息接受、转化的积极性、能动性。在思想政治教育过程中，“教育的成效如何不仅取决于教育过程的主体的努力，在很大程度上也取决于被教育者，取决于他有无认识周围世界的愿望，有没有学习科学文化成就、掌握社会主义生活规范和准则的积极性和自觉性”③。教育对象活跃的需要—动机系统使得思想政治教育内容的内化与践履获得了内在可能性，为整个思想政治教育活动有效性的实现提供着保证。正如列宁所指出的：“我们教育工作者的任务就是要完成这一改造群众的工作。我们所看到的群众对共产主义教育和共产主义知识的兴趣和向往，是我们在这方面取得胜利的保证，胜利也许不会像前线上那么快，也许要碰到很大的困难，有时还会遭到挫折，但是最后我们总是会胜利的。”④明确的接受主体意识与接受意愿，同时构成教育对象接受行为的动力系统。

2. 相应的知识准备与接受力

接受的相应知识准备即教育对象接受、理解思想政治教育内容所必备的知识条件。相应的接受力即教育对象对教育者的施教行为

---

① 《马克思恩格斯选集》第4卷，人民出版社1995年版，第232页。

② 《列宁文稿》第5卷，人民出版社1978年版，第419页。

③ 苏共中央直属社会科学院心理学和教育学教研组编，史民德、何得霖译：《党的工作中的社会心理学和教育学》，广西人民出版社1986年版，第139页。

④ 《列宁选集》第4卷，人民出版社1995年版，第307页。

所具意义及其所传递的思想政治教育内容理解、判别、选择、内化等方面的能力。相应的知识准备与相应的接受力共同构成了思想政治教育对象接受活动进行的基础。马克思指出，“只有音乐才能激起人的音乐感；对于没有音乐感的耳朵说来，最美的音乐也毫无意义”①。思想政治教育内容作为对象对于作为接受主体的教育对象的意义，同样受制于教育对象的既有条件，受制于教育对象的知识准备状况。一方面，任何有效的思想政治教育内容，都以特定的形式反映着其所处时代人类知识创造、积累所达到的总体高度。思想政治教育活动虽然不以教育对象形成关于思想政治教育内容的知识为目的，但是，它并不排除教育对象形成相应的知识，并且从某种角度而言，思想政治教育内容必须通过相应的知识的形式才能实现其在不同主体之间的传递，教育对象关于思想政治教育内容的知识的形成是思想政治教育目的实现的重要通道之一。另一方面，对思想政治教育内容的理解，需要教育对象有多方面的知识的支撑，而只有真正达到了理解的高度，教育对象才能真正体会到思想政治教育内容的真理性、先进性、感染性，也才有可能产生对思想政治教育内容的接受和践行。

四　思想政治教育目的的有效性

思想政治教育的目的，即思想政治教育活动所要达到的结果在人们头脑中的反映，是人们在自己的思维中对思想政治教育所要达到的结果的预制。思想政治教育目的的确立，为思想政治教育活动的开展确立了基本的方向，“目的作为一个预见的结局，活动就有了方向”②；思想政治教育目的的确立，还为思想政治教育者的具体活动、为整个思想政治教育过程的具体运行提供了基本的依据，

① 《马克思恩格斯全集》第42卷，人民出版社1979年版，第125~126页。

② ［美］约翰·杜威著，王承绪译：《民主主义与教育》，人民教育出版社1990年版，第108页。

“作为规律决定着”思想政治教育者的“活动的方式和方法”①；思想政治教育目的的确立，也为思想政治教育活动的具体实施提供了检验其有效性的尺度，“如果我们能预测这样做或那样做的结果，我们就能比较两种行动走向的价值；我们就能判断哪一个办法较为可取”②；思想政治教育结果是否有效，同样要从其与思想政治教育目的的吻合程度上进行判别。

思想政治教育目的的确立所具有的如此重要的意义，使得目的的确立成为思想政治教育活动实施的关键性的工作之一。一如有的学者所概括的那样：“教育者与教育理论家面临的最重要的论题，就是对教育过程的目的的选定。”③ 也正是因为目的的确立对于思想政治教育活动的开展具有如此重要的意义，所以，目的的明确性也便成为直接关系思想政治教育活动有效性的关键因素之一，“在人的活动的目的性和有效性之间，总的说来有一种正相关关系，即活动的目的性越明确、越稳定，活动的有效性就越明显、越有把握……当然也不完全排除其他的可能性，譬如活动的目的性明确而有效性模糊，这涉及活动目的本身的现实性、可行性以及从活动的目的性到有效性的转化中各种参与因素的复杂作用”④。

目的的明确性与活动的有效性之间会形成正相关的关系，但是正相关关系的产生并不是必然性的，因为目的本身除了明确性之外也有一个有效性的问题，具有明确性的目的也有有效、无效之分。不具备有效性的目的，即使再明确，也不可能与活动的有效性之间产生正相关的关系。

思想政治教育目的的有效性，即思想政治教育目的对于推动整个思想政治教育活动的顺利开展所表现出的积极属性，这一属性通

① 以上见《马克思恩格斯全集》第23卷，人民出版社1972年版，第202页。

② ［美］约翰·杜威著，王承绪译：《民主主义与教育》，人民教育出版社1990年版，第108页。

③ L. 柯尔伯格、R. 马雅：《发展即教育之目的》，载《外国教育资料》，1995年第2期。

④ 郭湛：《人活动的效率》，人民出版社1990年版，第41页。

过思想政治教育目的在实现自己所应担负功能方面所具有的效能表现出来。思想政治教育目的的有效性来自于目的本身的正确性，错误的目的不可能产生正面的效果。思想政治教育目的的有效性还来自于它的可实现性，不具可实现性的目的只是幻想，不可能产生相应的结果，其有效性更无从谈起。因为目的的实现是思想政治教育诸要素相互影响、共同作用的结果，因而，思想政治教育目的的有效性还表现为其对思想政治教育其他诸要素最大限度地发挥各自应有功能，从而服务于思想政治教育目的的实现所具有的种种特性。杜威在阐述“有价值的目的”即其所谓的“良好的教育目的”、“有效验的目的”等概念时，就是从这一角度来描述的。他说：“任何目的，只要能时时刻刻帮助我们观察、选择和计划，使我们的活动得以顺利进行，这就是有价值的目的；如果这个目的妨碍个人自己的常识……这个目的就是有害的。”① 美国另一位教育学家布鲁巴克也曾从这一角度出发对教育目的的有效性进行过探讨。他说：“目标不仅应该供给教育的方向，而且应该推动它。目标就是价值；假如目标有价值，并且人愿意获得它，那末，它便能使学习者付出为达成该项目标所需要的力量。只有指导，而不推动的目标，只能说是一半有效而已。”② 将能否调动学习者的能动性也视为目的是否具有有效性的重要方面，这显然也是从目的对于教育各要素效能发挥的积极作用的层面来讲的。概括而言，在这一意义层面上，思想政治教育目的所具有的、决定其有效性的特性，除了上文所说的正确性和可实现性之外，还包括目的设定的双适应性、整体性、实践性和目的表述的准确清晰性。

1. 双适应性

所谓双适应性，即一方面适应社会的需要，体现社会的要求，

---

① ［美］约翰·杜威著，王承绪译：《民主主义与教育》，人民教育出版社1990年版，第113页。

② 布鲁巴克：《教育目的的基本理论问题》，转引自瞿葆奎：《教育学文集·教育目的》，人民教育出版社1989年版，第319页。

另一方面适应教育对象的身心发展规律与发展状态，遵循教育的内在逻辑规定。任何教育活动在其本质上，都承担着解决社会与个体之间矛盾的使命，这种使命的实现，内在地要求教育活动必须在对社会与个体双方的把握与适应中寻求解决矛盾的出路。忽视教育对象的身心发展规律与发展要求，排除教育目的对教育对象的适应性，思想政治教育活动的顺利开展就无法赢得教育对象积极的内在响应。因为教育对象思想意识的形成、发展是有其客观的、不以人的意愿为转移的规律的，“在我们懂得这些条件是什么，并且懂得如何使我们的实践按这些条件进行以前，我们最崇高和理想的目的是注定要失败的——它们不过是空谈的和感情用事的目的，而不是有效验的目的”①。但在强调教育目的对教育对象适应性的同时，我们也丝毫不能忽略教育目的对社会的适应性即对社会需要的遵从和贯彻。否定教育目的的社会适应性，其实也就否定了思想政治教育成其为思想政治教育的内在规定性，丧失了规约整个思想政治教育活动开展的社会价值取向与社会价值尺度。总之，有效的思想政治教育目的，确立于其社会适应性与对象适应性有机统一的基础之上。

2. 整体性

思想政治教育的目的是促进教育对象相应思想政治素质的形成和发展，而任何思想政治素质总是以有机整体的形态，而不是以单向面的形态出现的。因而，抽取其中的任何一个向面，将之单列出来作为思想政治教育的目的，都是不科学的，也不具备实现的可能性。西方现代的道德教育、价值教育理论中曾有激烈的形式、内容之争，或单纯以对相应思想观念的掌握为教育目的予以强调，企求由“知”而“德”的必然性实现，或单纯以相应的道德、价值的判断和推理能力的形成为教育目的，期望由“能力”而“德行”的必然性实现。“知识”和“德行”、“能力”和“德行”之间的

① ［美］约翰·杜威著，王承绪译：《民主主义与教育》，人民教育出版社1990年版，第122页。

确存有相关关系，但却不是直接的必然性关系，因为“知识”、“能力”都只是促成“德行”形成的众多因素中的一个。有效的思想政治教育目的应该全面地涵盖知识、情感、信念、能力、行为等多个向面，具有整体性。

3. 实践性和可扩延性

有效的思想政治教育目的应具有实践性和可扩延性。其一，它必须能给整个思想政治教育活动的实际开展提供明确的依据与指导。“一个教育目的必须能转化为与受教育者的活动进行合作的方法。这个目的必须提出一种解放和组织他们的能力所需要的环境。除非这个目的有助于制订具体的进行程序，除非这些程序又能检验、校正和发挥这个目的，否则这个目的便是没有价值的”①。其二，它必须具有可扩延性。人们思想政治素质的发展处于一个不断的变动过程之中，思想政治教育活动也处于这种变动之中并推动着这种变动定向性的发展。思想政治教育随着人们思想政治素质的发展，随着人们生命历程的发展而不间断地推进，构成反复不已、持续不断的活动过程。与此相适应，任一具体的思想政治教育过程中的思想政治教育目的都是思想政治教育最终目的在特定过程中的体现，是整个思想政治教育目的链中的一环。因此，有效的思想政治教育目的必须具有可扩延性，在整个思想政治教育目的链中具有承前启后的功能和意义，“要检验任何大的目的叙述有何价值，就要看这个目的能否迅速地前后一致地转化为另一个目的所提出的进行程序”②。

4. 表述的准确清晰性

思想政治教育目的是对思想政治教育期望结果的反映，它对整

① ［美］约翰·杜威著，王承绪译：《民主主义与教育》，人民教育出版社1990年版，第115页。

② ［美］约翰·杜威著，王承绪译：《民主主义与教育》，人民教育出版社1990年版，第131页。

个思想政治教育活动的定向作用、引导作用等都必须通过对它的精确而清晰的表述才能得以实现。目的表述的准确清晰性除了目的表述用语的准确、清晰之外，主要表现为其表述对象的准确性、清晰性。思想政治教育目的的表述对象就是思想政治教育的预期结果，即思想政治教育活动在教育对象的思想行为方面所期望引发的一系列变化，亦即教育对象所应确立的相应的思想政治素质。思想政治教育目的的表述必须是这一对象，而不能将所要开展的思想政治教育活动、所要实施的思想政治教育内容等作为思想政治教育目的的表述对象。思想政治教育目的表述的清晰性还要求对思想政治教育目的的表述是具体的，而不是抽象的。具体性赋予思想政治教育目的以更强的可操作性与实践可能性，同时也赋予思想政治教育目的以明确性。泰勒曾经深入探讨过教育目的的表述问题。他指出："人们可能会看到这样陈述的目标：'发展批判性思维'；'培养鉴赏力'；'形成社会态度'；'形成广泛的兴趣'。用这种形式陈述的目标，确实指出了希望通过教育在学生身上引起某些变化……然而……要达到如此高度概括化的目标的努力，是不大可能富有成效的。"① 他认为"最为有效的陈述目标的形式"是"既指出要使学生养成的那种行为；又言明这种行为能在其中运用的生活领域或内容"②，其实这也正是在强调目的表述的清晰性。

五 思想政治教育内容的有效性

思想政治教育的内容即在思想政治教育活动中教育者所意欲传递给教育对象的思想政治观念，它是思想政治教育活动中连接教育者与教育对象的信息纽带，是构成思想政治教育关系的基本要素。思想政治教育是有着鲜明目的性的教育活动，与此相适应，思想政

① ［美］拉尔夫·泰勒著，施良方译：《课程与教学的基本原理》，人民教育出版社 1994 年版，第 36 页。

② 以上见［美］拉尔夫·泰勒著，施良方译：《课程与教学的基本原理》，人民教育出版社 1994 年版，第 36 页。

治教育内容又是蕴含思想政治教育目的的载体。

思想政治教育的内容可以划分为两个层面：第一个层面即特定的社会和阶级所要求、所确定的思想政治教育内容（我们称之为思想政治教育内容Ⅰ）；第二个层面即在具体的思想政治教育活动中，思想政治教育者根据相应的思想政治教育目的，按照思想政治教育规律的要求，对思想政治教育内容Ⅰ进行组织、编制，以直接用于思想政治教育活动的内容（我们称之为思想政治教育内容Ⅱ）。思想政治教育内容Ⅰ具有给定性，思想政治教育内容Ⅱ则是对思想政治教育内容Ⅰ加工、组织的结果。如果说，思想政治教育内容Ⅰ更多地表现为一种思想理论体系，那么，思想政治教育内容Ⅱ则更多地表现为由这种理论体系加工而成的教育信息体系。这两个层面之间有密切关系，但又不能混为一谈。思想政治教育的有效进行，有赖于思想政治教育内容Ⅰ的科学制定，即有赖于思想政治教育内容Ⅰ有效性的确立，同时也有赖于思想政治教育内容Ⅰ向思想政治教育内容Ⅱ的科学转换，即有赖于思想政治教育内容Ⅱ有效性的确立。

对于思想政治教育的有效进行所要求的思想政治教育内容由第一层面向第二层面转换的必要性，恩格斯也曾有过明确阐述。由恩格斯所著的《欧根·杜林先生在科学中实行的变革》中的三章集合而成的著作《社会主义从空想到科学的发展》，最初主要是学术探讨性质的，但其中恩格斯所阐发的观点，也是无产阶级群众所应该掌握的，我们可以将之视为第一层面的思想政治教育内容。当苏黎世的《社会民主党人报》编辑提出将这一著作作为宣传性的著作（用于德国社会民主党党内）出版时，恩格斯便指出了如何将这本纯学术著作转化为宣传教育性著作的问题，即我们所说的思想政治教育内容由第一层面向第二层面转化的问题。1882 年恩格斯在为《社会主义从空想到科学的发展》德文版的出版所写的序言中明确指出：“这一著作原来根本不是为了直接在群众中进行宣传而写的。这样一种首先是纯学术性的著作怎样才能适用于直接的宣传呢？在形式和内容上需要作些什么修改呢？"① 分析思想政治教育内容的有效性，应该同时分析这两个层面的思想政治教育内容的有效性。

1. 思想政治教育内容 I 的有效性

相对于既定的思想政治教育目的而言，思想政治教育内容的有效性表现为思想政治教育内容是否有利于在教育对象身上引起预期的变化、形成预期的思想观念和行为。在这种意义上，有利于而不是阻碍着教育对象形成教育者预期的思想观念和行为的思想政治教育内容，即具有有效性的思想政治教育内容。在《给奥·倍倍尔、威·李卜克内西、威·白拉克等人的通告信》中，马克思和恩格斯曾批判《未来》杂志（一批德国社会民主党党员出版的社会改良派的杂志）和《新社会》杂志（德国一家社会改良派办的月刊）没有给无产阶级运动带来"真正的实际教育材料或理论教育材料"②。在这里，所谓"真正的实际教育材料或理论教育材料"即对于引导无产阶级运动的发展这一目的的实现具有有效性的思想政治教育内容。

对于思想政治教育的有效进行而言，思想政治教育内容 I 应该具有真理性、真实性和先进性。

（1）真理性

真理是人类在认识世界、改造世界的过程中所得到的科学成果，是人类对事物发展客观规律准确把握的产物。追求真理是人类社会不断进步的重要动力。思想政治教育要实现引导、规范人们行为的作用，其用以实现自身目的的思想政治教育内容，就应该具有真理性。当然，思想政治教育具有强烈的阶级性。在历史上，剥削阶级为了实现自己的政治目的，维护自己的政治统治，无视真理，以唯心主义甚至宗教迷信作为其所宣扬的教育内容的基本取向，这种教育，曾经在很大程度上起到了禁锢人们思想、维护既有统治秩

① 《马克思恩格斯选集》第 3 卷，人民出版社 1995 年版，第 690 页。
② 《马克思恩格斯选集》第 3 卷，人民出版社 1995 年版，第 684 页。

序的作用，但是就人类社会历史发展的整体进程而言，这种教育归根结底是无效的，否则，便不会有人类由愚昧向文明、由迷信向科学的发展，便不会有人类社会的进步。用马克思主义武装起来的、作为无产阶级利益忠实代言人的无产阶级政党，看到了思想政治教育内容的真理性与思想政治教育有效性之间的内在关系，始终强调真理性对于思想政治教育内容有效性实现的意义。在与杜林的论战中，当谈到平等观念的问题时，恩格斯就曾指出："虽然我们关于杜林先生对平等观念的浅薄而拙劣的论述已经谈完，但是我们对平等观念本身的论述没有因此结束，这一观念特别是通过卢梭起了一种理论的作用，在大革命中和大革命之后起了一种实际的政治的作用，而今天在差不多所有的国家的社会主义运动中仍然起着巨大的鼓动作用。这一观念的科学内容的确立，也将确定它对无产阶级鼓动的价值。"① 列宁认为，马克思主义之所以能被千百万人所接受，根本原因就在于马克思主义是真理。1920 年 10 月 2 日，列宁在俄国共产主义青年团第三次全国代表大会上演说时指出："如果你们要问，为什么马克思的学说能够掌握最革命阶级的千百万人的心灵，那你们只能得到一个回答：这是因为马克思依靠了人类在资本主义制度下所获得的全部知识的坚固基础；马克思研究了人类社会发展的规律，认识到资本主义的发展必然导致共产主义，而主要的是他完全依据对资本主义社会所作的最确切、最缜密和最深刻的研究，借助于充分掌握以往的科学所提供的全部知识而证实了这个结论。"② 邓小平也明确地指出："我坚信，世界上赞成马克思主义的人会多起来的，因为马克思主义是科学。"③

（2）真实性

有效的思想政治教育的内容还必须具有真实性，必须与客观事实相符合。事实胜于雄辩，最贴近事实的道理也最能打动人。当然，也有人否认思想政治教育内容尤其是思想政治教育中的政治教

① 《马克思恩格斯选集》第 3 卷，人民出版社 1995 年版，第 444 页。

② 《列宁全集》第 39 卷，人民出版社 1986 年版，第 298~299 页。

③ 《邓小平文选》第 3 卷，人民出版社 1993 年版，第 382 页。

育内容具有真实性的可能。的确，思想政治教育作为有鲜明政治指向性、为特定阶级利益服务的实践活动，其内容的选定与宣讲必然受制于特定的政治目的和阶级利益。正如马克思恩格斯所指出："任何一个时代的统治思想始终都不过是统治阶级的思想。"① 思想政治教育作为将统治阶级的思想转变为整个社会占统治地位的思想的重要工具，在确立其教育内容的过程中当然先要验证这种思想是否属于其所服务阶级的思想体系。在阶级利益尖锐对立的情况下，思想政治教育的内容自然是首先服从其特定的政治目的和政治利益，而不是首先服从其与客观事实的符合程度。对于特定阶级的特定目的、利益的实现而言，这种教育内容可能是有效的，甚或是极其有效的，但是对于接受这种教育内容的个体的真实发展而言，这种教育则是负效的。真正的思想政治教育的有效性不可能来自于其对客观事实真相的掩盖，来自于其对教育对象的欺瞒，而是来自于教育内容的真实性。无产阶级政党所具有的无产阶级利益忠实代表的身份，无产阶级政党所领导的无产阶级运动及社会主义建设事业与人民利益的根本一致性，为教育内容的真实性提供了可能性基础，同时也对以教育内容的真实性为基础实现思想政治教育的有效性作出了极为根本的规定性。正因为如此，马克思主义经典作家一贯强调思想政治教育内容的真实性，要求思想政治教育必须讲真话。列宁在谈及宣传内容的真实性时便指出："我不巧妙地对口号加以歪曲，而是在革命的每一新的转折关头，无论转折是多么严峻都向群众讲真话。要讲真话。如果你遭到失败，别企图把它说成是胜利；如果你在谋求妥协，就说是在搞妥协；如果你很容易地战胜了敌人，就别说花了大力量才做到的……如果你错了，就承认错误而别担心自己的威信；如果情况迫使你改变方针，就别把方针说成仿佛依旧未变……对事业来讲，没有什么比优美的、报喜不报忧

① 《马克思恩格斯选集》第1卷，人民出版社1995年版，第292页。

的、庸俗的谎言更有害了。"① 毛泽东谈到在群众中间经常进行生动的、切实的政治教育时就强调"应当经常把发生的困难向他们作真实的说明"②。邓小平也明确地指出："群众关心的实际生活问题和时事政策问题，各级领导一定要经常据实讲解，告诉大家客观的情况以及党和政府所作的努力，并且对群众所反映的不合理现象及时纠正。群众从事实上感觉到党和社会主义好，这样，理想纪律教育，共产主义思想教育和爱国主义教育，才会有效。"③

（3）先进性

有效的思想政治教育内容还必须具有先进性。教育有传承文明的功能，但同时又有开启新的知识领域的价值。任何真正的教育活动，都同时兼有现实性和理想性，"制定教育目标是要把生活现实同已确立的和理想的价值联系起来"④。思想政治教育要促使人们抛弃不正确的思想观念从而树立正确的思想观念，要引导人们思想观念的发展，它的内容就必须在密切贴近客观实际的基础上，具有鲜明的先进性；就必须奠定于最先进的思想理论之上，与社会的整体发展方向相一致，表达着科学的理想和信念。列宁曾指出："社会民主党无论在什么时候什么地方都是、并且不能不是觉悟工人的代表，而不是不觉悟工人的代表；故意迎合工人的不开展状态，是最危险和最有罪的事情。如果把广大群众马上就能充分理解的东西作为活动的准绳，那就只能鼓吹反犹太主义，或者叫大家去向喀琅施塔得的约翰神父求救了。"⑤只有保持思想政治教育内容的先进性，思想政治教育才有感召力，才有说服力，也才能真正实现自身所应担负的社会价值与个体价值。

---

① 转引自高蕴琦等：《教育传播学》，上海教育出版社 1992 年版，第 226 页。

② 《毛泽东文集》第 7 卷，人民出版社 1999 年版，第 236 页。

③ 《邓小平文选》第 3 卷，人民出版社 1993 年版，第 144～145 页。

④ McMurrin S. M.. Goals of Education: 1. Overview. In Deighton, L. C. (Ed.), The Encyclopedia of Education, Vol. 4, 1971.

⑤ 《列宁全集》第 4 卷，人民出版社 1984 年版，第 276～277 页。

2. 思想政治教育内容Ⅱ的有效性

思想政治教育内容Ⅰ的有效性决定思想政治教育内容Ⅱ的有效性，但是，如同学科逻辑并不单方面地来源于科学逻辑一样，思想政治教育内容Ⅱ的有效性亦并不单方面地来源于思想政治教育内容Ⅰ的有效性。如果说思想政治教育内容Ⅰ是相应社会、阶级在思想政治教育活动展开之前便给定，并以纯粹的思想理论的形式表现出来的话，那么，思想政治教育内容Ⅱ则是直接应用于思想政治教育活动，并根据教育活动所特有的逻辑进行重组和编制了的思想政治教育内容。如果说判断思想政治教育内容Ⅰ是否有效的标准主要是其与相应社会、阶级思想政治教育目的的吻合性，那么，判别思想政治教育内容Ⅱ是否有效的标准则除了上述方面外，还要看其是否有利于教育对象的接受，是否有利于具体教育目的的实现。因此，在思想政治教育内容Ⅰ具有有效性的前提下，思想政治教育内容Ⅱ是否有效还取决于根据其具体的思想政治教育情境，按照教育活动的固有逻辑，对思想政治教育内容Ⅰ进行重组、编制的情况。

概括而言，有利于思想政治教育有效开展的思想政治教育内容Ⅱ，除了应具备思想政治教育的有效进行对思想政治教育内容Ⅰ的要求外，还应具有精确性、透彻性和契合性。

(1) 精确性

思想政治教育内容Ⅱ的精确性表现为两个方面：其一，根据具体的教育对象、情境等对思想政治教育内容Ⅰ进行新的组织、编制而得到的思想政治教育内容Ⅱ，必须忠实于思想政治教育内容Ⅰ，精确地表达思想政治教育内容Ⅰ的精神实质。其二，思想政治教育内容Ⅱ作为直接作用于教育对象，影响其思想观念发展、变化的思想理论，它本身的表述必须极其严整、科学、准确。在讲求精确性方面，马克思主义经典作家树立了良好的典范。在谈到马克思写作上的认真细致时，李卜克内西就曾有过描述。他说："马克思的风格就是马克思自己。有人责备他，说他力图用最少的字句来包含尽量多的内容，然而这正是马克思。……他对于语言的简洁和正确是一丝不苟的。”① 当马克思的著作《雇佣劳动与资本》于1891年作为宣传性质的小册子出版时，恩格斯在其所作的序言中曾经提出过是否应根据宣传的需要进行修订的问题，即使之具有更适合于宣传要求、更有利于宣传目的实现的精确性的问题。恩格斯认为，马克思的《雇佣劳动与资本》如果作为一般的理论著作来用，不必做丝毫的改动。“在40年代，马克思还没有完成他的政治经济学批判工作。这个工作只是到50年代末才告完成。因此，他在《政治经济学批判》第一分册出版（1859年）以前发表的那些著作中，有个别地方与他在1859年以后写的著作中的论点不同，并且从较晚的著作来看，有些用语和整个语句是不妥当的，甚至是不正确的。因而不言而喻：在供一般读者阅读的普通版本中，作者的思想发展进程中所包含的这种比较早期的观点，也应该得到反映；作者和读者都有无可争议的权利要求不加任何修改地重印这些比较早期的著作”，“但是，当新刊行的版本可以说是专为在工人中进行宣传工作用的时候，那就是另一回事了。在这种场合，马克思一定会使这个发表于1849年的旧的论述同他的新的观点一致起来”②。在这里，恩格斯所提出的问题其实正是直接用作思想政治教育的内容的精确性问题。也正是以此为由，恩格斯对马克思的这一著作进行了必要的修改和补充。

（2）透彻性

思想政治教育的有效进行要求思想政治教育内容Ⅱ具有高度的透彻性。透彻性即深刻性、彻底性，就是抓住事物的根本。“而理论只要彻底，就能说服人［ad hominem］。所谓彻底，就是抓住事物的根本。”③ 思想政治教育内容Ⅱ透彻性的获得，首先在于教育者对思想政治教育内容Ⅰ深刻的剖解和领会。“认知某一知识体系背后的结构是什么就是要懂得当我们传授这种知识时我们将遇到一

① 转引自［法］保尔·拉法格等著，马集译：《回忆马克思恩格斯》，人民出版社1973年版，第44页。

② 《马克思恩格斯选集》第1卷，人民出版社1995年版，第322页。

③ 《马克思恩格斯选集》第1卷，人民出版社1995年版，第9页。

些什么问题”①。只有在深刻地剖解和领会思想政治教育内容Ⅰ的基础上，教育者才能把握思想政治教育内容Ⅰ的精髓，才能基本预见进行这一内容的教育时可能碰到的、必须涉及和解决的一系列相关的思想理论问题，才可能周密而深刻地确立思想政治教育内容Ⅱ。

思想政治教育内容Ⅱ的透彻性的获得，还在于教育者对思想政治教育内容Ⅰ以及所预见的进行这一内容的教育时可能碰到的、必须涉及和解决的一系列思想理论问题进行深刻的、有说服力的阐述。如在进行与历史上出现的社会关系、国家关系、宗教制度和法律制度、理论观点有关的教育时，只有同时阐明与之相应的物质生活条件，阐明上述关系和制度在这一物质生活条件的基础上产生的必然性与发展变化的规律，才能将道理讲透，才能有说服力，这样的教育内容才是具有透彻性的有效的思想政治教育内容。因为“在历史上出现的一切社会关系和国家关系，一切宗教制度和法律制度，一切理论观点，只有理解了每一个与之相应的时代的物质生活条件，并且从这些物质条件中被引申出来的时候，才能理解”②。只停留在思想政治教育内容Ⅰ所规划的思想观念上的教育内容，不具备思想政治教育内容Ⅱ所应具有的透彻性，因此也便不是有效的教育内容，不能产生真正的教育作用。在《共产主义者和卡尔·海因岑》一文中，恩格斯就曾尖锐地指出海因岑只停留在空洞的口号上而没有进行彻底分析的政治说教和训诫是毫无意义的、毫无补益的，因为它根本没有花费精力向人民即向无产者、小农和小资产者说明任何问题，而只是在“暴动，暴动，暴动!”这一个题目上玩弄花样。在批判海因岑所进行的毫无意义的鼓动时，恩格斯还明确地阐述了党的报刊的任务。他指出：“德国民主派报刊的任务是什么呢？就是从以下各个方面证明民主制的必要性：目前这个在某种程度上代表贵族的政府是应当受到鄙弃的，那种使政权转到资产阶级手里的立宪制度是不完备的，人民只要不掌握政权就不可能

① 傅统先、张文郁：《教育哲学》，山东教育出版社1986年版，第253页。
② 《马克思恩格斯选集》第2卷，人民出版社1995年版，第38页。

改善自己的处境。因此，这种报刊应当说明，无产者、小农和小资产者（因为在德国，构成‘人民’的正是这些人）为什么受官吏、贵族和资产阶级的压迫；应该说明，为什么不仅产生了政治压迫，而且首先产生了社会压迫，以及采取哪些手段可以消除这种压迫；它应该证明，无产者、小农和小资产者取得政权是采取这些手段的首要条件。其次，它应该探讨，立即实现民主制的可能性究竟有多大，党有哪些手段可以采取，当它还很软弱不能独立行动的时候，它应当联合哪些党派。”① 在这里，恩格斯实际上向我们阐明了如何围绕具体的教育目的和思想政治教育内容Ⅰ系统地编制思想政治教育内容Ⅱ，通过透彻的说理，以取得良好的思想政治教育效果的问题。

(3) 契合性

思想政治教育的有效进行要求思想政治教育内容Ⅱ具有契合性。契合性即吻合性、相关性。其一，思想政治教育内容Ⅱ必须与思想政治教育对象的日常生活及利益、需求相契合，具有相应的联系。一方面，人们的一切行为都是在相应需要的推动下进行的，都与人们的现实利益存在着直接或间接的关系，而与人们的相应需求及利益的实现有明确相关性的思想政治教育内容Ⅱ，往往具有更大的吸引力、感召力。系统论的创始人冯·贝塔朗菲在研究人类的行为时曾经指出：“现代的宣传方法，从牙膏的广告到政治纲领、政治体系的广告，并不是靠人的理智，而是靠人按照某种方式行动的效能。这种效能来源于持续不断的、同激动人心的奖惩相联系的刺激。”② 这种将人对相应宣传内容的确信归结为条件反射，显然忽视了人有着较之其他的动物更为复杂的心理结构。但是，冯·贝塔朗菲在此也科学地揭示了宣传内容与人们之间的利益相关性和宣传教育效果之间的紧密联系。另一方面，日常生活为人们提供了丰富和生动的实践经验，这种实践经验往往是人们观察、思考问题的直

---

① 《马克思恩格斯选集》第1卷，人民出版社1995年版，第199~200页。

② ［奥］冯·贝塔朗菲、［美］A. 拉威奥莱特著，张志伟等译：《人的系统观》，华夏出版社1989年版，第12~13页。

接的感性依据。其中许多成分，或对于人们理解思想政治教育内容具有佐证、注解的意义，或经过相应的引导，会升华为其所应具有的、思想政治教育活动所要在其身上实现的思想观念。因此，这种与人们日常生活经验的紧密联系，往往会为思想政治教育内容Ⅱ更迅速地被教育对象所接受打开便捷通道。正是在这种意义上列宁认为："工人特别容易明白和领会社会民主党的纲领，因为这个纲领所说的，全是每一个有头脑的工人看见过、经历过的东西。"① 他强调："要使鼓动工作对群众发生影响，就应该根据压迫的种种事实和表现来广泛开展经济鼓动和政治鼓动。"②

其二，思想政治教育内容Ⅱ的编制结构与教育次序要与教育对象对思想信息认识、理解的次序相契合。任何个体对思想信息的接受总有其内在的序列，按照这个序列依次传递教育内容，是思想政治教育必须遵循的基本原则。因此，对于思想政治教育内容Ⅱ的编制、教育而言，"问题恰恰在于要找到与各阶段发展相应的是哪些知识，然后采用该年龄水平的心理结构可同化的一种呈现方式"③。美国著名教育家布鲁纳在谈到教学设计时也曾指出："一种教学理论应当详述最有效果的序列，在此序列中提出所计划的学习材料。"④ 布鲁纳认为，这个最有效果的序列，就是个体成长过程中对于接受教育内容所表现出的序列。他说："社会必须怎样着手装备它的年轻一代？关于这个问题，有某些显著的规范可以说说。社会必须把有待知晓的东西——不论是技能，还是信仰系统或知识体系——转换为初学者可能掌握的形式。我们对成长过程知道得越多，我们在上述转换中所处的地位就会越好。"⑤ 就整体而言，个

---

① 《列宁全集》第7卷，人民出版社1986年版，第176页。

② 《列宁全集》第4卷，人民出版社1984年版，第279页。

③ 华东师范大学教育系、杭州大学教育系：《现代西方资产阶级教育思想流派论著选》，人民教育出版社1980年版，第361~362页。

④ ［美］布鲁纳著，邵瑞珍等译：《布鲁纳教育论著选》，人民教育出版社1989年版，第133页。

⑤ ［美］布鲁纳著，邵瑞珍等译：《布鲁纳教育论著选》，人民教育出版社1989年版，第324页。

体对思想信息的接受活动是有其共同的规律、特征的，但是，因为个体的成长是一个不断发展的过程，在不同的成长阶段、不同的成长环境中，个体所表现出的接受特征、所适宜的接受序列是不同的，所以，作为结构主义教育思想代表人物的布鲁纳在强调要将知识以一种最佳的结构组织起来的同时又指出，最佳的结构也是相对的而不是绝对的，“不存在对于所有学习者都适用的惟一的序列；而且在任何特定的条件下，任何具体的序列总是决定于许多不同的因素，包括过去所学的知识，智力发展的阶段，材料的性质以及个人智力素质的差异等等”①。强调最佳结构的相对性，实质上也就是强调教育内容的具体组织要与教育对象具体的接受特征相适应。只有根据教育对象的具体接受特征来确定教育内容的组织，这种教育内容的组织才是最佳的，才是最易于教育对象所接受的，因而也才是最有效的。

综上所述，我们从两个层面初步探讨了思想政治教育内容的有效性问题。只有全面而准确地认清思想政治教育内容有效性的内涵及其表现，把握思想政治教育的有效运作对教育内容的条件要求，从而科学规划与编制思想政治教育内容，思想政治教育的有效运作才会不断增强实现的可能性。

六　思想政治教育方法的有效性

思想政治教育方法是思想政治教育者在引导思想政治教育对象的思想、行为发生预期变化的过程中所运用的方法，也是思想政治教育者与思想政治教育对象之间真正确立教育与被教育关系的纽带。在《哲学笔记》中，列宁曾经摘录黑格尔《逻辑学》中关于方法的论述，指出在探索的认识中，方法也就是工具，是主观方面的某种手段，主观方面通过这个手段和客体发生关系。在思想政治教育活动中，思想政治教育者也正是通过思想政治教育方法这个手

① ［美］布鲁纳著，邵瑞珍等译：《布鲁纳教育论著选》，人民教育出版社1989年版，第140页。

段和工具与思想政治教育对象形成教育——被教育的关系。思想政治教育方法的这种纽带作用使其在思想政治教育者与思想政治教育对象特定关系状态的形成中具有关键性意义。适宜的方法，有助于思想政治教育者与教育对象之间良好的和有利于交流、引导、教育的关系的确立；不适宜的方法，则会导致思想政治教育者与教育对象之间形成僵化、互逆、对抗的关系，由此导致思想政治教育中教育与被教育关系应有功能的丧失。思想政治教育方法是思想政治教育者借以调动构成思想政治教育活动的其他诸要素的作用，使之进入激活状态，并最大限度地发挥各自效能，服务于思想政治教育目的实现的手段，因而，它又是思想政治教育其他要素由准备状态转化为实际运作状态的中介。

思想政治教育方法的这种中介作用，又使其在思想政治教育其他诸要素功能的发挥中具有关键性意义。马克思在谈到方法的运用与生产要素效能发挥状况之间的关系时曾指出，“撇开自然物质不说，各种不费分文的自然力，也可以作为要素，以或大或小的效能并入生产过程。它们发挥效能的程度，取决于各种方法和科学进步”①。马克思的这段论述，同样适用于思想政治教育活动的系统运作过程。适宜的方法，有助于思想政治教育其他诸要素功能的发挥，甚或增强思想政治教育其他诸要素的功能。如某些教育内容，示以身教，则可能富有成效；相应的教育者运用特定的教育方法，则可能游刃有余；特定的教育方法运用于特定的教育对象，则可能极大地调动其参与思想政治教育活动的积极性，进入良好的接受状态。一如皮亚杰所指出的：“好的教法可以增强学生的效能，甚至加速他们的精神成长而无所损害。”② 美国学者 P. C. 沃思伯恩在大量调查研究的基础上，曾作出过在学校政治教育中教师授课的方法远比课程的内容重要的结论，他认为，温和、灵活的教育方法不仅使学生感到课程内容的丰富、有趣，而且使学生感受到教师人格

① 马克思：《资本论》第 2 卷，人民出版社 1975 年版，第 394 页。

② 华东师范大学教育系、杭州大学教育系：《现代西方资产阶级教育思想流派论著选》，人民教育出版社 1980 年版，第 367 页。

的影响力量，这种力量比课程本身更具有活力，更为生动，因而直接地作用于学生的内心世界①。

思想政治教育方法在思想政治教育活动中的上述地位和作用，赋予思想政治教育方法的有效性研究极其重要的意义。所谓思想政治教育方法的有效性，即思想政治教育方法对思想政治教育目的的实现所具有的积极特性。如前文所述，思想政治教育方法在思想政治教育活动多种关系的确立中都扮演着纽带与中介的角色。这种角色内在地要求有效的思想政治教育方法必须具有多方面的适应性。

1. 对教育者的适应性

方法本身具有客观性，这是不以人的意志为转移的。但是作为主体作用于客体的中介、工具，方法的运用及其效果则又不能不受制于主体所具有的种种特性。换言之，方法的实际运用成效，与运用这一方法的主体所实际具有的素质状况关系密切。在思想政治教育中，同一种方法被不同的思想政治教育者运用会收到截然不同的效果，就说明了这个道理。

2. 对教育对象的适应性

“确立思想政治教育方法的依据和原则，是由思想政治教育的目的和任务，以及人们思想形成发展规律和思想政治教育规律所决定的。”② 思想政治教育方法有效性的实现，同样以其对思想政治教育对象的心理特征、思想意识发展规律等的适应为前提。杜威认为“方法的问题最后可以归结为儿童的能力和兴趣发展的顺序问题”③，这一说法，尽管有失片面，但也反映了有效方法对对象适

① 参见成有信等：《教育政治学》，江苏教育出版社 1993 年版，第 304 页。

② 王玄武等：《思想政治教育方法论》，高等教育出版社 1992 年版，第 6 页。

③ 华东师范大学教育系、杭州大学教育系：《现代西方资产阶级教育思想流派论著选》，人民教育出版社 1980 年版，第 10~11 页。

应性的要求。有效的思想政治教育方法对教育对象的适应性，表现在思想政治教育方法对教育对象素质特征的适应方面。正如美国政治心理学研究学者威廉·F. 斯通所指出的，在选择说服方法、沟通方法的时候，“听众的教育水平、他的专业兴趣、甚至成员的智力都是需要考虑的因素。在考虑用最有效的沟通方法将讯息传送给接收者时，要注意他们的知识和情绪差异。自尊和其他个性因素看来与可说服度有关，自尊低的人更容易被说服。个性动力可能会促使某些态度的发展并影响变化的敏感度”①。有效的思想政治教育方法对教育对象的适应性，还表现在其对教育对象思想信息接受特性的适应方面。如教育对象作为一个具有主体性的个体，其对任何思想信息的真正接受，都是以其自身的判断、选择、内化等一系列内在思维运动为基础的，这种接受特性决定了有效的思想政治教育方法应该是非强制性的，“我们不知道有任何一种力量能够强制处在健康清醒状态的每一个人接受某种思想”②，但同时也要求教育方法要能够调动教育对象的接受能动性。教育方法“只有导向教育的自我强迫”即调动教育对象自身的接受能动性、自觉性，“才会对教育产生效用”③。

3. 对教育目的的适应性

在任何实践活动中，方法都是为实现相应的目的服务的。对于思想政治教育而言，方法与目的之间同样呈现出这种基本关系。任何思想政治教育方法的选用，都是以相应的思想政治教育目的为重要依据的。将思想政治教育目的作为选择思想政治教育方法的重要依据，本身便体现了思想政治教育方法对思想政治教育目的所应该具有的适应性要求。正如杜威在谈到道德教育时所指出的：“如果

---

① ［美］威廉·F. 斯通著，胡杰译：《政治心理学》，黑龙江人民出版社1997年版，第270页。

② 《马克思恩格斯选集》第3卷，人民出版社1995年版，第426~427页。

③ ［德］雅斯贝尔斯著，邹进译：《什么是教育》，生活·读书·新知三联书店1991年版，第5页。

目的是培养一种社会合作和社会生活的精神，那么训练方法必须从这个目的出发并和这个目的相联系。”① 人们经常讲，思想政治教育方法要依据思想政治教育目的的调整和变化而调整、变化，这同样体现了有效思想政治教育方法所应具有的目的适应性。1920 年，列宁在全俄省、县国民教育局政治教育委员会工作会议上发表讲话时曾指出：“我们走向战胜白卫分子的每一步都会使斗争的重心逐渐转向经济方面的政治。老式的宣传方法是讲解或举例说明什么是共产主义。但这种老式的宣传已毫无用处，因为我们需要在实践中说明应该如何建设社会主义。整个宣传工作应该建立在经济建设的政治经验之上。这是我们最主要的任务，谁要是对宣传仍作旧的理解，那他就落后了，就不能担负起对工农群众的宣传工作。”② 列宁在这里所强调的，正是根据思想政治教育目的的变化而调整、转换思想政治教育的方法，以提高思想政治教育有效性的问题。

七 思想政治教育情境的有效性

情境即情景、境地，是具体场合的情形。所谓思想政治教育情境，指为思想政治教育活动的开展而创设的具体情景。思想政治教育情境不同于思想政治教育环境。思想政治教育环境是思想政治教育活动所处于其中的客观外在，包括对思想政治教育发生着影响作用的政治、经济、文化环境。对于思想政治教育而言，环境是作为思想政治教育活动系统之外的影响因素存在的。而思想政治教育情境则不同，它是为思想政治教育活动的开展而创设的，是作为思想政治教育要素而对思想政治教育活动发生作用的精神氛围与物质条件的统一体。在思想政治教育活动中，思想政治教育情境为思想政治教育活动的开展、为思想政治教育对象初步印证其所接受的思想意识的正确性等提供具体场合，渗透、体现思想政治教育的目的、

① 转引自华东师范大学教育系、杭州大学教育系：《现代西方资产阶级教育思想流派论著选》，人民教育出版社 1980 年版，第 21 页。

② 《列宁选集》第 4 卷，人民出版社 1995 年版，第 308 页。

内容，为思想政治教育者与思想政治教育对象之间教育—被教育关系的确立及其教育互动的进行提供着精神的或物质的纽带和载体。思想政治教育情境的有效性即其在实现自身功能、服务教育目的实现方面表现出的积极特性。

1. 相关性

思想政治教育情境的有效性来自于其与思想政治教育所处于其中的社会政治、经济、文化大环境的紧密相关性。任何思想政治教育以及为思想政治教育的进行所创设的情境，都是处于相应的社会政治、经济、文化环境之中的，不可能是处于真空之中、与世隔绝的。思想政治教育者和教育对象也都是来自于社会的人，其思想意识的发展受社会大环境的制约和影响，其所关心的问题也都是社会大环境中种种客观存在在其头脑中的反应；思想政治教育的内容、目的也都取决于社会大环境并需要到社会大环境中去进一步验证、运用、充实、调整；教育对象接受思想政治教育的目的也正在于更好地适应社会生活，在特定的社会生活中更好地实现自身的价值。思想政治教育与社会大环境之间的这种千丝万缕的联系，决定了有效的思想政治教育情境必须与社会政治、经济、文化环境之间具有紧密的相关性，必须正视社会现实，反映社会动态，体现社会要求，倡导社会主导意识形态。思想政治教育情境如果不具备与社会大环境的紧密相关性，则要么其教育活动是苍白无力的，要么从中培养出来的教育对象在面临复杂多变的社会现实时会茫然不知所措。

2. 涵容性

思想政治教育情境的有效性来自于其对思想政治教育的目的、内容的高度涵容性。思想政治教育情境以潜移默化的方式对教育对象起着引导、感染作用，从而推动着思想政治教育目的的实现。思想政治教育情境这一功能的发挥，是以其对教育目的、内容的高度涵容性为前提的。没有对教育的目的、内容的涵容，思想政治教育情境充其量只能是对思想政治教育活动具有一定影响的外在环境，而不可能真正成为有效创设的、作为思想政治教育要素之一的情境。苏联学者伊·斯·马里延科在其著作《德育原理》中曾有一段描述。他说："某些学校仍然不大善于把道德原理运用到儿童集体生活中去。在这些学校里，所有的专用教室以及存放教学用品和直观教具的地方通常都加锁，只由教师在校内值班，学生参加社会公益劳动的成绩的考核工作，也由成人去完成等等。有些学校不准学生自由进入图书馆借书，学校没有无人看管的售货亭和茶点部，等等。正是在这样一些学校里，不具备让学生'练习'遵守社会行为准则的适当条件。"① 伊·斯·马里延科所描述的这种情境，就没有涵容其所进行的教育的目的和内容，就不是有效的思想政治教育情境。有效的思想政治教育情境必须有对教育目的、内容的高度涵容，同时，对于有效的思想政治教育情境而言，这种高度涵容还必须具有整体一致性：情境的所有方面而不是某一方面都对思想政治教育的目的、内容以各自合宜的形态予以表达。"如果要使学生对这些价值有着一种牢固的信任，那可不是一个简单的制定计划，教导他们懂得关心个人、个人自主、公正和自由探索等品德的问题；他们将需要生活在一种在其任何方面都珍藏和充分地表现了这些价值的机构中。因此，应该相应地制定出整体性的学校政策。学校的全部课程和学校的组织都会反映民主的价值……这是因为组织将依据这些价值在现实的生活中指导学生。"② 只有当思想政治教育情境的各个方面都高度一致地涵容着思想政治教育的目的、内容时，其对教育对象的潜移默化的作用力才是同向的，才可以耦合为具有一个共同指向的合力，从而推动思想政治教育目的的实现。

综上所述，我们从思想政治教育者、教育对象、教育目的、教育内容、教育方法、教育情境等六个方面剖析了思想政治教育系统的构成要素，探讨了思想政治教育的有效进行对思想政治教育要素

---

① ［苏］伊·斯·马里延科著，牟正秋、王明辉译：《德育过程原理》，人民教育出版社 1985 年版，第 126 页。

② ［英］帕特丽夏·怀特著，朱红文译：《公民品德与公共教育》，教育科学出版社 1998 年版，第 18 页。

的要求，提出了思想政治教育要素的有效性问题。思想政治教育要素有效性的确立，为思想政治教育过程的有效展开及思想政治教育活动有效性的实现提供了前提条件。

第三章

思想政治教育的有效过程

在上一章，我们分析了思想政治教育的基本构成要素及其有效性。要素的存在使得思想政治教育活动的展开具备了前提。因为作为系统的构成部分，要素之间“是互相联系”、“相互作用着的”，“正是这种相互作用构成了运动”①，构成了思想政治教育的过程。过程生发于诸要素的相互联系和相互作用，它不断地将要素的效能由潜在态转换为现实态，不断地在要素效能的发挥中推进着自身的进程。但与此同时，它又改造着、重塑着要素的性能及其表现形态，在自身的产物即过程的结果中以一种新的形态与属性赋予要素以新的表现。过程与要素、与过程结果之间的这种关系，揭示着教育要素的有效性对预期教育结果的出现所具有的前提意义。同时还要看到的是，教育要素的有效性并不能决定预期教育结果的必然产生。因为决定着教育结果产生的，除了教育要素的有效性之外，还有另一个重要的因素，即诸教育要素的相互联系、相互作用所构成的运动的实际状况，这种实际状况就是思想政治教育活动过程的具

① 《马克思恩格斯全集》第20卷，人民出版社1971年版，第409页。

体展开状况。思想政治教育过程在预期教育结果的产生即思想政治教育目的的实现中所具有的这种作用，决定了思想政治教育过程有效性研究的重要性和必要性。

思想政治教育过程的有效性体现在其与教育目的的实现这一关系中，它在本质上是思想政治教育过程对于教育目的的实现所具有的一种积极的价值属性。此外，因为任何过程都不是游离于要素之外的“空壳”，且任何系统目的的实现都是构成这一系统的诸要素相互作用的产物，因此，思想政治教育过程的有效性还体现在其与教育要素效能的发挥这一关系中。从这一关系来看，思想政治教育过程的有效性在本质上又是思想政治教育过程对于教育要素效能的发挥所具有的一种积极的价值属性。有效的思想政治教育过程即内含着上述两个方面属性的教育过程。就此而言，思想政治教育过程的有效性即思想政治教育过程在最大限度地发挥诸教育要素的效能、促进教育目的的实现方面所表现出的积极特性。本章拟从思想政治教育过程的内在构成及其运动的角度来揭示思想政治教育过程有效性的产生及其具体表现。

一 思想政治教育过程的内在构成

思想政治教育的过程，是思想政治教育基本理论建设所关注的重要问题之一。如何看待思想政治教育的过程，直接关系到思想政治教育方式方法运作体系的构建，关系到思想政治教育的有效性。

近年来，学术界已经对思想政治教育的过程进行了深入的理论探讨。高等教育出版社出版的面向 21 世纪课程教材《思想政治教育学原理》集中代表了学术界关于思想政治教育过程论研究的基本看法。该著认为，“思想政治教育过程是教育者根据一定社会的思想政治品德要求和受教育者的思想政治品德形成与发展的规律，对受教育者施加有目的、有计划、有组织的教育影响，促使受教育者产生内在的思想矛盾运动，以形成一定社会所期望的思想政治品德的过程”，“具体地说，思想政治教育过程就是在一定的社会环境中，教育者充分利用社会环境的有利条件，依据社会要求的政治观点、思想体系和道德规范，根据受教育者的身心发展特点通过有目的、有计划、有组织的教育活动，培养和发展受教育者良好的思想政治品德的过程。它包括教育者施加影响和受教育者接受影响这两方面的活动”①。该著将思想政治教育过程划分为三个阶段，即教育者把社会要求的政治观点、思想体系、道德规范灌输给受教育者，受教育者在各种因素的综合作用下，有选择地接受这些教育影响并将其转化为个体意识和动机的“内化”阶段；促使受教育者把个体意识和动机转化为良好行为和行动习惯的“外化”阶段；教育者和受教育者相互联系，对个体行为所产生的社会效果进行评价，以便通过反馈进一步调节教育者和受教育者实施“两个转化”的行为，并在良好行为习惯的基础上，逐步形成良好品德的阶段②。集中研究学校中以学生为教育对象的思想政治教育即德育的代表性论著《德育新论》在谈及德育过程时也指出：“德育过程是以形成受教育者一定思想品德为目标，教育者与受教育者共同参与的教育活动过程。社会主义学校的德育过程是教育者根据社会主义社会对年轻一代的德育要求以及社会主义条件下学生思想品德形成的规律，对受教育者施加教育影响，通过受教育者能动认识、体验、践行从而形成受教育者社会主义思想品德规范，发展其品德心理，培养品德能力的教育过程。”③ 该著将德育过程的运行程序概括为：心理准备—提高道德认识，发展道德思维—引导受教育者实现从知到行的转化，培养品德践行能力—品德评价④。

上述关于思想政治教育过程的代表性概括，准确地揭示了思想政治教育过程应有的“双依性”即思想政治教育过程展开的社会目的依据和教育对象身心发展规律的依据，阐明了思想政治教

① 邱伟光、张耀灿：《思想政治教育学原理》，高等教育出版社 1999 年版，第 100~101 页。

② 参见邱伟光、张耀灿：《思想政治教育学原理》，高等教育出版社 1999 年版，第 101 页。

③ 鲁洁、王逢贤：《德育新论》，江苏教育出版社 1994 年版，第 255 页。

④ 参见鲁洁、王逢贤：《德育新论》，江苏教育出版社 1994 年版，第 261~263 页。

育对象在思想政治教育过程中的积极能动身份，为我们科学地认识思想政治教育过程并由此有效开展思想政治教育奠定了良好基础。但是，也应该指出的是，这些概括仍然处于相对抽象与笼统的层面；对思想政治教育过程的描述，基本上是依照教育者—受教育者的指向进行的；在对思想政治教育过程的阶段划分或运行程序的描述方面，则基本上是以教育对象为着眼点进行的。换言之，在对思想政治教育过程的整体界定与对思想政治教育过程阶段划分、运行程序描述方面，两者都呈现出单线性的缺憾。

思想政治教育的过程是极其复杂的。仅从教育者—教育对象的单一向度出发，我们可以明确思想政治教育过程中教育者的主导效用，但却无法描述思想政治教育过程的全貌，无法揭示教育者、教育对象在思想政治教育过程中的准确身份及其活动，无法洞察教育对象思想—行为的运动过程，无法探明有效思想政治教育过程的应有特性。如果像有的论者那样，仅从“准备—实施—评估”的外在形式与层面出发，我们可以明确教育者实际活动的客观进程，但却无法把握思想政治教育活动中诸要素之间的具体联系及其相互作用，无法提出推动、促进这种相互作用朝着有利于教育目的实现的方向发展的入手处和突破点，而往往成为纯形式的描述，最终成为形式主义思想政治教育的理论依据。因此，对思想政治教育过程及其有效性的深入探讨，需要我们打破单向度、表层化的思维套路，深入到思想政治教育过程的内部，分别以教育者、教育对象为分析基点来揭示思想政治教育过程的内在结构及其运动，从而在此基础上寻找思想政治教育过程有效性确立的依据。

如果我们将思想政治教育过程视为一个大的动态系统，那么，这一系统则由四个基本的子系统构成。四个子系统的结构及其运行，即思想政治教育过程的内在结构及其运行。这四个子系统即子过程分别是：思想政治教育者的意识活动过程、思想政治教育者的实践活动过程、思想政治教育对象的意识活动过程、思想政治教育对象的实践活动过程。从一个相对完整的思想政治教育过程来看，教育者的意识活动构成思想政治教育过程的起点，教育对象的实践活动构成思想政治教育过程的终点；从思想政治教育活动的持续开展来看，教育者的意识活动过程—教育者的实践活动过程—教育对象的意识活动过程—教育对象的实践活动过程—教育者的意识活动过程……的依次展开及往复不已，构成了思想政治教育过程的整体演进及持续进行。

当然，这里所谓的“依次展开”只是为了描述方便，忽略这一运动过程中可以忽略的细节，予以理想化、模型化之后的一种近似的概括。思想政治教育过程的实际展开并不简单地表现为四个子过程之间的“依次”性展开，而是互相重叠的关系。但是这种理想化、模型化的方法却又是我们对思想政治教育活动过程的分析所必需的。一如列宁所指出的：“如果不把不间断的东西割断，不使活生生的东西简单化、粗陋化，不加以划分，不使之僵化，那么我们就不能想象、表达、测量、描述运动。思想对运动的描述，总是粗陋化、僵化。”① 皮亚杰虽然将儿童的道德发展划分为三个阶段进行讨论，但他同时也指出：“把儿童的发展分成各个阶段也只是为了陈述便利的目的，但是事实上它们仍是一个完整的连续体，而这个连续体是不能分割成为若干段落的。此外，这个连续体也不是呈直线性质的，而且只有通过把它的内容系统地加以整理并忽视其十分复杂具体的小差别，才可能观察到这个发展过程的总趋向。”②皮亚杰的这段话，同样适用于我们思考对思想政治教育过程的划分及描述。

二 思想政治教育者的意识活动过程及其有效性

从系统的角度来看，思想政治教育过程中的四个子过程作为要素构成了思想政治教育过程这一大的动态系统。思想政治教育过程

① 《列宁全集》第55卷，人民出版社1990年版，第219页。

② 转引自傅统先、张文郁：《教育哲学》，山东教育出版社1986年版，第161页。

的展开，即四个子过程的实际运行历程。四个子过程的实际运行状态及其有效性，直接地决定着思想政治教育过程的实际运行状态及其有效性。

思想政治教育者的意识活动，包括认识活动和情感活动。

1. 认识活动

在思想政治教育者的意识活动过程中，教育者的认识活动主要表现为思想政治教育者对教育对象、教育内容等的认识。在这一过程中，思想政治教育者是认识主体，教育对象、教育内容是认识客体。在任何主客体关系中，客体都以自己的本性、以自己存在与发展的客观规律即相对于主体而言的外部规律规定着、制约着主体的活动。把握和运用客体的本性及其存在、发展的客观规律，是主体有效开展自己活动的前提。正如马克思所指出的那样，人在实践中要想富有成效地实现自己的目的，就必须克服客体的外在必然性。思想政治教育者要想富有成效地开展自己的教育实践活动，就必须首先深刻地认识外在的教育对象、教育内容等，并克服其外在的必然性。

在思想政治教育者的认识活动中，对教育对象的认识，是思想政治教育者编制教育内容、选择教育方法的基础，换言之，思想政治教育者与教育对象之间认识关系的确立及相应认识活动的开展，为思想政治教育者与教育对象之间实践关系及相应实践活动即教育活动的开展创造了前提条件。

对于教育者对教育对象的认识活动在整个教育活动中的意义，历代思想家都很关注。中国古代学者将教化的实施与对人性的讨论紧密地联系在一起，正是看到了对于人性的认识与教化的有效进行之间的密切关系。不少学者还跳出性善、性恶、性无善恶、性混善恶等探讨层面，更为具体地分析实际生活中教化对象的各种性情特征，并以此作为实施教化的依据。在孔子的著作中，便有大量的对其学生进行性情剖析的论述，如“回也闻一以知十，赐也闻一以知二"①;"柴也愚,参也鲁,师也辟,由也喭"②;"由也果,赐也达"③;"师也过,商也不及"④;"由也,千乘之国,可使治其赋也……求也,千室之邑,百乘之家,可使之为宰也……赤也,束带立于朝,可使与宾客言也……"⑤等等。这些分析涉及学生的思维、性格、能力、气质等各个方面,这些深刻的认识和分析,成为孔子对其学生因材施教的基础。他列出"德行:颜渊、闵子骞、冉伯牛、伯弓;言语:宰我、子贡;政事:冉有、季路;文字:子游、子夏"⑥ 的分类教化规划,与其对学生的深刻认识是分不开的。孔子之所以能成为一位卓有成效的政治与道德的教化者,其原因之一正在于他将自己的教化实践确立在对学生的深刻认识之上。正是基于对全面把握教化对象在有效教化的展开中所具作用的深切体察,所以,与中国丰富的教化论同时成长起来的,还有丰富的"知人"论,无论是《吕氏春秋》的"八观六验"即"凡论人,通则观其所礼,贵则观其所进,富则观其所养,听则观其所行,止则观其所好,习则观其所言,穷则观其所不受,贱则观其所不为,喜之以验其守,乐之以验其僻,怒之以验其节,惧之以验其特,哀之以验其人,苦之以验其志,八观六验,此贤王之所以论人也"⑦,还是董仲舒的"故知其气矣,然后能食其志也;知其声矣,而后能扶其精也;知其行矣,而后能遂其行也;知其物矣,然后能别其情也。故倡而民和之,动而民随之,是知引其天性所好,而压其情之所憎者。如是则言虽约,说必布矣;事虽小,功必大矣;声响盛化运于物,散入于理,德在天地,神明休集,立行而不竭,盈乎四海而讼咏!"⑧ 等,无不是"知人"论的具体表现。"知人"论的丰富程

---

① 《论语·公冶长》。
② 《论语·先进》。
③ 《论语·雍也》。
④ 《论语·先进》。
⑤ 《论语·公冶长》。
⑥ 《论语·先进》。
⑦ 《吕氏春秋·季春纪·论人》。
⑧ 《春秋繁露·正贯》。

度，正从一个侧面反映出在大量的教化实践中，古代学者对深刻把握教化对象重要意义的认识。

在西方，人们同样将对教育对象的认识视为开展教育的前提。美国实用主义教育哲学的代表人物杜威强调心理学的方面是教育过程有效开展的基础，所谓教育过程的心理学方面，就是教育过程中对教育对象内在心理结构的认识和掌握。他说："除了教育者的努力是同儿童不依赖教育者而自己主动进行的一些活动联系的以外，教育便变成外来的压力。这样的教育固然可能产生一些表面的效果，但实在不能称它为教育。因此，如果对于个人的心理结构和活动缺乏深入的观察，教育的过程将会变成偶然性的、独断的。"① 他还说："成年人只有通过对儿童的兴趣不断地予以同情的观察，才能够进入儿童的生活里面，才能知道他要作什么，用什么教材才能使他工作得更起劲，更有效果。"② 美国人本主义心理学家马斯洛认为，"对人格内部结构的研究是理解人能传递给世界什么和世界能传递给人什么的必要基础"③；德国学者雅斯贝尔斯也指出："作为人类行为、生理心理机能、发展顺序和变态科学的心理学，应成为教育计划和决策的基础，因此教育机构也变成了心理学的场所。"④ 甚至还有教育学家提出，教育的概念即人的概念，教育是什么的问题即人是什么的问题⑤，"社会化糖浆的魔术般的配方随着对人性分析的不同而变化"⑥。如此之类的描述，都从不同的角

---

① 转引自华东师范大学教育系、杭州大学教育系：《现代西方资产阶级教育思想流派论著选》，人民教育出版社 1980 年版，第 4 页。

② 转引自华东师范大学教育系、杭州大学教育系：《现代西方资产阶级教育思想流派论著选》，人民教育出版社 1980 年版，第 12 页。

③ ［美］马斯洛著，林方译：《人性能达的境界》，云南人民出版社 1987 年版，第 155 页。

④ ［德］雅斯贝尔斯著，邹进译：《什么是教育》，生活 · 读书 · 新知三联书店 1991 年版，第 30~31 页。

⑤ 参见赵祥麟：《外国教育家评传》第 1 卷，上海教育出版社 1992 年版，第 3 页。

⑥ ［英］马丁 · 霍利斯著，李述一、李联先译：《人的模式》，辽宁人民出版社 1989 年版，第 2 页。

度揭示了对教育对象的认识在教育有效开展中所具有的重要意义。

当然，由于世界观和方法论的局限，上述论述尽管有着精辟、深刻之处，但就整体而言，并没有为思想政治教育者全面认识作为人的思想政治教育对象提供科学的方法论指导。马克思主义对人的本质、人的需要、人的思想意识产生、发展、变化的客观规律的揭示，为思想政治教育者正确认识教育对象提供了科学的指导。思想政治教育者对教育对象的认识，就是要以马克思主义所确立的关于人的基本原理为指导，深入地分析处于现实和具体的思想政治教育关系中的作为教育对象出现的人的思想意识方面的实际状况、思想意识接受能力和接受倾向等，从而为教育活动的有效开展创造首要的、必备的条件。

思想政治教育者的认识活动除了包括对教育对象的认识之外，还包括对教育内容的认识。如前所述，在具体的教育过程中，思想政治教育者必须依据具体的教育情境、教育对象的身心状况及其接受特征，对教育内容进行新的编制，使之有利于教育对象的接受，有利于思想政治教育活动的有效进行。换言之，教育内容的新的编制，是以思想政治教育者对教育内容、教育对象的认识为前提的。而对教育内容的认识，涉及教育内容的理论背景、内在结构、所体现的教育目的、理解这一教育内容所必需的思想理论支撑以及其与教育对象既有的接受能力之间的矛盾等各个方面。对这些问题的认识，直接关系到思想政治教育者对教育内容进行重新编制的方法和目标，关系到教育对象的接受效果。

此外，思想政治教育者的认识活动，随着教育活动的开展，还会增加对教育对象在思想政治教育活动影响下的相关反应的认识，亦即对思想政治教育活动反馈信息的认识。这种认识，是思想政治教育者由其教育实践活动进入到对教育对象和教育内容进行重新认识，对教育活动进行相应调整的必经环节。

思想政治教育者认识活动的充分展开，为其实践活动的有效施行提供了可能性前提。但是必须看到，思想政治教育者认识活动本身也存在是否有效的问题。有效的认识，即把握事物的本质和与客观实际相一致的认识。思想政治教育者认识活动的有效性，表现为思想政治教育者对教育对象既有思想意识状况、思想信息接受特点与接受规律等情况的准确把握，对教育内容的理论背景、目的指向、内在结构等情况的准确认识，以及对思想政治教育活动反馈信息的全面、及时、准确的获取和分析。思想政治教育者认识活动的有效性，取决于思想政治教育者思想政治理论素养的高度，取决于思想政治教育者教育学、心理学等相关知识的准备程度。

2. 情感活动

思想政治教育者的意识活动还包括情感活动。这种情感活动主要表现为思想政治教育者对思想政治教育工作，对教育目的和教育内容所展示、所蕴含的理想信念，以及对教育对象形成相应情感的过程。如果说认识活动的有效进行为思想政治教育者教育实践活动的定向及方式方法的选择提供着理性指导，那么，思想政治教育者积极的情感活动则为思想政治教育者的认识活动、实践活动，为教育对象的意识活动、实践活动提供着驱动力量、感染力量、催化力量。

首先，思想政治教育者对于思想政治教育工作积极的情感体验以及由此而产生的对于思想政治教育工作的执著、奉献的精神，是思想政治教育者自觉以端正的态度认识、对待教育对象，积极进行教育实践活动的推动力量。列宁曾经指出，没有坚忍不拔、不屈不挠、始终如一等精神品质，甚至无法着手做政治教育工作。而坚忍不拔、不屈不挠、始终如一等精神品质的来源，正在于思想政治教育者对于思想政治教育工作积极的情感体验。

其次，思想政治教育者对于教育目的和教育内容所展示、所蕴含的理想、信念的积极情感体验以及由此而产生的对这种理想、信念矢志不渝的追求精神及坚定不移的信奉态度，既是一种示范力量，以身教的巨大感染力构成有利于教育对象接受教育内容的强大“感染场”，推动教育对象意识活动和实践活动的展开和良性运作，又对思想政治教育者实践活动的寓意具有意义充实及意义放大作用，从而使思想政治教育者的教育行为声情并茂、有血有肉，成为其真情的流露，真实自我的表达，而不再是一种简单的照本宣科和口头信息传递。没有这种积极的情感体验，没有对教育目的、内容所蕴含的理想、信念的执著追求和坚定不移的信奉态度，思想政治教育必定是苍白无力的，甚或是自欺欺人的，不可能产生任何效力。

再次，思想政治教育者对于教育对象积极的情感体验以及由此而产生的对教育对象的爱护、尊重、同志式的友好态度，是良好思想政治教育关系确立的前提条件，也是教育对象接受教育者、接受教育内容的必需催化力量。思想政治教育关系是人与人之间所确立起的一种特殊关系，是人与人之间在思想意识方面相互作用的关系。在这种关系中，人与人之间相互作用的实现以人与人之间相应情感条件的具备为基本条件之一。马克思曾指出："我们现在假定人就是人，而人同世界的关系是一种人的关系，那么你就只能用爱来交换爱，只能用信任来交换信任，等等。如果你想得到艺术的享受，那你就必须是一个有艺术修养的人。如果你想感化别人，那你就必须是一个实际上能鼓舞和推动别人前进的人。"① 思想政治教育作为一种"教育性交往"②，其对思想政治教育者所发动从而在教育者与教育对象之间形成的情感交往及其质量的要求要更高、更鲜明。因为教育对象对待教育者及其教育实践活动的基本态度如何，与思想政治教育者对教育对象的情感、态度之间有着直接关系；思想政治教育者对教育对象的情感以及对思想政治教育工作、教育目的和内容所具有的积极情感，同时也构成教育对象对教育者和教育内容积极情感活动即积极移情现象产生的前提条件，移情虽然"并不意味着存在任何高级的道德品质"③，但是，正如后文所将会指出的，这种积极的情感活动的进行，却是教育对象实现其对教育内容由知识型掌握向信念型掌握、由观念型掌握向实践型掌握转化的必备条件。

① 《马克思恩格斯全集》第42卷，人民出版社1979年版，第155页。

② 鲁洁、王逢贤：《德育新论》，江苏教育出版社1994年版，第78页。

③ ［英］威廉·麦独孤著，俞国良等译：《社会心理学导论》，浙江教育出版社1997年版，第75页。

作为思想政治教育者意识活动过程的重要方面，思想政治教育者的情感活动同样具有动态发展性。它以思想政治教育者对思想政治教育工作的既有情感为基点，随着教育者对思想政治教育工作意义体味的逐步加深，随着教育者对教育目的、教育内容、教育对象理解的愈益全面、深刻而不断发展。与思想政治教育者的认识活动一样，思想政治教育者的情感活动本身也存在一个是否有效的问题。概括而言，思想政治教育者情感活动的有效性体现于其在促成思想政治教育过程顺利进行方面所具有的积极属性。

思想政治教育者的认识活动与情感活动构成了思想政治教育者的意识活动过程。就思想政治教育过程基本矛盾的发展进程而言，思想政治教育者的意识活动过程担负着推动思想政治教育过程基本矛盾由第一形态向第二形态转换，即由社会对教育对象的思想政治素质要求与教育对象既有思想政治素质实际状况之间的矛盾向具体的教育目的与教育对象既有思想政治素质实际状况之间的矛盾转换的任务。思想政治教育者的意识活动对思想政治教育过程基本矛盾这一形态转换的推动作用，主要通过其为思想政治教育者实践活动即思想政治教育目的的制定和教育内容的编制、传递等活动提供认识前提和驱动力量而得以实现。从思想政治教育过程基本矛盾形态转换的角度讲，思想政治教育者意识活动过程的有效性亦即其在推动思想政治教育过程基本矛盾由第一形态向第二形态转换方面所表现出的积极特性。

三 思想政治教育者的实践活动过程及其有效性

思想政治教育者的实践活动即在意识活动的基础上，思想政治教育者所进行的编制教育内容、创设教育情境、选择教育方法、传递教育内容等实践活动。对于这一活动，我们可以从两个方面进行理解。一方面，这一活动以思想政治教育者为主体，以教育内容和教育对象为客体，通过思想政治教育者阐发教育内容和引导教育对象思想、行为的变化等形式进行。另一方面，我们可以将思想政治教育者理解为主体，将教育对象理解为客体，主体以其对教育内容的阐发等活动为中介，作用于客体，以引起客体的相应反应，如引起教育对象对教育内容的认识、情感，引起教育对象对教育内容的践行等。但不论从什么角度来理解思想政治教育者的教育实践活动过程，我们都必须肯定思想政治教育者教育实践活动过程在整个思想政治教育过程中的核心性意义。

如前所述，思想政治教育者的意识活动过程为思想政治教育过程基本矛盾由第一形态向第二形态的转换提供了必备的认识前提和驱动力量。而思想政治教育者实践活动过程则具体担负着真正实现思想政治教育过程基本矛盾由第一形态向第二形态转换的任务。思想政治教育者所进行的教育目的制定、教育内容编制、教育情境创设等活动，就是依据思想政治教育的社会要求，依据自己对教育对象既有思想状况、思想信息接受基础等的把握，力求实现思想政治教育过程基本矛盾由第一形态向第二形态转换的活动。但在实现思想政治教育过程基本矛盾由第一形态向第二形态转换的同时，思想政治教育者的教育实践活动还担负着推动思想政治教育过程基本矛盾由第二形态向第三形态转换，即由思想政治教育者所确立的教育目的与教育对象思想政治素质实际状况之间的矛盾向教育对象思想政治素质方面的自我期望与其思想政治素质实际状况之间的矛盾转换的任务。思想政治教育者所进行的教育内容的展示、讲解等实践活动，所应实现的正是对思想政治教育过程基本矛盾由第二形态向第三形态转换的推进。

总之，思想政治教育者的实践活动过程是思想政治教育过程基本矛盾由确立趋向于解决即实现思想政治教育有效性的整个过程中必经的一环。这一过程的有效进行，将实现思想政治教育过程基本矛盾由一般层面、抽象层面向具体层面的转换，将推动思想政治教育过程的基本矛盾由外在于教育对象的存在形态向内在于教育对象的存在形态的转换，进而为以教育对象为主体的意识与实践活动过程的展开提供必备的条件。思想政治教育者实践活动过程的有效性，就表现为它在实现思想政治教育过程基本矛盾由第一形态向第二形态转换、推动思想政治教育过程基本矛盾由第二形态向第三形态转换方面的积极特性。思想政治教育者实践活动是否有效，取决于多种因素的制约。概括而言，它取决于思想政治教育者对思想政治教育诸要素的“匹配性”组织，如根据教育目的要求与教育对象的身心状况及接受特性合理编制、阐述教育内容；根据教育内容的特点及教育对象的接受程度与接受规律选择适宜的教育方法，以及思想政治教育者与教育对象之间平等、和谐、双向交流关系的达成。它还取决于思想政治教育者对教育对象思想意识方面需要的准确把握及激发、引导等。

四　思想政治教育对象的意识活动过程及其有效性

思想政治教育过程的顺利推进离不开思想政治教育者的意识活动和实践活动，但是，也只有思想政治教育者的意识活动和实践活动真正促成了以教育对象为主体的意识活动和实践活动过程的展开，思想政治教育过程才可能获得其运行的完整性，才可能会有思想政治教育有效性的实现。有学者指出：“一切有效果的教育工作，都应以受教育者本人的德育活动为其内在条件……形成一个人的精神面貌的工作是否卓有成效，就取决于这种德育工作，取决于教育能在多大程度上推进并指导这种德育活动。主要的问题就在于此。”① 我们之所以强调是否能有效推动思想政治教育过程基本矛盾由第二形态向第三形态的转换是判别思想政治教育者实践活动过程是否有效的重要依据之一，关键也正在于此。

思想政治教育对象的意识活动包括认识活动、情感活动两个方面。

---

① C. Л·鲁宾斯坦：《心理学的原则及其发展途径》，莫斯科 1959 年版，第 138 页，转引自［苏］伊·斯·马里延科著，牟正秋、王明辉译：《德育过程原理》，人民教育出版社 1985 年版，第 105~106 页。

1. 认识活动

构成教育对象意识活动的，首先是教育对象的认识活动。这一活动，是以教育对象为主体，以教育者及其实践活动、教育内容、教育对象自身为客体的认识活动。

首先，思想政治教育对象的认识活动是以教育对象为主体，以教育者及其实践活动为客体的认识活动。

在整个思想政治教育过程中，合格的教育者始终是思想政治教育活动的主导者，其他思想政治教育要素包括教育对象都通过教育者主导作用的发挥而得以激活，相互联系、相互作用。教育者的主导作用，也使得教育者及其实践活动成为教育对象的认识对象。此外，教育者是在与教育对象的互动中通过自己的实践活动来表达自己的思想政治教育意图、传递思想政治教育内容信息的。教育者的实践活动作为教育者与教育对象互动的中介，自然也处于教育对象的认识范围之中。教育者的实践活动虽然不是教育对象认识的最核心性内容，但对教育对象认识最核心性内容（思想政治教育内容）发挥着重要影响。教育者有效的实践活动以一种驱动力量、吸引力量、激励力量、印证与催化力量影响着教育对象对教育内容的认识、吸收和实践转化。

其次，思想政治教育对象的认识活动是以教育对象为主体，以教育内容为客体的认识活动。

在教育者实践活动的引导下，教育对象从对教育者及其实践活动的认识进入到对教育内容的认识。对教育内容的认识，是教育对象内化并践行教育内容，形成教育者所期望在教育对象身上实现的思想政治素质的必经一环。这是因为，实现教育对象对教育内容的知识型掌握，是教育对象达到对教育内容的信念型掌握、实践型掌握，形成教育者所期望的思想政治素质的基础所在。尽管苏格拉底、柏拉图等在“知识即美德”的命题下将对知识掌握与德行形成之间的关系演绎为必然性关系有失偏颇，但是像杜威一样简单否定关于德行观念的教育即否定关于德行的知识掌握在个体德行形成中的作用，同样有失片面。知识以集约的形式表达着人类的思想智慧。抛弃通过知识掌握的渠道以形成相应德行的形式，而仅仅依赖实际生活的、具体践行的德行养育方式固然会有一定成效，但难免流于师父带徒弟般的、小作坊式的生产；抛弃通过知识掌握的渠道以形成相应德行的形式，而仅仅慕求实际判别、推理能力的获得对相应德行实现的意义，也显然无力回应“皮之不存，毛将焉附”的诘难。有效的思想政治教育必然包括教育对象对教育内容的知识型掌握这样一环，但是，绝非以知识型掌握作为教育对象对教育内容的认识活动的最终目的。对于这一问题，前苏联著名教育家苏霍姆林斯基曾有一著名论断。他说：“在我们这个时代，没有良好的教养，没有牢固的知识，没有丰富的智力素养和多方面的智力兴趣，要把一个人提高到道德尊严感的高度是不可思议的。”① 但他同时也指出：“无论课堂上所学的教材具有多么充实的政治思想和道德思想，但学生在掌握知识的过程中总是把认识的目的放在第一位：知道它、学会它、记熟它。而且教师也是全力以赴地追求这一点。这个目的越是被置于首要地位，它就越是有力地占据了学生的内在力量，而思想也就越来越远地退居次要地位，从而把知识转化为信念的有效系数就越来越低。在学生很少思考，很少分析事实、现象和规律性的实质的地方，这个有效系数是最低的。”② 因此，我们在强调教育对象对思想政治教育内容的认识活动的重要意义、强调教育对象对思想政治教育内容的知识型掌握的同时，还必须预防教育对象仅将对思想政治教育内容的知识型掌握作为自己认识活动的最终目的。为此，要引导教育对象充分而全面地认识思想政治教育内容的实践价值及其对于个体或社会的意义，要充分而全面地发动教育对象的情感活动，使其意识活动获得最充分的展开形态。

再次，思想政治教育对象的认识活动是以思想政治教育对象为主体，同时又以思想政治教育对象自身为客体的自我认识活动。

---

① 转引自傅统先、张文郁：《教育哲学》，山东教育出版社 1986 年版，第 156 页。

② 转引自傅统先、张文郁：《教育哲学》，山东教育出版社 1986 年版，第 169 页。

能够以自我为意识对象，是人的特性。马克思指出，“动物和它的生命活动是直接同一的”，“人则使自己的生命活动本身变成自己的意志和意识的对象。他的生命活动是有意识的”，“他自己的生活对他是对象”①。思想政治教育对象的自我认识是评判性认识。在教育者实践活动的影响下，以对教育者及其实践活动、教育内容的认识为基础，教育对象基本明确了思想政治教育的目的，明确了教育者为其所展现的、自己所应达到的应然状态。这种应然状态为教育对象提供了反观自我的镜子。正是以此为参照，教育对象对实然的自我进行比照性认识，从而逐步明确实然自我与应然自我的距离，形成“自我意象不等”，即“人们的个人知觉在自己实际怎样和他们希望自己怎样之间的差异”②。这种“自我意象不等”为教育对象自我教育意象的产生、强化，为教育对象自觉地将自身对于思想政治教育内容与目的的理解、内化和将思想政治教育内容与目的所展现出的应然的自我状态作为自己的追求目标，发挥着方向设定和动力提供的作用。

2. 情感活动

思想政治教育对象的意识活动还包括情感活动。所谓思想政治教育对象的情感活动，即思想政治教育对象对教育者及其实践活动、对教育内容产生相应情感体验的活动。积极的情感活动，表现为思想政治教育对象对教育者情感上的接近、尊重、信任，对教育内容及其所表达的思想政治教育目的的认同、接纳与强烈的追求、实践欲望。这种情感活动的发生、进行，为思想政治教育对象积极接纳教育者及其实践活动提供着积极的和带有催化性质的良好氛围。这种情感活动的发生、进行，也是思想政治教育对象追求、内化、践行思想政治教育内容、目的的推动力量，“激情、热情是人

---

① 《马克思恩格斯全集》第 42 卷，人民出版社 1979 年版，第 96 页。

② 以上见［美］齐格勒等著，李凌等译：《社会化与个性发展》，北京航空航天大学出版社 1988 年版，第 47 页。

强烈追求自己的对象的本质力量”①，“没有‘人的感情’，就从来没有也不可能有人对于真理的追求”②。这种情感活动还是思想政治教育对象由对教育内容的知识型掌握向信念型、实践型掌握转化的中介。正如苏霍姆林斯基所指出的：“道德情感——这是道德信念、原则性、精神力量的血肉和心脏。没有情感的道德就变成了干枯的、苍白的语句，而这种语句只能培养出伪君子。所以，我们可以形象地说，由道德概念到道德信念的道路，是从行为和习惯开始的，而行为和习惯中又渗透着儿童对于所见所闻的事物的深刻情感和个人态度。……我们在教育工作的实践中，就是遵循着这条规则来达到行为和知识的统一的。”③ 他还指出：“只有当行为给学生带来真实感，激动着儿童，在他心灵里留下愉快、兴奋、精力充沛的情感时，知识才能变成信念。”④

思想政治教育对象的认识活动和情感活动构成了思想政治教育对象的意识活动过程。就思想政治教育过程基本矛盾的转化进程而言，思想政治教育对象的意识活动过程担负着实现思想政治教育过程基本矛盾由第二形态转化为第三形态，即由教育者确立的教育目的与教育对象思想政治素质实际状况之间的矛盾向教育对象思想政治素质方面的自我期望与其思想政治素质实际状况之间的矛盾转换的任务。这一任务的完成，使得思想政治教育过程的基本矛盾由外在于教育对象的存在形态转换为内在于教育对象的存在形态。因而，理想的思想政治教育对象意识活动过程就是思想政治教育目的、内容内化的过程，是使“外在目的失掉了单纯外在必然性的外观，被看作个人自己自我提出的目的，因而被看作自我实现”⑤

① 《马克思恩格斯全集》第42卷，人民出版社1979年版，第169页。

② 《列宁全集》第25卷，人民出版社1988年版，第117页。

③ 转引自傅统先、张文郁：《教育哲学》，山东教育出版社1986年版，第157页。

④ 转引自傅统先、张文郁：《教育哲学》，山东教育出版社1986年版，第177页。

⑤ 《马克思恩格斯全集》第46卷（下），人民出版社1980年版，第112页。

的过程。除了实现思想政治教育过程基本矛盾由第二形态向第三形态转换之外，思想政治教育对象的意识活动过程还担负着推动思想政治教育过程基本矛盾由第三形态向第四形态转换，即由思想政治教育对象思想政治素质方面的自我期望与其思想政治素质实际状况之间的矛盾向思想政治教育对象对教育目的、内容的知识型掌握与其对教育目的、内容的信念型、实践型掌握之间的矛盾转换的任务。从这一角度来讲，思想政治教育对象意识活动过程的有效性即思想政治教育对象意识活动过程在实现自身所应担负的实现、促成思想政治教育过程基本矛盾转化的功能方面所具有的积极特性。

五　思想政治教育对象的实践活动过程及其有效性

思想政治教育对象的意识活动过程是思想政治教育对象将教育内容、目的内化的过程，但完整的思想政治教育过程并不止于思想政治教育对象对教育内容、目的的内化，并不止于思想政治教育对象自我实现目标的确立，它还包括或者说还必须实现思想政治教育对象在其意识活动的基础上而进行的对教育目的、内容的实际践履过程。这个过程即思想政治教育对象“把我的愿望从观念的东西，从它们的想象的、表象的、期望的存在，转化成它们的感性的、现实的存在，从观念转化成生活，从想象的存在转化成现实的存在”① 的过程。思想政治教育对象的实践活动同时也是在更深刻意义上使得教育内容、目的成为思想政治教育对象“为我之物”的必经渠道。在自己的意识活动过程中，思想政治教育对象已经以知识的形态、观念的形态掌握了教育内容、目的，实现了教育内容、目的由“外我态”向“为我态”、“属我态”的转化。但是这种“为我态”、“属我态”尚需由知识型掌握的层面上升到信念型掌握的层面。而对教育内容的信念型掌握，只有通过思想政治教育对象具体的实践才能实现。“共产主义思想是知识、信念和实际行动的

① 《马克思恩格斯全集》第42卷，人民出版社1979年版，第154页。

合金。”① 列宁在给斯维尔德洛夫大学的学生讲演关于国家的问题时，就曾经指出：“只有学会独立地把这个问题弄清楚，你们才能认为自己的信念已经十分坚定，才能在任何人面前，在任何时候，很好地坚持这种信念。”② 学会独立地把这个问题弄清楚，即具备了自觉、自主地按照相应的思想理论看待问题、分析问题的能力。列宁还指出：“虽然克里斯平说，‘你们不能否认我们有革命信念’，但是我要回答说：我就坚决否认你们有革命信念。我的意思不是说你们不愿意按革命方式行动，而是说你们不善于用革命观点考虑问题。”③ 而自觉、自主地以相应的理论思维看待问题、分析问题的能力，只有经过将自己接受的思想政治教育内容付诸实践，在实践中运用才能真正形成。

思想政治教育对象的实践活动过程作为思想政治教育整体过程的一个子过程，它是直观、感性地体现教育者实践活动及教育对象意识活动实际效应的基本形式，并由此构成思想政治教育活动中反馈流程的起点。一方面，思想政治教育者不能不凭借任何中介就直接洞察自己教育实践活动在教育对象的头脑中所引起的意识活动，而能够有效地充当这一中介的只能是教育对象的实践活动。思想政治教育者借此来判断教育对象对思想政治教育内容、目的认识的准确性、深刻度、认同程度及其积极情感体验的强度，并以此为基础，深化自己对处于思想政治教育活动中的教育对象的认识，调整自己的思想政治教育实践活动，更有针对性地发挥自己在思想政治教育过程中的主导作用。另一方面，教育对象的实践活动是教育对象新的“实然自我”的展示。这种展示，同时也成为教育对象新的自我认识的重要指向。在新的自我认识中，教育对象重新进行自我评价，认识教育者的教育实践活动所展示的应然自我与自己当下

① 苏共中央直属社会科学院心理学和教育学教研组编，史民德、何得霖译：《党的工作中的社会心理学和教育学》，广西人民出版社 1986 年版，第 40 页。

② 《列宁全集》第 37 卷，人民出版社 1986 年版，第 60 页。

③ 《列宁全集》第 39 卷，人民出版社 1986 年版，第 239 页。

的实然自我之间的距离或矛盾，产生新的“自我意象不等”，从而生发新的自我教育的冲动，推动新的实践活动的展开。总之，思想政治教育对象的实践活动，成为思想政治教育者以及教育对象获得反馈信息的基本途径，为教育者的“意识—实践—意识……”活动、教育对象的“意识—实践—意识……”活动以及整个思想政治教育活动能够各自构成相对封闭的回路提供了重要的一环，使得思想政治教育活动能够成为往复不已、持续运作的过程。

思想政治教育对象实践活动过程的上述特点，是思想政治教育过程基本矛盾在教育对象实践活动过程中的体现。就思想政治教育过程基本矛盾的转化而言，教育对象的实践活动过程担负着实现思想政治教育过程基本矛盾由第三形态向第四形态的转换，即由教育对象思想政治素质方面的自我期望与教育对象思想政治素质实际状况之间的矛盾向教育对象对思想政治教育目的、内容的知识型与信念型、实践型掌握之间的矛盾转换的使命。能否实现这一使命，便成为判别教育对象实践活动过程是否具有有效性的重要标志。在实现思想政治教育过程基本矛盾由第三形态向第四形态转换的同时，教育对象的实践活动还担负着推动新的思想政治教育教育过程基本矛盾第一形态的确立和向第二形态转换的重要任务。教育对象实践活动过程所应担负的这一任务，来自于教育对象的实践活动过程在整个思想政治教育过程中所具有的思想政治教育活动反馈流程起点的性质。能否实现这一使命，直接关系到思想政治教育过程的可延续性。人们正确的思想政治素质正是通过延续不断的思想政治教育过程的展开才得以形成和不断发展、提高的。因而，能否推动新一轮思想政治教育过程基本矛盾的确立及形态转换，便成为判断思想政治教育对象实践活动是否具有有效性的重要标志。

六　思想政治教育过程的有效性

综上所述，我们分析了思想政治教育过程的内在结构及其运行，同时结合思想政治教育过程基本矛盾的转换历程简要分析了构成思想政治教育过程系统的子过程本身的有效性问题。就思想政治教育过程的内在结构及其运行来看思想政治教育过程的有效性，我们应该明确的基本观点是：

1. 思想政治教育过程中诸子过程的充分开展，是思想政治教育过程有效性确立的前提

通过前文的阐述我们可以看出，思想政治教育过程的四个子过程各以其不同的效用，构成整个思想政治教育过程的成功展开所必不可少的四个环节，且这四个子过程之间，也在实质上存在着互相影响、互相作用的密切关系。其中，思想政治教育者的意识活动为其实践活动的有效开展提供认识前提和情感驱动；思想政治教育者的实践活动是思想政治教育者主导作用发挥以及思想政治教育内容传递的载体，是思想政治教育对象意识活动的引动环节；思想政治教育对象的意识活动为思想政治教育内容、目的的内化创造条件，同时也为教育对象的实践活动提供定向与驱动力量；思想政治教育对象的实践活动是教育对象对思想政治教育内容由知到信、由知到行转化的必由途径，是思想政治教育者实践活动及思想政治教育对象意识活动的实效体现的形式依托，是构成整个思想政治教育活动封闭回路的必备环节。缺少任何一个子过程，思想政治教育过程都不具备完整性，不具备思想政治教育目的实现的可能性，也就谈不上思想政治教育的有效性。故而，思想政治教育过程中诸子过程的充分展开，是思想政治教育过程有效性确立的前提。

2. 思想政治教育过程中诸子过程的有效性是思想政治教育过程有效性确立的基础

思想政治教育过程中诸子过程的充分展开为思想政治教育过程有效性的确立提供了可能性。但是，充分展开的子过程并不一定都是有效的子过程，子过程本身也存在是否合规律、是否合目的即是否具有有效性的问题。各子过程的有效性体现为相应子过程在实现其在整个思想政治教育过程的进行中所担负功能方面的积极属性，体现为其在引动、促进与其有直接关联的子过程向着有利于思想政治教育目的实现的方向发展方面所具有的积极属性。如同离开要素没有系统、离开要素的有效性谈不上系统的整体功能一样，离开各子过程的有效性就不可能有思想政治教育过程的有效性。各子过程有效性的确立取决于不同的条件。思想政治教育者意识活动过程的有效性与其对教育对象、内容等的深刻、正确的认识，对思想政治教育工作、思想政治教育对象的积极情感有关，也与思想政治教育者本人的政治素质、人格素质、理论素质、能力素质等有关。思想政治教育者实践活动的有效性与其认识活动的深入性、正确性及其情感活动的丰富性、正向性，与其对思想政治教育诸要素的"匹配性"组织，与其对教育对象思想意识方面需要的准确把握及激发、引导等有关。思想政治教育对象意识活动与实践活动的有效性与教育对象对思想政治教育内容、目的理解的正确、深刻，以及思想政治教育内容、目的在教育对象头脑中、行为中由知识型掌握向信念型掌握、实践型掌握转化的程度，与教育对象吸收、信奉、践履思想政治教育内容和追求思想政治教育目的的积极情感的强度，与教育对象"自我意象不等"向自我教育、自我超越转化的程度等有关。只有认识到子过程有效性的基本表现及其确立条件，积极促成各子过程有效性的确立，思想政治教育过程的有效性才能够确立。

3. 思想政治教育者主导作用的充分发挥是思想政治教育过程有效性得以确立的保障

思想政治教育过程包括四个子过程，思想政治教育者与教育对象分别以主体的身份出现在各自不同的两个子过程中。毫无疑问，在思想政治教育者的意识活动、实践活动中，作为主体的思想政治教育者是意识活动、实践活动的发动者、承担者，主导着活动的发展方向和进展速度，并根据具体情况，调整着活动的运行状态。我们还必须看到，在以思想政治教育对象为主体的意识活动和实践活动的进行中，思想政治教育者同样应该发挥主导作用。在这两个子过程中，思想政治教育者显然不是活动的主体，他不能代替思想政治教育对象去认识、体验、理解、实践，否则，这两个子过程就无异于思想政治教育者的意识与实践活动过程。但是，这两个子过程的进行，又不能离开思想政治教育者的主导作用。

首先，思想政治教育对象意识活动过程的引动，有赖于思想政治教育者教育引导活动的充分展开。思想政治教育的内容、目的，思想政治教育对象应该具备的思想行为状态都通过思想政治教育者的教育实践活动展现出来；思想政治教育对象的求知需要与热情等也都只有通过思想政治教育者的教育实践活动才能激发和培养起来。这些方面都构成思想政治教育对象意识活动过程充分展开的前提。

其次，思想政治教育对象意识与实践活动中相关转化的正向性需要思想政治教育者的有效引导。如前所述，思想政治教育对象意识与实践活动有效性的确立，取决于思想政治教育对象由对教育内容、目的的知识型掌握向信念型掌握、实践型掌握转化的顺利实现，以及其“自我意象不等”的产生和向自我教育、自我超越意识与冲动转化的顺利实现等。我们不排除一些思想政治教育对象在其意识和实践活动中顺利地、自觉地完成这些转化的可能性，但是我们也必须看到在更多的情况下这些转化并不能自发地完成。这些转化活动的进行以思想政治教育对象为主体，但同时也离不开思想政治教育者的积极影响。如思想政治教育对象由对思想政治教育内容、目的的知识型掌握向信念型掌握、实践型掌握的转化，便需要思想政治教育者积极情感的投入以期引起思想政治教育对象的移情活动，需要思想政治教育者所进行的积极的思想政治教育情境的创设、优化等。

再次，思想政治教育对象“自我意象不等”的产生，也需要思想政治教育者合理地确立并展示思想政治教育的目的、内容。“自我意象不等”的产生，其前提在于思想政治教育对象所认识到的思想行为方面的实然状态与应然状态的差距，这就需要思想政治教育目的、内容所展示的应然状态有相对于思想政治教育对象思想行为实然状态的高度与距离，即具有相应的“挑战性”，目的“对于教育过程的价值，在于它们的挑战性”①。而“自我意象不等”

---

① 瞿葆奎：《教育学文集 · 教育目的》，人民教育出版社 1989 年版，第 625 页。

向思想政治教育对象的“自我强迫性教育”即自我教育意识与冲动的转化，又要求这种挑战性处于适宜的程度，表现出“不求不得”、“求则可得”的特点，并且在思想政治教育对象的“求”的行为即相应意识与实践活动的进行中，通过自身的调整而始终保持着这种挑战性，从而造成思想政治教育对象消极的自我感受—积极的自我感受—消极的自我感受……的持续发展。英国著名社会心理学家威廉·麦独孤曾指出，“德性（moral nature）正常发展的个体的自我感情既包含了积极的自我感受，也包含了消极的自我感受”①，正是在消极——积极——消极——积极……自我感受的不断转化中，“自我意象不等”才能有效地转化为思想政治教育对象积极的、持续的自我教育意向、冲动与行为。

总之，思想政治教育对象意识与实践活动的正向发展，离不开思想政治教育者的引导和影响。这种引导和影响作用，通过思想政治教育者在思想政治教育对象意识和实践活动开始之前所进行的教育实践活动表现出来，也通过思想政治教育者在根据自己对思想政治教育对象意识与实践活动实际进展状况的观察而得到的反馈信息的基础上调整、推进自己教育实践活动的行为而表现出来。看不到或否定思想政治教育者在思想政治教育对象意识与实践活动进行过程中的主导作用，就不可能真正推动思想政治教育过程的有效进行。

① ［英］威廉·麦独孤著，俞国良等译：《社会心理学导论》，浙江教育出版社1997年版，第148页。

第四章

思想政治教育的有效结果

思想政治教育要素及思想政治教育过程的有效性，为思想政治教育活动有效性的确立提供了前提条件。但是，要素与过程的有效性，并不能等同思想政治教育活动的有效性。如同任何实践活动的有效性一样，思想政治教育活动的有效性，只能通过思想政治教育活动结果有效性予以表现。人类以对实践活动结果实际效用的直接感知为起点发展起了其关于实践活动的有效性意识，也以其所感知到的实践活动结果的实际效用为依据来判别实践活动的有效性，而非以构成相应实践活动的要素及实践活动过程对于实现相应的实践目的所具有的积极意义、所表现出的有效性来概括、表达实践活动的有效性。实践活动结果的有效性，是实践活动要素与过程有效性的集中体现，实践活动要素与过程有效性探讨的目的指向，正在于实践活动结果有效性的实现与增强。如前文所述，随着实践工具的运用及人脑的发展，人类首先产生了关于实践活动结果的效用的意识，而后才逐步有了“对影响某些个别的实际效益的条件的意识”，“对制约着这些条件的自然规律的理解”①。与此相适应，人们关于实践活动结果的有效性的认识、理解和评价，也为其实践活动要素、过程有效性的评判提供了具体的评判标准。实践活动结果应具有怎样的有效性，直接决定着我们思考服务于具有这种有效性的结果产生的要素、过程应该具备怎样的效能及与此相关的系列属性。离开实践活动结果的有效性而探讨要素、过程的有效性，则要素、过程有效性的探讨便不具备整体的价值坐标，没有最终的目的指向，也不可能有真正实际、具体的意义。实践活动结果有效性的上述意义，决定了我们在思想政治教育要素有效性、过程有效性探讨的基础上进一步专门研究思想政治教育结果有效性的重要性和必要性。

一　效果、有效结果与结果的有效性

在许多场合，人们将“有效结果”与“效果”作为同义词使用，或者将“效果”视为“有效结果”的更简明、更概括的表述。其实，“有效结果”并不等同于“效果”。一般而言，效果指活动的具体结果及其实际效应。它更多的是事实判断的产物，告诉人们事物发展的实际结局，至于这一结局是好是坏、是积极还是消极，它并没有限定。因此，效果既可指正效果，也可指负效果、零效果；既可指积极效果，也可指负面效果。此外，“效果”虽然也与引起这一效果的特定的目的、动机及其具体活动过程相对应而使用，告诉人们有什么事情发生，结果怎样，但它本身并不专指结果对目的的正向实现状态及正向实现程度，也不表明这种结果对其他目的的实现、对其他活动过程的展开具有怎样的效用。

“有效结果”则与此不同。在这里，我们讲的“有效结果”与“具有有效性的结果”的含义相同。它已不再只是一种事实判断的产物，而是在事实判断的基础上，进一步增加了价值判断的蕴含。它不仅标明与特定目的、活动相对应的具体结果是什么，而且揭示

---

① 《马克思恩格斯选集》第4卷，人民出版社1995年版，第274页。

这种结果对于相应的目的、活动的实现、完成是积极的、正面的，对于相应的主体是有价值满足性的，并且对于相应新的目的和活动的实现与完成是有积极效用的。本章即在此意义上使用“有效结果”的概念，并由此展开对思想政治教育结果有效性问题的探讨。

二 思想政治教育结果有效性的表现及评价

1. 思想政治教育结果有效性得以体现的价值关系

同思想政治教育要素、过程的有效性一样，思想政治教育结果的有效性在其本质上也是一种价值属性。作为一种价值属性，思想政治教育结果的有效性只有通过特定的价值关系才能够明确地表现出来。在对思想政治教育结果有效性进行探讨的时候，必须将思想政治教育结果置于相应的价值关系之中进行审视。将思想政治教育结果作为价值客体，分析其对相应价值主体的价值满足关系，才能判别思想政治教育结果的有效性。

据此，作为价值客体的思想政治教育结果与相应价值主体之间的价值关系及这种价值关系的运动所产生的结果便构成思想政治教育结果有效性探讨的对象。问题在于，我们到底如何确定与思想政治教育结果构成价值关系的价值主体呢？

对于与思想政治教育结果构成价值关系的价值主体，我们应该从多个层面、多个视角进行探讨。思想政治教育本身是一个动态运行的系统，同时它又同任何其他系统一样，都是处于相应环境中且不断与环境进行着能量交换的系统。就思想政治教育而言，它处于特定的社会生活之中，不断地与社会进行着能量交换。思想政治教育的这一特点，规定着我们对价值主体的确立所必须考虑的两个方面，这就是思想政治教育系统内的一面和思想政治教育系统外即思想政治教育系统对于其所处于其中的相应社会的一面。

就思想政治教育与社会的关系层面而言，正如前文所曾指出的，思想政治教育是在特定社会需要、社会目的的支配下而进行的，有着鲜明的社会目的性。思想政治教育结果与支配思想政治教育活动的需要、目的之间，应该存在着满足与被满足、实现与被实现的关系。因此，社会无疑可以作为价值主体，与思想政治教育结果构成相应的价值关系。就系统的角度而言，这种价值关系，也正是作为系统的思想政治教育活动与作为环境的社会之间能量交换关系的重要方面。

就思想政治教育系统本身而言，存在三种体现思想政治教育结果有效性的价值关系。

(1) 思想政治教育结果与思想政治教育者之间的价值关系

思想政治教育是思想政治教育者引导思想政治教育对象的思想政治素质发展的活动。思想政治教育者与相应的思想政治教育结果之间也自然应该存有期望——期望的实现程度与实现形态的关系，或者说是目的与目的的实现程度、实现状态之间的关系。这一关系其实也就是思想政治教育者的需要与思想政治教育结果对思想政治教育者需要的满足之间的关系。因此，思想政治教育者与思想政治教育结果之间就构成一种价值关系，思想政治教育者是这一价值关系中的主体，思想政治教育结果是这一价值关系中的客体。

(2) 思想政治教育结果与思想政治教育对象之间的价值关系

在思想政治教育系统中，思想政治教育结果通过思想政治教育对象思想政治素质的发展变化而表现出来。正如“主我”与“客我”可以构成价值关系一样，思想政治教育对象与思想政治教育结果之间也可以构成一种价值关系，它反映着思想政治教育结果对于思想政治教育对象的效用。思想政治教育对象是这一价值关系中的主体，思想政治教育结果是这一价值关系中的客体。

(3) 思想政治教育结果与思想政治教育活动持续开展之间的价值关系

思想政治教育活动是一个持续不断的进程。为了研究方便，我们可以从持续不断的思想政治教育进程中截取具有相对完整意义的一段作为研究、描述的对象，但整个思想政治教育进程却并不因此而中断，思想政治教育对象的思想政治素质也只有在这一持续不断的进程中方可获得不断的发展。作为思想政治教育整体进程中一个段落的思想政治教育活动过程的进行状况直接关系到与其相连接的下一思想政治教育活动过程的进行状况。就此而言，作为思想政治教育整体进程中一个段落的思想政治教育活动过程的结果与下一思想政治教育活动过程或者说与思想政治教育的持续推进之间也便构成一种价值关系。在一定意义上可以说，相应的思想政治教育活动过程的结果是这一价值关系中的客体，接之而起的新的思想政治教育活动过程即这一价值关系中的主体。

概括而言，在思想政治教育系统内部，共存在三种与作为价值客体的思想政治教育结果构成价值关系的价值主体。综合思想政治教育系统内、外两个方面，思想政治教育结果与思想政治教育者、与思想政治教育活动的持续开展、与思想政治教育对象、与思想政治教育所处于其中的社会，分别构成四种价值关系。思想政治教育结果的有效性就表现为思想政治教育结果对于上述四个方面的价值主体分别具有的价值满足属性。从这四种关系来研究思想政治教育结果的有效性，我们便可对思想政治教育结果的有效性作出全面的探讨。

2. 思想政治教育结果有效性的评价

在上述四种价值关系中，不同的价值主体对于思想政治教育结果表现出不同的需要，因此，也就存在着不同的对于思想政治教育结果有效性的评价标准。在思想政治教育者与思想政治教育结果这一价值关系中，对思想政治教育结果有效性的评价以思想政治教育结果的合目的性为评价标准；在思想政治教育的持续开展与思想政治教育结果这一价值关系中，对思想政治教育结果有效性的评价以思想政治教育结果是否具有教育性即其对于思想政治教育活动的持续进行是否具有积极促进性为评价标准；在思想政治教育对象与思想政治教育结果这一价值关系中，对思想政治教育结果有效性的评价以思想政治教育结果是否能够满足教育对象的相应需要为评价标准，思想政治教育结果的有效性表现为思想政治教育结果所具有的个体需要满足性；在社会与思想政治教育结果这一价值关系中，对思想政治教育结果有效性的评价以思想政治教育结果是否能够满足社会的相应需要为评价标准，思想政治教育结果的有效性表现为它所具有的社会需要满足性。

在以上四个方面中，思想政治教育者的需要在整体上与思想政治教育的社会需要是一致的。它是思想政治教育社会需要在具体思想政治教育中的表现。思想政治教育结果对思想政治教育者需要的满足为思想政治教育社会需要的实现在具体方面、阶段性方面提供着基础。有鉴于此，我们对思想政治教育结果有效性的考察，主要集中在思想政治教育有效结果的教育性、思想政治教育有效结果的个体需要满足性、社会需要满足性等几个方面。

三　思想政治教育有效结果的教育性

1. 思想政治教育结果的构成

在具体探讨思想政治教育有效结果的教育性之前，我们有必要对思想政治教育结果的构成做更深层次的剖析。结果作为特定思想政治教育过程的产物，由主结果与副结果两个部分构成。所谓主结果，即与思想政治教育目的的实现直接一致的结果。因为任何教育结果，总是直接指向教育对象相应身心状态的出现，或者说，教育效果最终要落到教育对象的身上，是以教育对象的发展变化为转移的。所以，思想政治教育的主结果，即思想政治教育对象在其思想政治素质方面所产生的与思想政治教育目的的整体指向相一致的发展或所形成的新的状态。所谓副结果，即与相应的思想政治教育主结果同时出现，但又在其之外的思想政治教育过程的其他产物，如随着思想政治教育活动的进行所形成的思想政治教育氛围，已确立的思想政治教育关系被思想政治教育活动的进行所赋予的新特点、新倾向等。对于思想政治教育过程持续不断的展开而言，思想政治教育结果的有效性就表现为思想政治教育的主结果、副结果所具有的教育性。

2. 思想政治教育副结果的教育性

思想政治教育副结果的教育性，表现为思想政治教育副结果所具有的优化思想政治教育氛围和优化思想政治教育关系的效能对于推进思想政治教育的良性运行所产生的积极效用。思想政治教育是思想政治教育者与教育对象之间思想意识方面的相互作用过程。思想政治教育者与教育对象之间关系的性质，其所处思想政治教育氛围的特点对于思想政治教育者的施教活动和教育对象受教、自教活动的进行有着重要影响。具有平等性、民主性、双向性、和谐性的思想政治教育关系与思想政治教育氛围始终是推动思想政治教育活动良性运行的积极力量。

3. 思想政治教育主结果的教育性

思想政治教育主结果的教育性，表现为在接受相应的思想政治教育之后，教育对象所形成的思想政治素质对于其更进一步接受思想政治教育，形成社会所要求的思想政治素质所具有的促进意义与基础奠定意义。思想政治教育主结果的教育性通过教育对象接受基础的优化、强化而得以实现。

所谓教育对象的接受基础，即教育对象接受思想政治教育所应具备的条件的总和，也有人称之为“接受基”。概括而言，教育对象的接受基础主要由教育对象内在认知图式、知识准备基础、需要动力系统、自我教育力等部分组成。思想政治教育的有效结果表现为教育对象内在认知图式、知识准备基础、需要动力系统、自我教育力的优化和强化；思想政治教育有效结果的教育性通过优化、强化了的教育对象的内在认知图式、知识准备基础、需要动力系统、自我教育力作用的发挥而得以实现。

（1）思想政治教育对象内在认知图式的优化

如前所述，思想政治教育对象通过自己能动的、有着鲜明主体性的对教育内容、教育者实践活动等方面的认识及其他相应的活动形式，进行着自己在思想政治教育活动中的接受活动。在教育对象所进行的认识活动中，认识主体即教育对象的内在认知图式发挥着极其重要的作用。所谓认知图式，即认识主体在长期的实践活动中，逐渐构建而成的、具有相对稳定性的意识因素的总和。认识主体如何认识对象，在很大程度上受制于认识主体的内在认知图式，之所以“同一个对象在不同的个人身上会获得不同的反映，并使自己的各个不同方面变成同样多不同的精神性质”①，其中一个极其重要的原因也就是不同个体所具有的内在认知图式的不同。个体的认知图式具有稳定性，但却绝不是僵化不变的，它处于不断的变动之中。皮亚杰在谈及人的认识行为时曾指出：“认识的获得必须用一个将结构主义和建构主义紧密地连结起来的理论来说明，也就是说，每一个结构都是心理发生的结果，而心理发生就是从一个较初级的结构过渡到一个不那么初级的（或较复杂的）结构。”② 皮亚杰所阐述的个体心理结构由初级到复杂的变化，其实也正揭示了个体认知图式的可变性。在思想政治教育活动中，教育对象正是以自己的内在认知图式为基本依据，决定着自己选择思想政治教育内容的具体取向，决定着自己是内化还是拒斥思想政治教育内容。有效的思想政治教育，就包含着教育者对思想政治教育对象内在认知图式朝着有利于教育内容接受的方向予以改造、对教育对象原有的有利于教育内容接受的内在认知图式予以强化的活动。有效的思想政治教育结果也包括教育对象有利于教育内容接受的认知图式的形成和强化。这种积极的认知图式的形成和强化，将成为教育对象自觉地选择相应的教育内容、正确理解教育内容的重要内在条件，促进思想政治教育活动的正向展开和良性运行。

（2）思想政治教育对象知识准备基础的优化

思想政治教育结果同时又表现为思想政治教育对象在知识掌握方面质与量的改变。思想政治教育不同于知识的教育，但是思想政治教育活动的进行却又丝毫不能离开知识的教育。思想政治教育对象凭借既有的知识基础才得以比较全面、深刻地理解教育内容，而教育内容的知识含量在很大程度上也成为直接影响思想政治教育说服力的重要因素之一。因此，教育对象对教育内容的接受本身便包括着知识接受的层面。这种知识的接受随着思想政治教育活动的推

---

① 《马克思恩格斯全集》第1卷，人民出版社1956年版，第8页。

② ［瑞士］皮亚杰著，王宏钿等译：《发生认识论原理》，商务印书馆1981年版，第15页。

进，逐步从质与量的方面改变着教育对象的知识掌握，构成教育对象新的接受行为的知识基础，制约着教育对象对教育内容的接受域与接受方向。在有效的思想政治教育中，教育对象在教育者的引导下所形成的新的知识准备基础，使得教育对象能够以更广的视域、更深刻的思维力来理解一步步扩展着、深化着、构成循序渐进关系的思想政治教育内容体系，从而推动着思想政治教育活动的持续进行。

(3) 思想政治教育对象相应需要动力系统的优化

思想政治教育对象的接受活动是在相应需要动力系统支配下进行的。但是，需要动力系统在介入教育对象接受活动的过程之后，自身也在不断地发生着相应的变化。人的需要本身就是一个处于不断变化之中的系统。随着教育对象接受行为的发展，随着教育对象对教育内容及其背景意义认识的不断深化，教育对象的需要会逐渐由不甚明显向愈益强烈的方向发展，或者由于相应需要的实现、被满足而导致更高层次需要的产生。构成教育对象需要动力系统的另一因素——情感，同需要一样具有因变量的性质，它在发挥着对教育对象认识活动的调节、驱动作用的同时，也随着认识的深化而不断地得到调整。因此，随着思想政治教育活动的进行，教育对象的需要动力系统也将以新的形态表现出来。新的需要动力系统作为思想政治教育结果的重要构成部分，其有效性表现为其与思想政治教育目的实现的同向性及其对思想政治教育目的的实现所具有的强有力的驱策作用。

(4) 思想政治教育对象自我教育力的强化

自我教育力的强化是思想政治教育有效结果的另一构成部分，它是思想政治教育结果教育性实现的另一基础。自我教育力由动力维和能力维构成。概括而言，自我教育的动力来源于前文所述的“自我意象不等”及由此而产生的自我教育需求或自我教育意象；自我教育的能力则和教育对象的知识准备基础有直接关系，由教育对象自觉根据社会对个体的思想政治素质要求，根据相应的思想政治教育目的设定自我思想政治素质的理想态及自我发展目标的能力、自我反思与评价的能力、对相应教育内容的判别与选择能力等多个方面构成。自我教育力是教育对象自觉进行自我提高的基础，是教育对象有效进行意识活动和实践活动的基础。是否能引导教育对象自我教育力的确立或使教育对象既有的良好自我教育力进一步强化和提高是判定思想政治教育结果是否有效的重要标志。前苏联学者平斯基曾经指出："作为教学效率的主要标志的不仅是学生已获得的学科知识的总和，而且还包括学生在学习活动和今后的劳动活动的过程中独立获取新知识的技能和技巧的形成水平。"① 这对于思想政治教育对象而言，同样如此。布鲁纳也曾指出："为特定的学习者构成某个知识领域，无论采取什么特定方法，这种方法有无效力指的总是他自己学的那套命题是否有繁衍的价值。"② 在思想政治教育过程中，教育对象所接受的教育内容繁衍价值的实现，取决于教育对象是否具有相应的自我教育力。就此而言，教育对象自我教育力的强化，也是思想政治教育有效结果的教育性确立的重要方面。

四　思想政治教育有效结果对个体需要的满足性

从一定意义上讲，教育活动的根本职能是以社会为立足点促成个体与社会之间内在矛盾解决的实践活动。但是，个体发展与社会发展之间天然存在的辩证相关性，又内在地规定着教育对社会与个体之间内在矛盾的解决必须同时考虑并满足社会与个体两个方面的需要。作为一种特殊的教育活动，思想政治教育结果的有效性同样体现在其对作为个体的思想政治教育对象相应需要的满足方面。

概括而言，思想政治教育的有效结果所具有的个体满足性表现

① 转引自瞿葆奎：《教育学文集·课程与教材》下册，人民教育出版社1989年版，第153页。

② ［美］布鲁纳著，邵瑞珍等译：《布鲁纳教育论著选》，人民教育出版社1989年版，第139页。

为其对思想政治教育对象的社会适应需要、享用需要、发展需要等三个基本方面的满足。

1. 对思想政治教育对象社会适应需要的满足

人作为社会性的动物，其生存与发展一刻也离不开社会。对社会的适应，构成个体生存与发展的基础。与此相适应，社会适应需要也便成为个体的一种基本需要。社会适应需要的满足只有通过个体对相应社会规则的掌握，及形成社会所要求的素质等途径才能得以实现。社会生活的复杂多变，决定了个体社会适应需要的多层面性。不同的教育活动，担负着满足个体的社会适应需要不同方面的职能。思想政治教育所担负着的职能，直接指向于个体的社会适应需要中思想政治方面需要的满足。思想政治教育对教育对象社会适应需要的满足集中表现为在思想政治教育活动的影响下，教育对象特定思想政治素质的形成。

个体的思想政治素质由思想维、情感维、能力维、行为维四个方面构成。因此，思想政治教育对个体社会适应需要的满足通过引导教育对象思想政治素质中思想维、情感维、能力维、行为维等达到相应状态或水准而得以实现。思想维包括个体对与自己有效参与社会生活所必须了解的政策、法规及其他有关社会政治规范、道德规范等的掌握和对教育内容的知识层面的理性掌握等。情感维包括个体在接受思想政治教育之后所形成的社会责任感、爱国主义情感以及社会所要求的其他积极情感体验。能力维包括教育对象自觉地运用其思想政治素质中思想维、情感维内容的能力，以及对思想政治方面的信息及相关社会问题的认识能力、判断能力、抉择能力等自我教育、自我管理、自我控制的能力。行为维则包括在思想政治教育影响下，教育对象将教育内容由知识型掌握转化为信念型、实践型掌握，形成符合社会要求的行为模式。这四个方面以思想维为基础，以情感维、能力维为核心，以行为维为指向，构成个体思想政治素质的整体。个体思想政治素质的形成，是社会思想政治素质要求个体化的产物，同时，也是思想政治教育对个体社会适应需要满足的体现。

2. 对思想政治教育对象享受需要的满足

“人不仅为生存而斗争，而且为享受，为增加自己的享受而斗争。”① 这种享受，不仅包括物质方面的享受，而且包括精神方面的享受。人作为具有社会性的生命，对精神享受的追求本身便构成其生存和发展的重要内容。精神享受，表现为个体从相应精神产品中得到愉悦性、满足性的精神体验。精神享受，就某种意义而言，即精神消费。马克思在谈到消费问题时曾经指出，消费“创造出新的生产的需要，也就是创造出生产的观念上的内在动机，后者是生产的前提。消费创造出生产的动力；它也创造出在生产中作为决定目的的东西而发生作用的对象。……消费在观念上提出生产的对象，把它作为内心的图像、作为需要、作为动力和目的提出来”②，“消费，作为必需，作为需要，本身就是生产活动的一个内在要素”③。马克思的这段论述，不仅适用于物质消费，而且适用于精神消费、精神享受。

3. 对思想政治教育对象发展需要的满足

人的需要是一个不断变化的动态系统，一如马克思所指出的，人的“需要具有很大伸缩性和变动性。它的固定性是一种假象”④。当某一层次需要得到满足之后，必然会有另一层次需要的出现，这成为个体行为的推动力和个体行为的目的指向。“需要也如同产品和各种劳动技能一样，是生产出来的”⑤。从一定角度来看，新的需要在原有需要的满足过程中被生产出来。在思想政治教育中，当教育对象的社会适应需要和享受需要获得基本满足之后，必然随之产生更高一层次的需要即发展的需要。正如个体社会适应需要的多

---

① 《马克思恩格斯全集》第 34 卷，人民出版社 1972 年版，第 163 页。
② 《马克思恩格斯选集》第 2 卷，人民出版社 1995 年版，第 9 页。
③ 《马克思恩格斯选集》第 2 卷，人民出版社 1995 年版，第 12 页。
④ 《马克思恩格斯全集》第 25 卷，人民出版社 1974 年版，第 210 页。
⑤ 《马克思恩格斯全集》第 46 卷（下），人民出版社 1980 年版，第 19 页。

样性一样，个体的发展需要也表现为多个棱面。思想政治教育可以实现的是教育对象思想政治素质方面的发展需要。思想政治教育结果的个体满足性，通过思想政治教育结果对教育对象在思想政治素质方面发展需要的满足而表现出来。概括而言，教育对象在思想政治素质方面的发展需要，主要表现为其对更广泛、更深刻思想政治信息的掌握需要和步入更高尚精神境界的需要等。

五 思想政治教育有效结果对社会需要的满足性

如前所述，教育活动所力图解决的是个体与社会之间的矛盾，而且这种活动是以社会为本位而展开的。因此，教育活动的结果是否有效，必然地内含着其对社会需要的满足这一标示。对于思想政治教育而言，社会目的指向更为鲜明。它的使命正在于将社会所确立、所认可、所倡导的思想政治方面的价值规范等传递给思想政治教育对象，通过这些价值规范的个体化而谋求其所担负的社会需要满足使命的实现。所以，对社会需要的满足是思想政治教育结果有效性的重要标示。

如同个体需要的多样性一样，社会需要也是极其丰富的，有着多方面的表现。有效的思想政治教育所直接指向的也只能是对社会需要特定方面的满足。以社会需要尺度判别思想政治教育结果的有效性，所依据的也只能是社会需要的特定方面。思想政治教育所能够满足且应当满足的社会需要主要集中在社会认同需要、社会动员需要、社会精神构建需要三个方面。思想政治教育结果的有效性，通过其对上述三个方面社会需要的满足而体现出来。

1. 对社会认同需要的满足

所谓社会认同需要，在此专指社会对于生活于其中的人们在社会政治道德规范、目标、价值观念等方面达成基本一致的需要。就本质而言，社会无疑是一个整合体，它确立于人们对相应行为规范、价值准则遵从的基础之上，确立于相应秩序构建的基础之上。

人们基于基本的共同性行为规范、价值准则而构建起的秩序性，是人类社会存在与发展的基本条件。在阶级社会中，秩序性除了具有普遍意义上的为社会存在与发展提供基本条件之外，同时也构成统治阶级谋求社会稳定、谋求特定阶级利益的基础。秩序性对于人类社会存在与发展的重要意义决定了社会认同成为社会需要的基本内容之一。秩序性的确立和社会认同需要的实现，可以通过多种社会控制手段而得以实现。但是，在诸多的社会控制手段中，思想政治教育以其独有的特点而成为最富有成效的社会控制方式。思想政治教育以教育为基本形式，将社会所确定、需要、要求的价值观念、行为规范内化于教育对象的内在图式之中，转化为教育对象内在的自我控制力量，从而促成教育对象对特定行为规范、价值准则的自觉遵从，促成相应社会秩序性的达成，从而有效满足社会的认同需要。

2. 对社会动员需要的满足

秩序性为人类社会的存在与发展提供了基本条件，但秩序性对于人类社会而言，所具有的并不是目的性意义，而是工具性意义。秩序性确保了社会的稳定，而社会稳定的目的则在于社会发展。与此相适应，社会动员也便成为社会需要的基本内容之一。所谓社会动员，即为特定社会目的的实现，以社会的身份对其成员进行的发动。思想政治教育以其高度的组织性、计划性在满足社会动员需要方面担负着重要功能。对于思想政治教育在实现社会动员中所担负的重要功能，马克思主义经典作家曾进行过精辟的阐述。列宁指出，没有革命理论，就不会有坚强的社会主义政党，因为革命理论能使一切社会主义者团结起来，他们从革命理论中能取得一切信念，他们能运用革命理论来确定斗争方法和活动方式。在战争年代，邓小平也明确指出："政治工作，在巩固新战士与提高其战斗力上，是应该而且能够发挥其极大作用的。"① 巩固新战士并提高其战斗力，亦即进行有效的动员工作。在社会主义建设时期，邓小

① 《邓小平文选》第1卷，人民出版社1994年版，第6页。

平还多次强调："在军队里要讲信念，在人民中间，在青年中间，也要讲信念。首先要向青年进行有理想、有纪律的教育。没有理想和纪律，建设四化是不可能的。"① 西方社会学功能主义学派代表人物帕森斯也认为，"工作在通常意义上不是'经济因素'促动的，而是内在价值的一种表达"②，其实这也从一个侧面说明了思想政治教育的社会动员效用。思想政治教育对社会动员需要的满足，通过其对相应社会决策、政策目标的意义的深刻阐述、宣传，对特定社会价值观念的强化，对社会成员相应信心、信念的培养与情感的激发等途径而得以实现。

3. 对社会精神构建需要的满足

思想政治教育结果的有效性还表现在其对社会精神构建需要的满足。社会是个体的集合体。与个体精神需求的必然性相一致，社会也不可能单纯地凭借物质空壳的形态得以存在和发展，在具备物质"骨骼"的同时，社会也时时表现出其对相应精神的需求。社会精神体系的存在，使得社会整合效力的发挥、社会基本秩序性的确立获得了无形然而却有效的强力纽带，使得社会动员的需要具有了借以实现的重要力量。此外，社会精神体系虽然归根结底取决于社会的物质"骨骼"，但它反过来却对社会的物质生产具有强大的影响作用。人们常常认为，人类社会在教育活动的持续中得以延续和发展，其实，对教育活动效用的肯认也正包含着对教育活动所传承和发展着的社会精神体系重要价值的肯认。社会的精神构建需要作为一种基本的、关系社会存在与发展的需要，不因社会制度的不同而有或无，但却因社会制度的不同而表现出不同的性质。马克思和恩格斯指出："任何一个时代的统治思想始终都不过是统治阶级的思想。"③ 与此相适应，在阶级社会里，任何一个统治阶级的社

---

① 《邓小平文选》第3卷，人民出版社1993年版，第191页。

② 转引自杨雪冬：《论意识形态与经济增长》，载《经济社会体制比较》1996年第2期。

③ 《马克思恩格斯选集》第1卷，人民出版社1995年版，第292页。

会精神构建需要、所要着力确立的社会精神体系都不过是集中体现着统治阶级思想的精神体系。努力进行着统治阶级思想社会化的思想政治教育，自然担负着相应社会精神体系构建的职能。

综上所述，我们具体分析了思想政治教育有效结果的基本内容及其具体表现。概括而言，正是思想政治教育结果的教育性、思想政治教育结果对个体需要的满足性、思想政治教育结果对社会需要的满足性的有机统一，构成了真正意义上的思想政治教育结果的有效性，标志着整个思想政治教育活动有效性的实现。当然，上述三者之间并不总表现为一致性的关系，在有些情况下，它们之间会陷入一种相互否定、冲突的状态。努力消解它们之间的相互否定与冲突，促成它们之间的高度一致性，是增强思想政治教育有效性的重要着力点所在。

第五章

思想政治教育有效性实现中的几个规律性问题

规律即法则，即事物发展的内在逻辑。对规律的掌握，是我们的认识活动达到高度理性程度的必经阶段，列宁在黑格尔《逻辑学》一书的摘要中就曾指出，虽然黑格尔关于规律的论述极其晦涩难懂，但“看来也有活的思想：规律的概念是人对于世界过程的统一和联系、相互依赖和整体性的认识的一个阶段”①；对规律的掌握，同时也是我们的认识活动所应指向的目标，“认识的真正任务在于经过感觉而到达于思维，到达于逐步了解客观事物的内部矛盾，了解它的规律性，了解这一过程和那一过程间的内部联系，即到达于论理的认识”②。我们对于思想政治教育有效性问题的探讨，其目的也正在于掌握思想政治教育有效性实现的客观规律，用以指导我们的思想政治教育实践，增强思想政治教育的有效性。因此，在沿着思想政治教育有效性确立的基本运行历程对思想政治教

① ［苏］列宁著，中共中央马克思恩格斯列宁斯大林著作编译局译：《哲学笔记》，人民出版社1956年版，第132页。

② 《毛泽东选集》第1卷，人民出版社1991年版，第286页。

育要素、过程、结果分别从静态与动态的视角进行整体性的阐述之后，我们接着对思想政治教育有效性实现中的带有规律性的问题作进一步的探讨。

一 关于思想政治教育有效性的实现

在开始具体探讨思想政治教育有效性实现的规律之前，我们有必要对“思想政治教育有效性的实现”作出明确的界定。在本书的论述过程中，我们已经指出，有效性即作为价值客体的事物或活动在特定的价值关系中所表现出的满足价值主体相应需要的积极属性。对于客观的实践活动而言，探讨其有效性包含着两个不可分割的方面：其一，在结果的意义上理解活动，将活动的产物、活动的实际效应作为价值客体，分析其对相应价值主体的实际效用，评判其有效性；其二，在过程或手段的意义上理解活动，将过程或者说手段作为价值客体，分析其对相应活动目的、应有结果的实现所具有的实际效用，评判其有效性。与此相适应，有效性的实现，可以具体指第一个层面中有效性的实现问题，也可以具体指第二个层面中有效性的实现问题。

有效性问题探讨中的上述双重性及其所导致的“有效性实现”内涵的双重性，也使得我们可以从两个方面来理解思想政治教育有效性的实现问题。其一，将“思想政治教育有效性的实现”理解为思想政治教育对社会、个体以及思想政治教育活动的持续开展等所应具价值的实现，即其所应具有的满足社会认同需要、社会动员需要、社会精神构建需要以及个体社会适应需要、发展需要、享用需要等价值的具体实现。其二，将“思想政治教育有效性的实现”理解为思想政治教育的实际运行对于社会、个人所期望的思想政治教育应具功能的实现，即思想政治教育的实际运行对社会所决定的思想政治教育目的、思想政治教育所担负使命的实现。在这里，第二个层面关系到思想政治教育是有效还是无效的问题，是第一个层面有效性实现的前提。因而，相比较而言，第二个层面具有更基础性的意义。因此，我们所将要展开的对于思想政治教育有效性实现中规律性问题的讨论，以对“思想政治教育有效性的实现”第二层面的理解为立足点。

二 主导主体问题

思想政治教育活动是思想政治教育者、教育对象等多种要素相互作用而构成的实践活动。思想政治教育有效性的实现及其实现的程度，与思想政治教育者、教育对象在整个思想政治教育活动中主导作用、主体作用发挥的程度密切相关。

1. 思想政治教育者与教育对象之间的关系在诸思想政治教育要素关系中主导地位的确立及其主导作用的发挥程度，直接关系到思想政治教育有效性的实现及其实现程度

前文已经指出，思想政治教育的要素包括思想政治教育者、思想政治教育对象、思想政治教育内容、思想政治教育目的、思想政治教育方法、思想政治教育情境六个方面。这六个方面的要素相互联系、相互作用，构成了多对思想政治教育要素关系。这些思想政治教育要素关系都与思想政治教育有效性的实现之间有着种种联系，影响着思想政治教育有效性的实现。如思想政治教育方法与教育对象的关系如何，即教育方法是引起教育对象的逆反还是悦纳、是适合教育对象的接受能力还是高于或低于教育对象的接受能力等，便是直接关系到思想政治教育有效性实现的因素。但是，对于有效的思想政治教育活动而言，思想政治教育要素构成的多对关系，并不是处于同一层次的平列关系，而是有层次之分的。在这些关系中，思想政治教育者与教育对象的关系处于核心的位置，在诸要素关系中处于主导地位，在整体上制约、主导着其他思想政治教育要素关系的状态及其变换。换言之，也只有所有其他的思想政治教育要素关系以思想政治教育者与教育对象之间的关系为自身确立与转换的依据时，思想政治教育活动才可能成为有效的活动，思想政治教育有效性才有可能得以最大限度地实现。

2. 思想政治教育者与教育对象主体作用发挥的程度，直接关系到思想政治教育有效性的实现及其实现程度

就整体而言，我们不能笼统地以主客体或双主体等词汇来表示思想政治教育者与教育对象。但是，当我们深入到思想政治教育过程内部，解析思想政治教育过程的内在结构时，便可以发现在有效的思想政治教育过程中所内含的分别以思想政治教育者、教育对象为主体和分别以对方及其他相关思想政治教育要素为客体的多个有机联系着的活动的存在。这些活动除了前文所阐明的思想政治教育者的意识活动、实践活动与教育对象的意识活动、实践活动等①之外，还有思想政治教育者、教育对象同时以主体的身份出现并观照共同的客体——思想政治教育内容时所构成的主体之间的关系及在这一关系下所进行的主体间的活动。这上述五个方面的活动，均以思想政治教育者、教育对象的主体性、主体作用的发挥为展开的前提。缺乏主体性的思想政治教育者不可能饱含着鲜明的主体意识投入思想政治教育活动，不可能将教育对象真正地纳入自己的教育实践活动域，使之成为真正意义上的自己教育实践活动的对象；缺乏主体性的教育对象也不可能有在相应的限度中领会思想政治教育内容的能力，不可能生成积极的“自我意识不等”并由此产生自我教育的意向和冲动。在思想政治教育活动中，思想政治教育者与教育对象的主体间的活动主要表现为思想政治教育者与教育对象之间以基于对共同的对象——思想政治教育内容的认识而进行的相互交流、相互影响活动，缺乏主体性，思想政治教育者与教育对象对思想政治教育内容的认识不可能达到应有的深度，在这样的基础上，他们之间的交流同样不可能是深刻的、积极的。正如有的学者所指出的：“人的活动的有效性的源泉就在人的活动本身，在于这种活动的投入过程中主体作用的有效性。”② 思想政治教育者与教育对象的主体性作为其主体作用有效发挥的基础，也便直接关系到思想

① 见本书第三章。

② 郭湛：《人活动的效率》，人民出版社 1990 年版，第 43 页。

政治教育有效性的最终实现。

3. 思想政治教育者主导作用的发挥程度，直接关系到思想政治教育活动的运行方向、运行状态，关系到思想政治教育有效性的实现及其实现程度

思想政治教育是具有鲜明社会目的性、阶级目的性的活动，是按照特定社会、阶级的要求对人们进行思想政治素质塑造的活动。思想政治教育的社会目的、阶级目的不可能自发地实现，它必须通过作为社会、阶级代言人的思想政治教育者对整个思想政治教育活动主导性作用的发挥才能得以实现。思想政治教育的有效性，以思想政治教育的积极社会效应，以思想政治教育对特定社会需求的满足为重要内涵。因此，思想政治教育有效性的实现，其归结点之一即思想政治教育对相应社会目的、阶级目的的实现。同思想政治教育的社会目的、阶级目的的实现离不开思想政治教育者主导作用的发挥一样，思想政治教育有效性的实现也离不开思想政治教育者主导作用的发挥。在思想政治教育活动中，思想政治教育者的主导作用表现为其对具体思想政治教育目的的设定，对思想政治教育内容按照教育对象的身心特点与接受规律进行的编制，对教育对象进行相应的情感激发、需要强化，对教育对象在教育活动中所传递的种种反馈性信息进行分析并由此调整自己的教育实施方案等。除此之外，思想政治教育者的主导作用还表现为其对以教育对象为主体的意识活动和实践活动的引导。思想政治教育者通过自己主导作用的发挥，不断地协调思想政治教育诸要素之间的关系，促成思想政治教育者的意识活动、实践活动和教育对象的意识活动、实践活动的充分展开，保证思想政治教育活动沿着特定方向运行，从而保证思想政治教育有效性的实现。

三 要素效能问题

如果将思想政治教育活动视为一个动态发展着的系统，那么，思想政治教育有效性的实现就是系统整体功能的实现。系统的整体功能能否实现以及功能的大小，与构成系统的诸要素的结构有关，同时也以要素具有充足的相应效能为基本前提。

在思想政治教育活动中，不同的思想政治教育要素担负着不同的职能。不同的职能要求不同的思想政治教育要素具有不同的效能。具备有相应效能的思想政治教育要素即有效的思想政治教育要素。对于有效思想政治教育要素所具效能的基本内涵，我们已经在前文进行过专题讨论①。概括而言，思想政治教育者与教育对象分别是思想政治教育过程中相应子过程中的主体，他们以其他思想政治教育要素所不具有的活跃性，赋予思想政治教育其他要素以具体效能，并促成这些思想政治教育要素的效能由潜在态转化为现实态，从而能动地推动着思想政治教育活动的整体进程。有效思想政治教育者与教育对象所应具备的效能包括势能维、动能维两个维度。思想政治教育者的势能维效能具体表现为思想政治教育者强烈的主体意识、对思想政治教育工作的事业心和责任感，动能维效能具体表现为思想政治教育者的政治修养、人格素质、理论准备、教育实践能力等。思想政治教育对象的势能维效能具体表现为思想政治教育对象的思想需求、自觉意识、接受活动与相应践履的主体意识等，动能维效能具体表现为思想政治教育对象相应的知识准备、接受力等。思想政治教育内容的效能即其对于实现特定的思想政治教育目的所具有的积极效用、能量。思想政治教育内容效能的大小取决于其目的指向性、真理性、真实性及其与思想政治教育对象的多方面相关性。思想政治教育内容的效能通过其与思想政治教育目的、思想政治教育者、教育对象等的关系表现出来，思想政治教育内容越鲜明地浸透着思想政治教育目的的要求、越能为思想政治教育者透彻掌握和自如表达，越适合于教育对象的思想需求，接受规律，其效能也就发挥得越好。思想政治教育目的的效能即其对于协调思想政治教育诸要素的关系、激活思想政治教育诸要素的效能、推动思想政治教育过程朝着有利于自身实现的方向发展所具有的积极效用、能量。思想政治教育目的的效能取决于目的的可实现性

① 见本书第二章。

等。思想政治教育诸要素是否具备充足的特定效能，直接关系到思想政治教育有效性的实现及其实现程度。

四　结构匹配问题

"匹配"是柯尔伯格在其道德教育理论中经常运用的一个概念，指教师的水平与参与道德交往的儿童的水平之间的适宜关系①。我们在此借用这一术语，用以表示以相应的结构形式联系在一起的思想政治教育要素之间的相应性。这种相应性，直接关系到思想政治教育有效性的实现及其实现的程度②。

结构匹配的核心内容是思想政治教育者在深刻的认识活动基础上，以教育对象的身心特点及其对思想信息的接受规律为基本依据，对思想政治教育的其他要素进行设置与调整，使之与教育对象之间达成一种有利于思想政治教育活动正常进行和有利于思想政治教育有效性实现的匹配关系、相应性关系。其具体表现为：

1. 依据思想政治教育对象的思想状况与接受特点，选择相应的教育方法，达成教育方法与教育对象之间的匹配

只有与教育对象的思想状况、接受特点相匹配的教育方法，才可能成为有效方法，才可能推动思想政治教育有效性的实现。在给拉甫罗夫的信中，恩格斯就曾指出："我们当中的每一个人都或多或少地受着我们主要在其中活动的精神环境的影响。对于俄国（您对自己在那里的读者了解得比我清楚），对于依靠'感情上的

---

①　参见 Kohlberg L.. Moral Education in the School：A Developmental View. The School Review，Vol. 74，No. 1，1966.

②　对于思想政治教育有效性实现中的这一规律性问题，国内也有学者称之为"要素协同规律"，认为"要素协同是思想政治教育有效性的必要条件"，"思想政治教育诸要素，在空间上的一致性和时间上的连续性同思想政治教育的有效性之间呈正比例"，"所谓要素协同规律，是指要实现思想政治教育的有效性，必须使思想政治教育的诸要素，在空间上保持一致性，在时间上保持连续性"。见陈秉公：《思想政治教育学》，吉林大学出版社 1992 年版，第 157~158 页。

联系’，依靠道义感的宣传性刊物，您的方法可能是比较好的。对于德国，由于虚伪的温情主义已经并且还在继续造成闻所未闻的危害。这种方法并不合适，它会被误解，会被歪曲为温情主义的。”①列宁对于教育方法与教育对象之间的匹配问题也极其关注，在谈到有些社会民主党党员声明“社会主义是我的宗教”这一观点的时候，列宁明确指出：“这种声明确实背离了马克思主义（因而也就背离了社会主义），但是这种背离的意义和所谓的比重在不同环境下可能是不相同的。如果一个鼓动员或一个在对工人群众讲话的人，为了说得明白一点，为了给自己的解释开一个头，为了用不开展的群众最熟悉的字眼更具体地说明自己的观点，而说了这样一句话，这是一回事。如果一个著作家开始宣扬‘造神说’或造神社会主义……那是另一回事。在前一种情况下，提出申斥就是吹毛求疵，甚至是过分地限制鼓动员的自由，限制他运用‘教育手段’来施加影响的自由，而在后一种情况下，党的申斥却是必须而且应该的。‘社会主义是宗教’这一论点，对某些人来说，是从宗教转到社会主义的一种方式，而对另一些人来说，则是离开社会主义而转到宗教的一种方式。”②

2. 为达到同样的思想政治教育目的，对不同的思想政治教育对象也应具体确定不同的思想政治教育内容，达成思想政治教育内容与思想政治教育对象之间的匹配

教育内容与教育对象之间的匹配关系是否确立，关系到教育对象能否接受教育内容，关系到教育对象接受教育内容之后是否能形成教育目的所指向的思想政治素质，从而直接影响到思想政治教育有效性的实现。教育内容与教育对象的匹配关系通过两个方面表现出来：一方面，思想政治教育者依据其所深刻把握到的教育对象的既有思想状况与接受特点对教育内容进行重新编制，实现教育内容

① 《马克思恩格斯选集》第4卷，人民出版社1995年版，第622页。
② 《列宁全集》第17卷，人民出版社1988年版，第395~396页。

由第一层面向第二层面的转换①，从而达成教育内容与教育对象的匹配，提高教育对象对特定教育内容的接受能力与接受效果，促成思想政治教育有效性的实现。另一方面，思想政治教育者根据教育对象的既有思想状况及思想倾向，为实现特定的思想政治教育目的选择特定的教育内容，以达成教育内容与教育对象的匹配，促成教育对象在教育内容的影响下形成思想政治教育目的所指向的思想政治素质，从而促成思想政治教育有效性的实现。这一意义上的教育内容与教育对象的匹配，犹如我们在日常生活中经常提及的“对症下药”。对于这一问题，我们还可以从列宁关于国际主义教育的一段论述中得到具体的理解。同样是国际主义教育，“在压迫的大民族和被压迫的小民族中，在兼并的民族和被兼并的民族中，能够具体地相同吗?”列宁明确指出：“显然不能。要达到使一切民族完全平等、亲密接近和进而融合的共同目的，显然要走各不相同的具体道路，就拿达到这一页书的中心点的方法来说吧，从它的一边向左走和从相对的一边向右走，都是一样的。如果压迫的、兼并的大民族中的社会民主党人一般地鼓吹民族融合，而哪怕是一分钟忘记了‘他的’尼古拉二世、‘他的’威廉、乔治、彭加勒等等也主张和小民族融合（用兼并手段），忘记了尼古拉二世主张和加里西亚‘融合’、威廉二世主张和比利时‘融合’等等，那么，这样的社会民主党人在理论上就是可笑的学理主义者，在实践上就是帝国主义的帮凶。”“在压迫国家里，对工人的国际主义教育的重心必须是宣传并且要工人坚持被压迫国家有分离的自由。不这样，就没有国际主义。如果压迫民族的任何一个社会民主党人不进行这种宣传，那么我们就可以而且应当鄙视他，把他看作帝国主义者，看作坏蛋。”“相反地，小民族的社会民主党人应当把自己鼓动工作的重心放在我们总的提法中的另一句话上：各民族的‘自愿联合’。”“不仔细考虑问题的人，会以为压迫民族的社会民主党人坚持‘分离自由’而被压迫民族的社会民主党人坚持‘联合自由’是‘矛盾的’。可是，只要稍微思索一下就可以知道，没有而且不可能有

① 见本书第二章。

达到国际主义和民族融合的其他道路，摆脱现在的状况而达到这个目的的其他道路。”①

3. 思想政治教育情境与思想政治教育对象的匹配

教育情境的重要内容是思想政治教育过程中的精神氛围。教育情境与教育对象的匹配关系即思想政治教育活动所依托的精神氛围与教育对象思想意识形成规律、思想意识接受规律的匹配和吻合。这一匹配关系的重要表现即思想政治教育者与教育对象之间友好、平等、信任、尊重等关系的形成。这种关系确立与否，直接影响着教育对象在整个思想政治教育活动中主体性是否得以发挥及发挥的程度，影响着教育对象在整个思想政治教育活动中的接受状态（教育对象的接受状态也同时反过来制约着教育者的施教状态），从而直接关系到思想政治教育有效性的实现问题。中国古典文献《礼记·学记》所阐述的“安其学而亲其师，乐其友而信其道”，所揭示的正是良好的教育情境、良好的接受状态与良好的教化效果之间的正相关关系。皮亚杰强调在引导儿童道德发展的过程中，成人应当是一个协作者而不是一个主人。雅斯贝尔斯认为教育者与教育对象应处于一种“爱”的关系之中，而非控制的关系之中。他指出：“控制是针对自然与人而言的，其方法是主客体在完全疏离的情况下，将我（主体）的意志强加于他人身上”，“控制并非爱，控制固守着人与人心灵无交流隔绝状态的距离，使人感觉到控制者不是出于公心，而是在使用狡计，并以被控制者个性泯灭为代价。爱则是对人不自由的束缚的解脱。正是因为有个性泯灭的人存在，而人与人之间通过教育而平等交流就是驱逐愚昧和塑造性格的最有利的形式。”② 如此等等，都是在强调教育情境与教育对象之间的匹配对思想政治教育有效性实现的意义。总之，思想政治教育诸要素之间是否具有相应的匹配关系，直接关系到思想政治教育有效性

① 以上见《列宁全集》第28卷，人民出版社1990年版，第42~44页。

② ［德］雅斯贝尔斯著，邹进译：《什么是教育》，生活·读书·新知三联书店1991年版，第5~6页。

的实现及其实现的程度。

五 过程的充分性及可持续性问题

思想政治教育过程是思想政治教育者与教育对象交互作用的过程，是实现思想政治教育要素的效能由潜在态向现实态转化，最终实现思想政治教育目的的过程。思想政治教育过程的运行状态，直接关系到思想政治教育有效性的实现。其中，思想政治教育过程运行的充分性、可持续性是最为关键的问题。

1. 思想政治教育过程的展开是否具有充分性，直接关系到思想政治教育有效性的实现及其实现程度

思想政治教育过程的充分性首先表现为一个相对完整的思想政治教育过程所内含的诸子过程的充分展开。正如前文所曾指出的：理想态的思想政治教育过程由思想政治教育者的意识活动过程、实践活动过程和思想政治教育对象的意识活动过程、实践活动过程等四个子过程构成①。思想政治教育过程的充分展开，即其所内含的四个子过程不可或缺的共同展开。缺少任何一个子过程的充分展开，思想政治教育过程都是不充分的，都不能构成完整的思想政治教育过程，也无法推动思想政治教育有效性的实现。子过程的充分展开，除了四个子过程的全部展开从而构成思想政治教育过程的充分性之外，子过程的运行本身也要具有充分性，即思想政治教育者、教育对象均以积极的、自觉能动的主体身份出现于各自相应的意识活动、实践活动之中，实现子过程活动本身的充分性。缺少任何一个子过程，思想政治教育过程都是不充分的；任何一个子过程进行得不充分，也必然会导致思想政治教育过程在相应环节的中断，同样造成思想政治教育过程的不充分，从而直接影响思想政治教育有效性的实现。

---

① 见本书第四章。

2. 思想政治教育过程的展开是否具有可持续性，直接关系到思想政治教育有效性的实现及其实现程度

人们思想政治素质的形成不是一蹴而就的，而是长时期接受教育的结果。与此相适应，真正有效的思想政治教育过程也不是随着思想政治教育者的意识活动、实践活动和教育对象的意识活动、实践活动这四个子过程一次性运行的结束而结束的，它处于一个不断反复的持续进程之中。一个个相对完整的思想政治教育过程前后相继，构成持续不断、往复不已的思想政治教育过程的链条。与教育对象相应思想政治素质形成发展的长期性相一致的思想政治教育过程的持续不已，构成思想政治教育有效性实现的重要条件。

与思想政治教育过程的可持续推进相适应，直接关系到思想政治教育有效性实现的还有思想政治教育过程的一致性问题。这种一致性，表现为思想政治教育持续进程中所传递的教育内容、所依据的教育目的的一致性。但是，思想政治教育内容、目的的这种一致，不是同样内容的简单反复，也不是在反复不已的思想政治教育过程中固守同一个具体的思想政治教育过程的目的，而是思想政治教育内容、教育目的在整体指向上的高度一致。在整体指向高度一致的前提下，思想政治教育的整体内容依据思想政治教育活动的具体进程分化为前后紧密衔接——前者构成基础、后者构成深化——的“一以贯之”而又循序递进的思想政治教育内容体系。在整体指向高度一致的前提下，分属于一个个具体思想政治教育过程的具体教育目的，构成一个互为目的——手段的目的链。思想政治教育过程的这种一致性同时构成思想政治教育过程充分性的基础。在高度一致性的基础上，思想政治教育充分的、可持续的展开的过程，就是推动思想政治教育有效性一步步趋向实现的过程。

六　合力构成问题

教育对象相应思想政治素质的形成发展是多种力量交互作用的产物，思想政治教育只是影响教育对象思想政治素质形成发展的诸种力量之一，只不过这种影响力量较之其他影响力量而言，具有鲜明的计划性、组织性、目的性、主动性而已。影响人们思想政治素质形成的诸力量能否形成合力，直接关系到思想政治教育的有效性能否实现及其实现程度的大小。在此，合力的形成有着多层含义：

1. 思想政治教育者的思想政治教育行为的影响力与非思想政治教育行为的影响力之间要形成合力

教育者的思想政治教育行为是教育者为着特定思想政治教育目的的实现，传递相应思想政治教育内容的有意识的行为，这种行为对教育对象有着重要的引导作用。但是，思想政治教育活动作为人与人之间的交互作用过程，教育者作为一个完整的个人，其非思想政治教育行为也同时在这种交互作用过程中对教育对象发挥着重要影响作用。且在很大意义上，在教育对象看来，教育者的非思想政治教育行为又具有极为直接、有力地印证教育者所传递的思想政治教育内容的力量，因而教育者的非思想政治教育行为不仅具有重要影响力，而且往往制约着教育者思想政治教育行为影响力的大小、强弱。中国传统的教化论中反复强调身教重于言教，反复强调教化者的人格修养在教化中的意义，也包含着中国古人对教化者非教化行为的教化意义、非教化行为与教化行为的一致性对于教化的意义等的深刻认识。思想政治教育有效性的实现，要求思想政治教育者言行一致、表里如一，达成其思想政治教育行为与非思想政治教育行为的高度耦合。

2. 致力于思想政治教育对象思想政治素质培养的思想政治教育影响力与致力于思想政治教育对象思想政治素质之外其他素质发展的教育影响力之间要形成合力

个体的素质，是一个完整的有机体。我们可以将之剖解为不同的方面进行认识，也可以借助不同的教育影响力谋求其对个体素质相应部分的重点影响，以期个体素质相应部分的发展，但是，我们却不能够在相互隔离的状态下培养个体素质的不同部分，在机械组合中企求整体意义上的个体素质的形成和发展。个体素质的不同部分之间存在的互为支撑、互为制约的关系，决定了思想政治教育的有效性只有在思想政治教育影响力与作用于个体思想政治素质之外的其他教育影响力的高度耦合中才能实现。

3. 进行思想政治教育的各种力量之间要形成合力

思想政治教育是一项系统的工程，不只是思想政治教育者的事。家庭、学校、社会等都是思想政治教育的重要渠道，在实际生活中，它们每时每刻也都在发挥着影响生活于其中的个体的力量。这种来自于不同渠道的教育影响力，只有与思想政治教育影响力的方向一致，才有助于思想政治教育有效性的实现。如果学校讲集体主义、家庭讲实惠主义、社会宣扬享乐主义，那么，便不可能收到理想的思想政治教育效果。

七　生态契合问题

思想政治教育处于复杂多变的社会物质、精神环境之中，这种社会物质、精神环境构成思想政治教育的生态。不同的生态，决定着有生命力的思想政治教育的具体模态。换言之，思想政治教育生命力的活跃程度，思想政治教育有效性的实现及实现程度，与思想政治教育和相应思想政治教育生态之间的契合程度直接相关。

思想政治教育与相应思想政治教育生态的契合表现在：

1. 思想政治教育目的—内容系统与相应思想政治教育生态的契合

一方面，思想政治教育的目的、内容能否在现实生活中为人们广泛地接受、践履，最终决定于人们的社会物质生活条件。因此，思想政治教育的目的—内容系统必须构建在对人们实际社会物质生活条件深刻洞察的基础之上，与人们实际社会物质生活条件的发展水平相契合。思想政治教育目的—内容系统与人们实际的社会物质生活条件发展水平是否契合，直接决定着思想政治教育的目的—内容系统是否有可实现性、有效性，也直接关系到思想政治教育有效性的实现。另一方面，思想政治教育目的—内容系统必须契合于思想政治教育对象具体的思想意识状态。有了这种契合性，思想政治教育的目的—内容系统才有针对性，也才有实效性。

2. 思想政治教育方式方法系统与思想政治教育生态的契合

在不同的主客观环境中，思想政治教育对象表现出不同的思想意识特征，同时，也表现出不同的思想意识形成规律、思想意识接受特点。如在社会主义市场经济条件下，思想政治教育对象在思想意识接受方面与计划经济条件下的思想政治教育对象相比较，其自主性、个体性就要更强烈些。在不同的主客观环境中，思想政治教育对象接受思想信息的方式也会表现出极大的不同。在信息技术落后的状态下，人们的思想信息接受行为大多以集体听报告、广播等形式进行，但在信息技术空前发达的条件下，人们则习惯于以个体化、主动化、隐蔽化的方式借助现代网络技术获取思想信息。这就要求思想政治教育必须针对具体的思想政治教育生态，确立相应的思想政治教育方式方法体系。

综上所述，思想政治教育者和教育对象主体作用与主导作用发挥的程度、思想政治教育要素是否具备充足的特定效能、思想政治教育诸要素之间是否具有相应的匹配关系、思想政治教育过程的展开是否具有充分性和可持续性、思想政治教育与相应的教育生态是否契合及契合程度的大小等，直接关系到思想政治教育有效性的实现及其实现的程度。这些都属于思想政治教育有效性的实现中带有规律性的一些问题。这些方面的相互联系及其运行状态规定着思想政治教育有效性实现的基本历程及其必然趋向。努力把握上述方面的基本内容，弄清思想政治教育有效性实现中内在的、本质的必然性联系，对于认识思想政治教育有效性实现的客观规律，切实增强思想政治教育的有效性，具有不可忽视的方法论意义。

第六章

切实增强党的思想政治教育的有效性

我们在前文考察了中外思想家关于思想政治教育有效性问题的理论探索史，并运用系统科学等方法分析了思想政治教育要素、过程、结果的有效性问题。历史方面的考察以及我们对思想政治教育有效性基本理论的剖析，其着眼点或者说落脚点，正在于切实提高新的社会历史条件下中国共产党思想政治教育实践的有效性。因此，在完成了对思想政治教育有效性问题的历史方面的考察及基本理论的探讨之后，我们有必要将视角转换到对如何提高我党思想政治教育有效性这一重大现实问题的思考上。

一　加强和改进党的思想政治教育重在增强有效性

如何切实增强有效性，是新的形势向党的思想政治教育提出的重大现实课题。1978 年 12 月，党的十一届三中全会的召开，吹响了中国改革开放和现代化建设的号角。以此为契机，党的思想政治教育也迅速实现了思想认识领域的拨乱反正，并由此展开了全方位的建设。30 多年来，党的思想政治教育在队伍的建设、运行机制的构建、指导性文件的规划和制定、学科的建设等方面，都取得了突破性的进展，在社会主义改革开放和现代化建设的进程中发挥了巨大作用。然而，改革开放的 30 多年，是中国社会发生急剧变化的 30 多年。经济体制由计划经济向市场经济的转变，社会生活由相对封闭向全方位开放的转变，以信息技术为重要内容的现代高新技术的迅猛发展，如此等等，都不能不引起人们思想观念与思维方式的深刻变化。因此，改革开放的 30 多年，既是党的思想政治教育由理念到实践方式诸层面逐步重新构建的 30 多年，也是党的思想政治教育直面社会环境与教育对象迅速变化的 30 多年；既是党的思想政治教育发挥重要作用的 30 多年，也是党的思想政治教育既有运行模式与变化了的环境、对象愈益不相适应的 30 多年。这种不相适应，加之其他方面一些因素的影响，直接导致了党的思想政治教育有效性不同程度的弱化。这种弱化，与中国特色社会主义建设事业对党的思想政治教育有效作用的愈益倚重，形成了强烈对比，更进一步凸显着努力探讨切实增强中国特色社会主义建设进程中党的思想政治教育有效性这一现实课题的深远意义。

在新的世纪，党的思想政治教育面临着崭新的形势。就世界范围而言，信息时代的到来、知识经济的发展、经济全球化的推进、世界格局的变化等，构成了一个急剧变化的世界；从国内方面来看，持续推进的改革开放和社会主义现代化建设、社会主义市场经济的确立和发展、科教兴国战略的实施等，描绘着一幅迅速发展着的中国图景。新的形势，给党的思想政治教育的有效开展提供了良好的机遇。如新的形势更加凸显了加强思想政治教育的极端重要性，为思想政治教育的加强和改进提供了良好的载体、为思想政治教育资源和教育内容的拓展提供了良好契机，等等。但与此同时，新的形势也向思想政治教育的有效开展提出了严峻的挑战。

1. 不同思想文化愈益猛烈的相互激荡对思想政治教育的主导性提出了挑战

在新的世纪，思想政治教育所面临新形势的突出特点之一就在于它的开放性、多元复杂性。各种不同性质思想文化的相互激荡构成思想政治教育所必须面对的思想文化大背景。各种不同性质思想文化的相互激荡表现为三种不同的形态。

其一是随着经济领域全球化浪潮的不断高涨，加之信息化的发展，必然带来世界范围内不同思想文化愈益猛烈的碰撞。不可否认，任何文化体系只有在开放的状态中，才能完成自身的新陈代谢，维持体系生命力的延续。因此，经济全球化浪潮的涌起，以其对不同文化体系间交汇、碰撞运动的推动而具有促进参与这种碰撞运动的所有文化体系吸收异质文化并得以丰富发展的作用。但与此同时，经济全球化浪潮的涌起，对一定的文化体系而言也具有挑战性。在任何形式的文化交流、碰撞中，总是高势位文化掌握交流、吸收的主控权。这便是文化交流的不平等性。当今世界范围内思想文化的相互碰撞，便具有鲜明的不平等性，表现出不平等的输出和接受关系。西方发达国家以其强大的经济实力和先进的科学力量为依托，把持着文化交流中的主动权，控制着文化交流中的流量、流速、流向乃至所传递的文化信息的性质。文化交流中不平等性的进一步发展，便是文化领域中的殖民与被殖民。互联网是经济全球化最普遍的利用工具，是美国和西方借以兜售其意识形态、价值观念和生活方式的最重要的渠道。美国麻省理工学院媒体实验室创始人尼葛洛庞帝在其名著《数字化生存》中指出，在互联网络上没有地域性和民族性，英语将成为标准。美国未来学学者阿尔温·托夫勒在《权力的转移》中指出，未来世界政治的魔方将控制在拥有信息强权的人的手里，他们会使用手中掌握的网络控制权、信息发布权，利用英语这种强大的文化语言优势，达到暴力、金钱无法征服的目的。文化殖民，其态度温和甚至“友善”，手法灵活而且多变，具有极大的现实危害性。在上述文化交汇的大态势下，我国也客观地处于文化交流中的劣势地位，这种劣势地位，使得我们在改革开放、吸收外来文化的过程中，时时难避苍蝇蚊子之类的叮扰。有关学者惊呼“警惕殖民文化”，其原因就在于此。

其二是信息化的发展导致的不同信息内容之间界限明显或模糊的善与恶、是与非的交锋。据有关资料表明，因特网上非学术性信息的47%与色情有关。1995年，美国宾夕法尼亚州卡耐基·梅隆大学发表的一份题为《信息高速公路上的色情市场》的调查报告指出，在过去18个月里，研究人员在因特网上发现平均每天约有1 700多件色情信息扩散到美国50个州的2 000多个城市以及包括中国在内的40多个国家和地区。

其三是我国社会主义改革开放的实践所客观造成的人们思想观念的多元化和不同价值观念的碰撞。如市场经济的发展在孕育平等、民主意识以及契约、法制、效率观念等的同时，又会从另一方面引发不良的社会心态：等价交换的原则，会将一切具有有用性的东西都卷入市场，乃至一些人将良心、肉体、权力等都纳入交易关系之中；利益的驱动，会使各种社会角色所应有的操守与职能被扭曲，滋长拜金主义，引发唯利是图，导致利己主义、个人主义，冲击社会主义、集体主义。所有制结构的调整，市场主体的分化，必然造成人们价值观念的多元化，而大局意识的淡化，团体主义、分散主义和地方保护主义的滋长，会对社会主义意识形态建设形成冲击。总之，思想文化领域中不同思想文化的激荡与碰撞，必然会对思想政治教育所大力提倡的思想价值观念产生冲击，对思想政治教育的主导性提出严峻挑战。

2. 思想政治教育对象生存方式的变化对思想政治教育目的的实现提出了挑战

随着科学技术的进步和社会的发展，人们的生活方式也愈益多样化。人们客观实际的生活方式，本身便是深刻影响人们思想意识观念的一种强大力量。这种力量，可以和思想政治教育形成一种合力，促进思想政治教育目的的实现，但也可以和思想政治教育形成一种悖力，阻碍思想政治教育目的的实现。

在新的世纪，数字化生存、网络化生存等日益成为人们熟知的字眼，它突出表明的是人们日常生活对网络、对信息技术的日益强大的依赖性。这种“网络化生存”，有其促进思想政治教育目的实现的一面，但也有其消极的、不利于思想政治教育目的实现的一面。例如：网络化生存容易导致个体技术主义思想倾向的形成；容易导致个体“个性”主义膨胀，追求个人的绝对自由，一如尼葛洛庞帝在《数字化生存》中所指出的——真正的个人时代已经来临了，我就是我。网络这个“人—机”构成的“虚拟实在”，在使人与机亲近的同时，又不可避免地造成人与人之间的疏远，从而影响个体心理、情感甚或整个人格健康而全面的发展；这个“虚拟实在”，容易诱发网民的不信任态度，强化他们“游戏人生”的心态；这个“虚拟实在”，还容易诱发网民强烈的叛逆性。正如有的研究者所指出的，一些网民往往容易漠视权威、无视中心、忽视规则，具有创造精神和探索精神的网民会加入“黑客”的队伍，他们把网络技术运用看作一种对自我智力的挑战，在网络中越不允许一般网民进入的地方，他们越想进入。网络化生存所带来的上述种种负面影响，无疑有碍于思想政治教育对象身心全面而健康的发展，对思想政治教育目标的顺利实现提出了挑战。

3. 新的形势中所产生的一些理论观点，也对思想政治教育科学性、实效性的增强提出了挑战

例如，在思想政治教育研究中，有个别学者主张面对知识经济的兴起、面对经济全球化的推进，思想政治教育应该加强人类意识、国际意识等内容的教育。不可否认，面对知识经济的兴起及经济全球化的推进，思想政治教育需要在内容方面拓展对全球范围内一些共性问题的关注，但是，面对上述新的形势，思想政治教育在当前所尤应强化的恰恰是鲜明的主体责任意识。无论从客观现实的层面还是从这一客观现实所包含的主观意图的层面，知识经济所加剧的经济全球化进程都客观地包含着对作为发展中国家的社会主义中国具有挑战性的一面。

新的形势对思想政治教育提出的挑战还表现在其他一些方面，限于篇幅，我们不一一列举。我们只有真正认清了思想政治教育所面临的机遇、挑战及其各自的表现形态，思想政治教育的改进才有正确的方向和科学的基础，才能真正促成思想政治教育有效性的增强。

增强党的思想政治教育的有效性，是一项系统的工程。当前，要切实增强党的思想政治教育的有效性，就必须严格遵循思想政治教育的客观规律，始终坚持实事求是，坚持先进性与广泛性相结合、教育与管理相结合、解决思想问题与解决实际问题相结合、精神激励与物质激励相结合、思想政治教育与科学文化教育相结合；注重加强和改善党的领导、加强党的作风和党的理论建设以及加强党的思想政治教育队伍建设；以理想信念教育为核心，构建科学的思想政治教育内容体系；强化新闻媒体、文化艺术的思想政治教育职能，全面推动群众性精神文明创建活动，加强社区文化、村镇文化、企业文化、校园文化等方面的建设，构建适应新形势的思想政治教育载体系统；解放思想，与时俱进，努力探索思想政治教育新的方式方法，积极推进党的思想政治教育模式的相应转换，等等。在上述工作中，我们尤其应该切实加强和改善党的领导，加强党的作风和党的理论建设，加强党的思想政治教育队伍建设，积极推进党的思想政治教育方法创新和模式转换。

二　加强和改善党对思想政治教育的领导

中国共产党是中国特色社会主义建设事业的领导力量。坚持党的领导，是中国特色社会主义建设事业能否顺利推进的核心所在。正是在这一意义上，邓小平反复强调："坚持四项基本原则的核心，是坚持共产党的领导。"① "四项基本原则的核心，就是社会主义制度和党的领导，这是我们立国和团结全国人民奋斗的根本。"②中国共产党对中国特色社会主义建设事业的领导，主要通过政治、思想和组织三个方面的领导表现出来。党在这三个方面领导的实现，都离不开强有力的思想政治教育。就此而言，思想政治教育是党的领导的极为重要的方面。正如江泽民 1994 年 1 月 24 日在全国宣传思想工作会议上讲话时所指出的那样："在我们党领导的各条战线中，宣传思想战线是一条十分重要的战线。在我们党的各级领

① 《邓小平文选》第 2 卷，人民出版社 1994 年版，第 391 页。
② 《邓小平文选》第 3 卷，人民出版社 1993 年版，第 44 页。

导机关中，宣传思想工作部门是一个十分重要的部门。在我们党的干部队伍中，宣传思想工作队伍是一支十分重要的力量。……革命也好，建设也好，要取得伟大的胜利，都离不开宣传思想工作。"①思想政治教育在党的领导中所处的这种位置，使得思想政治教育是否得以加强成为标示党的领导是否得到加强和改善的重要方面，"我们说改善党的领导，其中最主要的，就是加强思想政治工作。……否则党的领导既不可能改善，也不可能加强"②。与此相适应，是否真正、全面地加强和改善党的领导，也同时构成能否做好思想政治教育的关键所在，"为了做好思想政治工作，也要求改善党的领导，改善党的领导制度"③。

对于做好思想政治教育工作而言，加强和改善党的领导首先表现为真正将思想政治教育作为党的领导的重要方面，予以高度重视；表现为彻底克服重视经济工作、忽视思想政治教育的"一手硬、一手软"的现象，充分认识思想政治教育在党的工作中、在中国特色社会主义建设事业中的重要地位和作用，将思想政治教育切实落到实处。思想政治教育的有效性，归根结底，只有在思想政治教育充分展开的基础上才能得以实现。而只有充分认识到思想政治教育在党的领导中所具有的实际意义，思想政治教育的充分展开才会具有相应的思想认识前提；只有真正走出"一手硬、一手软"的怪圈，将加强思想政治教育作为加强和改善党的领导的重要方面认真地加以落实，思想政治教育有效性的实现与增强才会获得必备的实践基础。

对于切实将思想政治教育作为党的领导的重要方面予以高度重视以及坚决克服"一手硬、一手软"等问题，邓小平从改革开放之初起就不断地提醒全党注意。他强调"从原则上说，各级党组

① 江泽民：《在全国宣传思想工作会议上的讲话》，见中共中央文献研究室编：《毛泽东邓小平江泽民论党的建设》，中央文献出版社、中共中央党校出版社1998年版，第619页。

② 《邓小平文选》第2卷，人民出版社1994年版，第365页。

③ 《邓小平文选》第2卷，人民出版社1994年版，第342页。

织应该把大量日常行政工作、业务工作，尽可能交给政府、业务部门承担，党的领导机关除了掌握方针政策和决定重要干部的使用以外，要腾出主要的时间和精力来做思想政治工作，做人的工作，做群众工作。如果一时还不能完全做到这一点，至少也必须把思想政治工作放在重要地位上"①，"在工作重心转到经济建设以后，全党要研究如何适应新的条件，加强党的思想工作，防止埋头经济工作、忽视思想工作的倾向"②。

然而，客观地讲，在我们致力于经济建设的同时，我们党的一些领导部门，并没有始终一贯地认识到思想政治教育在党的整体事业中的重大意义，并没有真正一贯地做到"两手抓、两手都要硬"。这种状况直接影响到了思想政治教育的落实，影响到了思想政治教育有效性的实现。就此而言，增加思想政治教育的有效性，必须加强和改善党的领导，深化对思想政治教育在党的领导中所处位置的认识，纠正忽视思想政治教育的倾向，进而在实践中真正加强思想政治教育，这也是经过事实验证了的增强思想政治教育有效性的一条基本经验。正因为如此，江泽民将邓小平反复提醒全党要加强和改善党的领导、真正加强思想政治教育的教导，概括为我们各级党委加强精神文明建设和做好各项工作必须遵循的指导原则，并指出："现在有些同志整天埋头具体事务，见物不见人，忽视做人的工作和做思想政治工作的领导责任。这种状况必须从根本上加以扭转。各级党委特别是主要领导同志一定要充分认识到，做好人的工作，做好思想政治工作，是在现代化建设实践中把两个文明建设统一起来的中心环节。"③

对于做好思想政治教育工作而言，加强和改善党的领导还有另外一层重要内涵，即要增强思想政治教育的有效性，必须加强和改

---

① 《邓小平文选》第2卷，人民出版社1994年版，第365页。

② 《邓小平文选》第3卷，人民出版社1993年版，第48页。

③ 江泽民：《努力开创社会主义精神文明建设的新局面》，见中共中央宣传部编：《毛泽东邓小平江泽民论思想政治工作》，学习出版社2000年版，第22~23页。

善党对思想政治教育的领导。思想政治教育是党的领导的重要方面，自觉地接受党的领导是思想政治教育的本质要求。思想政治教育是有鲜明政治指向性的特殊教育活动，它直接指向于党的历史使命的最终实现，指向于党所代表的最广大人民群众根本利益的维护和实现。而思想政治教育这种政治指向的实现，也以自觉接受党的领导为前提和保障。概括而言，党对思想政治教育的领导表现为党对思想政治教育的政治领导、思想领导、组织领导。重视思想政治教育是讲政治的重要方面，但思想政治教育本身也存在一个讲政治的问题。自觉地接受党的政治领导，是思想政治教育讲政治的必然要求，也是思想政治教育讲政治的重要标志。党对思想政治教育的政治领导，具体表现为党对思想政治教育重大原则、方针、方向的领导。党对思想政治教育的政治领导，是党的思想政治教育坚持正确方向的保证。党对思想政治教育的思想领导，具体表现为党的指导思想为思想政治教育的开展提供理论基础，党的纲领、路线、方针和政策规划着思想政治教育的目的、任务、内容体系及思想政治教育的方式方法体系。党对思想政治教育的组织领导，具体表现为党对思想政治教育队伍的建设和管理，对担负着思想政治教育职责的各种社会力量的发动和组织。总之，只有加强和改善党对思想政治教育的领导，思想政治教育才能真正作为党的工作的一个重要方面，融入到党的工作的其他方方面面，实现思想政治教育与其他各项工作的有机结合，并随着各项工作的展开而展开，真正发挥其服务于党的整体事业的作用；才能紧密结合中国特色社会主义建设事业的全面推进，构建有针对性与说服力的内容体系；才能围绕着党的根本任务的实现，凝聚各种社会力量，构成强大的思想政治教育合力，从而为思想政治教育有效性的增强创造有利条件。

三　切实加强党的作风建设

增强思想政治教育的有效性，必须切实加强党的作风建设。所谓党的作风，概括而言，就是通过党的行为而体现出的党的精神风貌。加强党的作风建设，建设好党的形象工程，与加强和改善党的领导一样，同样是思想政治教育有效性能否得到增强的重要前提。

首先，党是无产阶级的先锋队，是全国各族人民利益的忠实代表，是中国特色社会主义建设事业的领导核心，“是整个社会的表率”①。党的这种特殊身份，使得党的作风在社会的各种风气中具有至关重要的意义，成为整个社会风气的表率，集中标示着整个社会风气可能的发展方向与发展水平，为整个社会风气的不断改善确立着直观而鲜明的导向。因此，“端正党风，是端正社会风气的关键”②，“为了促进社会风气的进步，首先必须搞好党风”③。而思想政治教育总是处于特定社会环境之中的，整个社会的风气如何，直接影响到社会环境是以有利于人们接受思想政治教育的姿态出现还是以不利于人们接受思想政治教育的姿态出现。加强党的作风建设从而促成整个社会风气的不断改善，就为人们最大限度地接受并践行思想政治教育的目的和内容创造了良好的社会环境，为思想政治教育有效性的增强创造了有利的前提条件。

其次，党的作风，又是党集中向人民群众展现的一面旗帜。这面旗帜光彩如何，直接影响到人民群众对它的基本态度，换言之，党的作风如何，直接影响着人民群众对党是否信任以及信任的程度。在谈到党的作风问题时，邓小平就曾指出：“如果党的组织把群众的意见和利害放在一边，不闻不问，怎么能要求群众信任和爱戴这样的党组织的领导呢?”④ 在中央纪委第六次全会上，江泽民也指出：“现在我们的交通、通信发达了，可是一些地方的党群、干群关系却疏远了。有的党员和干部把为人民服务挂在嘴上，却不好好工作，热衷于吃喝玩乐，请客送礼，肆意挥霍国家钱财，沉溺于歌厅舞场，甚至参与赌博嫖娼。有的热衷于搞形式主义，作表面

① 江泽民：《在中央纪委第六次全会上的讲话》，见中共中央文献研究室编：《十四大以来重要文献选编》（中），人民出版社 1997 年版，第 1687 页。

② 《邓小平文选》第 3 卷，人民出版社 1993 年版，第 144 页。

③ 《邓小平文选》第 2 卷，人民出版社 1994 年版，第 177 页。

④ 《邓小平文选》第 2 卷，人民出版社 1994 年版，第 177 页。

文章，只务虚名，不干实事，'无实事求是之意，有哗众取宠之心'。有的为了个人名利热衷于串门子，拉关系。还可以举出一些现象。这样的干部，怎么可能赢得群众信任？"① 而人民群众的信任，正是构成党的力量的基本源泉。中国共产党之所以能够领导全国人民取得革命的胜利，其中一个重要因素，就是人民群众对党的高度信任。毛泽东在分析党之所以能领导人民进行伟大的抗日战争的原因时，就明确地将人民的信任列为一个重要方面，他指出："党凭借着过去两个革命阶段中的经验，凭借着党的组织力量和武装力量，凭借着党在全国人民中间的很高的政治信仰，凭借着党对于马克思列宁主义的理论和中国革命的实践之更加深入的更加统一的理解，就不但建立了抗日民族统一战线，而且进行了伟大的抗日战争。"② 如果没有人民群众的信任，党就失去了依靠力量，就没有感召力和战斗力，就失去了生存的根本。与此相适应，没有人民群众的信任，也就不可能有人民群众对党的思想政治教育所宣扬的教育内容的信任和对党所确立的思想政治教育目的的积极趋向，也就不可能有思想政治教育有效性的实现与增强。

四　强化思想政治教育的理论支撑

党的理论，是党的思想政治教育得以展开的理论支撑。要增强党的思想政治教育的有效性，必须切实加强党的理论建设，强化党的思想政治教育的理论支撑。一方面，党的理论，是党对自身历史使命及实现这种历史使命所应采取的各种策略的理论认识。"党在理论上的提高，是党的领导的正确性、科学性的根本保证"③，党

---

① 江泽民：《在中央纪委第六次全会上的讲话》，见中共中央文献研究室编：《十四大以来重要文献选编》（中），人民出版社 1997 年版，第 1689 页。

② 《毛泽东选集》第 2 卷，人民出版社 1991 年版，第 612 页。

③ 江泽民：《在庆祝中华人民共和国成立四十周年大会上的讲话》，见中共中央文献研究室编：《毛泽东邓小平江泽民论党的建设》，中央文献出版社、中共中央党校出版社 1998 年版，第 527 页。

的理论建设状况，直接关系到党的战斗力、凝聚力及党的成熟程度，因此也关系到思想政治教育的有效性。注重理论建设在党的建设、在党的事业发展中的重要作用，是马克思主义党建理论的鲜明特征。党的理论建设所达到的高度，直接标志着党的战斗力的大小、凝聚力的强弱，标志着党的成熟程度。“一个知道自己的目的，也知道怎样达到这个目的的政党，一个真正想达到这个目的并且具有达到这个目的所必不可缺的顽强精神的政党，——这样的政党将是不可战胜的”①，“没有革命理论，就不会有坚强的社会党，因为革命理论能使一切社会党人团结起来，他们从革命理论中能取得一切信念，他们能运用革命理论来确定斗争方法和活动方式”②。另一方面，党的思想政治教育，归根结底，即在党的领导下向人民群众传递相应教育内容，以期人民群众形成预期的思想政治素质的活动。思想政治教育内容本身便从属于党所确立、遵循的理论体系，是党的理论体系的组成部分，也是党的理论在思想政治教育活动中的集中体现。思想政治教育的有效性，体现于人民群众对思想政治教育内容的接受，体现于思想政治教育内容对人民群众的说服，而思想政治教育内容要想说服人民群众，它本身就必须彻底，必须抓住事物的根本。要真正抓住事物的根本，贴切、透彻、如实地反映事物的本来面貌及其发展规律，具有强大的说服力，就必须加强思想政治教育内容的理论建设，加强党的理论建设。

加强党的理论建设，必须坚定不移地坚持马克思主义。马克思主义是严密而完整的科学思想体系，它揭示了人类社会发展的客观规律，集中概括了无产阶级运动的实践经验，也极其鲜明地阐述了无产阶级的历史使命，指明了无产阶级历史使命实现的条件。马克思主义是世界观，同时也是方法论，它为我们准确深刻地认识人们思想政治素质发展演变的规律，认识人们思想意识领域矛盾的性质并制定科学有效的引导、化解方法提供着方法论的指导。背离马克思主义，我们就无法科学地阐明党所领导的革命与建设事业的历史

① 《马克思恩格斯全集》第 39 卷，人民出版社 1974 年版，第 139 页。
② 《列宁全集》第 4 卷，人民出版社 1984 年版，第 161 页。

必然性，无法从根本的意义上讲清党在领导革命与建设事业的进程中所碰到的重大理论与实践问题，无法真正分清人们思想政治认识方面的大是大非，也就无法科学预测人们思想政治意识的基本发展方向，构建有效的思想政治教育运行体系。总之，背离马克思主义，思想政治教育内容就没有理论支撑，就不可能抓住事物的根本，就不可能有效地说服、掌握人民群众；背离马克思主义，思想政治教育的实际运行就没有科学的方法论指导，就无法弄清人们思想政治素质形成和发展的客观规律。

党的理论建设，必须始终结合迅速发展变化着的生动实际。建设中国特色的社会主义是前无古人的开创性事业，随着这一事业的不断推进，将会产生一系列新情况、新问题。思想政治教育要真正服务于中国特色社会主义建设事业，就必须敢于面对新情况、新问题，透彻地解析新情况、新问题。只有这样，思想政治教育才能说服人，在社会转型的特殊时期，尤其如此。

要结合迅速变化发展着的生动实际切实加强党的理论建设，首先必须根据中国特色社会主义建设事业的具体实践，大胆地发展马克思主义。是以僵化的眼光来对待马克思主义还是以发展的眼光来对待马克思主义，从来都是判别真假马克思主义者的重要标志。在阐述革命理论的意义时，列宁指出："我们决不把马克思的理论看作某种一成不变的和神圣不可侵犯的东西；恰恰相反，我们深信：它只是给一种科学奠定了基础，社会党人如果不愿落后于实际生活，就应当在各方面把这门科学推向前进。"① 1957年3月12日，毛泽东在全国宣传工作会议上发表讲话时也指出："马克思主义一定要向前发展，要随着实践的发展而发展，不能停滞不前。停止了，老是那么一套，它就没有生命了。"② 在全面开展中国特色社会主义建设事业的新的历史时期，邓小平也指出，"真正的马克思列宁主义者必须根据现在的情况，认识、继承和发展马克思列宁主

① 《列宁全集》第4卷，人民出版社1984年版，第161页。

② 中央宣传部办公厅：《党的宣传工作会议概况和文献》（1951—1992），中共中央党校出版社1994年版，第178页。

义”，“世界形势日新月异，特别是现代科学技术发展很快。现在的一年抵得上过去古老社会几十年、上百年甚至更长的时间。不以新的思想、观点去继承、发展马克思主义，不是真正的马克思主义者”①。他还指出，我们是一个马克思主义的大党，我们自己不重视马克思主义的研究，不按照实践的发展来推动马克思主义的前进，我们的工作还能够做得好吗？我们讲高举马列主义、毛泽东思想的旗帜，不就成了说空话吗？因此，在坚持马克思主义基本原理的同时，一定要以我国改革开放和现代化建设的实际问题、以我们正在做的事情为中心，着眼于马克思主义理论的运用，着眼于对实际问题的理论思考，着眼于新的实践和新的发展。只有在不断的发展中，马克思主义才能获得强大的生命力，以马克思主义武装起来并以马克思主义为主要教育内容的思想政治教育也才有强大的说服力，才能取得良好的教育效果。

要结合迅速变化发展着的生动实际切实加强党的理论建设，还必须在马克思主义的指导下对中国特色社会主义建设所带来的、所面对的实际问题进行理论思考和理论说明。是否紧密联系实际，直接关系到理论的生命力；是否能对生动的现实进行透彻的理论说明，也直接关系到思想政治教育的有效性。说服是共产党人所运用的最基本的思想政治教育方法，而说服力量的大小，在很大程度上受制于其所依靠的理论对现实问题解答的透彻度，“说服教育的力量在于逻辑地论证从分析生活事实和现象中推导出来的结论。掌握逻辑的论据，遵循逻辑思维的基本规律，这是说服教育方法取得效果的必要条件”②。改革开放以后，面对新情况、新问题层出不穷的局面，邓小平反复强调指出，“要在理论上阐述什么是社会主义，讲清楚我们的改革是不是社会主义。要申明四个坚持的必要，反对资产阶级自由化的必要，改革开放的必要，在理论上讲得更加

---

① 《邓小平文选》第3卷，人民出版社1993年版，第291~292页。

② 苏共中央直属社会科学院心理学和教育学教研组编，史民德、何得霖译：《党的工作中的社会心理和教育学》，广西人民出版社1986年版，第137页。

明白"①；"必须从理论上搞懂，资本主义与社会主义的区分不在于是计划还是市场这样的问题"②；"在四个坚持中，坚持人民民主专政这一条不低于其他三条。理论上讲清楚这个道理是必要的"③；对于我们改革开放和现代化建设的构想，"要从理论上进行深刻、实际的阐述"④，等等。这其中的重要原因就在于理论建设是思想政治教育有效性实现的基本前提，只有从理论的高度回答不断出现的实际问题，根据新的丰富的事实对党的各项方针、政策从理论的高度作出新的有充分说服力的论证，"才能够教育全国人民，全国青年，全国工人，解放军全体指战员，也才能够说服那些向今天的中国寻求真理的人们"⑤。

加强党的作风和党的理论建设对于增强思想政治教育有效性的意义，在当前信息技术迅猛发展的条件下，将更加突出。在信息技术落后的条件下，人们通过垂直的通道接受信息，党的组织是惟一权威性的信息源。信息源的这种权威性，"对宣传影响提供了额外的推动力——对信息源的信赖造成所谓的信赖效果。在这种情况下，发言者的威望执行着'间接论证'的职能，弥补了'直接的'职能，并使学员确信所传播的信息是无可争辩的、可靠的、客观的"⑥。但是，信息技术的迅猛发展则是以否定信息权威的姿态出现的。在先进的信息技术愈益广泛地走进人们日常生活的时候，党的思想政治教育原先所具有的"天然"的权威身份必将淡化，而愈益成为人们所客观面对的各种信息源的一种。信息技术的发展否定了信息权威，但是却创设了广阔的信息源"市场"。决定哪个信

① 《邓小平文选》第3卷，人民出版社1993年版，第203页。
② 《邓小平文选》第3卷，人民出版社1993年版，第364页。
③ 《邓小平文选》第3卷，人民出版社1993年版，第365页。
④ 《邓小平文选》第3卷，人民出版社1993年版，第256页。
⑤ 《邓小平文选》第2卷，人民出版社1994年版，第180页。
⑥ 苏共中央直属社会科学院心理学和教育学教研组编，史民德、何得霖译：《党的工作中的社会心理学和教育学》，广西人民出版社1986年版，第201页。

息源能够在人们的信息“消费”中占有更大份额的重要因素，即在于该信息源所传输信息的质量及人们对信息源背后的“信主”的形象感知及信誉认同。要增强思想政治教育的有效性，提高信息的质量及人们对“信主”的形象、信誉的认同，就必须加强党的理论建设和作风建设。

五　造就精干高效的思想政治教育队伍

1996年6月，在纪念中国共产党成立七十五周年座谈会上，江泽民指出，75年来我们有一条基本的经验，这就是党领导的事业要取得胜利，不但必须有正确的理论和路线，而且还必须有一支能坚决贯彻执行党的理论和路线的高素质干部队伍。现在我们党和国家正处在建设中国特色社会主义、实现中华民族伟大复兴的重要历史时期，大力加强干部队伍建设显得尤为重要和紧迫。加强干部队伍建设对于党所领导的整个事业是如此，对于党的思想政治教育的有效进行同样也是如此。思想政治教育者是党的思想政治教育的组织者与实施者，只有加强思想政治教育队伍建设，造就一支结构合理、相对稳定、素质过硬的思想政治教育队伍，思想政治教育的全面落实才有希望，思想政治教育有效性的增强才有组织保证。

对于思想政治教育队伍的建设问题，江泽民多次强调指出，各级党委要从政治上、思想上、工作上、生活上关心这支队伍，建设好这支队伍；宣传思想战线的工作责任重，难度很大，对这条战线的同志，要充分理解，积极支持，既严格要求，又不求全责备，要满腔热情地帮助他们总结经验，提高水平；各级党委要切实重视宣传思想工作队伍的建设，不断提高这支队伍的政治业务水平。

提高思想政治教育者的素质，是加强思想政治教育队伍建设的核心，也是增强思想政治教育有效性的关键。思想政治教育者的素质，是思想政治教育者的“本质力量”。正如前文①所指出的，思

① 见本书第二章。

想政治教育者的素质如何，直接决定着思想政治教育者能否确立以及在何种程度上确立思想政治教育中教育者与教育对象之间教育与接受教育的关系，决定着思想政治教育者能否以及在何种程度上将思想政治教育对象作为自己活动的真正对象予以认识和引导，能否以及在何种程度上理解、把握、传递思想政治教育内容，能否以及在何种程度上将整个思想政治教育的客观进程作为自己认识与作用的对象予以定向、调控和推进。总之，具备相应的素质，是思想政治教育者有效进行思想政治教育的前提条件。思想政治教育者的素质要求，不是一个抽象的、一成不变的东西，它总是具体的，根据时代的发展变化与社会要求的不同而表现出不同的内容与形式。社会的发展变化越迅速、越深刻，及时提高、更新思想政治教育者素质的必要性也就越明显。当代的中国正处于一个迅猛发展的世界之中，正经历着深刻的全方位的变革。经济全球化浪潮的涌来、知识经济的兴起、信息技术的快速发展、国内社会主义市场经济建设的不断推进等，都对思想政治教育者的应有素质提出了新的要求，也都极其明确地告诉我们要适应新的形势，做好思想政治教育工作，就必须加强思想政治教育者素质建设，造就一支高素质的思想政治教育队伍。

对于在当前形势下思想政治教育者所应具备的素质，江泽民概括为“政治强、业务精、作风正”①。准确而全面地领会这一概括的丰富内涵，是我们真正建设好一支素质过硬的思想政治教育队伍的关键所在。

政治强，是对思想政治教育者政治素质的要求。党的思想政治教育有鲜明的政治指向性，它直接服从、服务于党的整体事业，服从、服务于党所代表的最广大人民根本利益。合格的思想政治教育者，应该为党所代表的最广大人民根本利益的最终实现而努力奋斗。在谈及党的思想政治教育者应有的政治取向时，列宁曾明确指出，“每一个宣传员都属于管理和领导整个国家、领导苏维埃俄国

① 江泽民：《在全国宣传思想工作会议上的讲话》，见中共中央宣传部编：《毛泽东邓小平江泽民论思想政治工作》，学习出版社 2000 年版，第 253 页。

同全世界资产阶级制度进行斗争的党。他们代表正在斗争的阶级，代表领导着并且应当领导巨大的国家机构的党"①，在政治教育总委员会"这个机构的工作中首先应该公开承认共产党的政治领导"②，"对于从事社会教育工作、解决社会教育和群众教育任务的政治教育总委员会，特别突出的任务是：配合党的领导，使这一大批工作人员——这支现在已经在为工人服务的50万教育大军——服从总委员会，贯彻它的精神，受到它的主动精神的激励。……现在我们要培养出一支新的教育大军，它应该同党和党的思想保持紧密联系，贯彻党的精神，它应该把工人群众团结在自己的周围，以共产主义的精神教育他们，使他们关心共产党员所做的事情"③。当前，要增强思想政治教育的有效性，就必须加强思想政治教育队伍政治素质的培养与提高工作，使这支队伍具有并保持远大的共产主义理想，坚持正确的政治方向，坚定地走中国特色社会主义道路，坚决贯彻执行党的基本理论、基本路线和各项方针政策；努力实践党的全心全意为人民服务的宗旨，密切联系群众，坚决维护人民群众的利益；解放思想，实事求是，一切从实际出发，善于开拓前进，具有唯物辩证的思想方法和工作方法。

业务精，是对思想政治教育者所应具备业务素质的要求。思想政治教育者的业务素质包括理论素质与能力素质两个方面。其中，理论素质是思想政治教育者业务素质的灵魂。而构成思想政治教育者理论素质灵魂的，则是马克思主义理论。理论素质的高低，关系到思想政治教育者认识思想政治教育对象的思想意识问题、分析社会上的重大理论与实际问题、引导思想政治教育对象准确认识社会并形成良好思想政治素质的成效，关系到思想政治教育有效性的实现与增强。江泽民指出："我们有些同志工作热情高，想干一番事业，这是很好的。但由于缺少理论功底，工作中往往就事论事，不善于对实际问题进行理论思考，不注意从政治上和全局上观察事

① 《列宁全集》第39卷，人民出版社1986年版，第404页。
② 《列宁全集》第39卷，人民出版社1986年版，第402页。
③ 《列宁全集》第39卷，人民出版社1986年版，第403页。

物，在重大原则问题上分不清是非，有的甚至跟着错误的东西跑。”①江泽民所批评的这种现象，就是由于理论素质跟不上而直接影响工作成效的典型例子。思想政治教育者理论素质的高低，还直接关系到思想政治教育的说服力，从而影响到思想政治教育有效性的实现与增强。理论的说服力的发挥，是思想政治教育取得成效的重要渠道。而中国特色社会主义建设的推进历程，恰恰又是必须从理论的高度予以有力回答的种种问题层出不穷的历程。例如，如何看待市场经济与社会主义之间关系的问题，如何理解在新的形势下坚持四项基本原则的必要性和如何理解坚持四项基本原则与发扬社会主义民主之间关系的问题，随着知识经济的兴起如何理解工人阶级地位的问题，如何理解马克思主义劳动价值论的问题，如何看待经济全球化进程中世界范围内思想文化的相互激荡与弘扬中华民族优秀传统文化以及建设中国特色社会主义文化之间关系的问题，等等。诸如此类的问题，不从理论的高度予以深刻的阐明，便不能真正统一人民群众的思想认识，凝聚人民群众的力量为建设中国特色社会主义的共同理想而努力奋斗。而要从理论的高度予以深刻阐明，思想政治教育者本人首先必须从理论上弄清、弄懂这些问题，这就要求思想政治教育者应具有相应的理论素质。

思想政治教育者的理论素质以马克思主义理论为灵魂，但这并不是说思想政治教育者只需要具备马克思主义理论，而是恰恰相反，由于思想政治教育这门关于人的科学本身的高度复杂性，由于思想政治教育对象思想文化素质与思想文化需求的不断提高，也由于建设中国特色社会主义这一前无古人的开创性事业所提出的、需要思想政治教育向人们科学解答的种种新情况、新问题的复杂性，思想政治教育者应有的理论素质必须具有宽域性，涉及社会科学与自然科学等多方面的知识。正如江泽民所指出的，“宣传思想工作者要努力学习理论，学习一点社会主义市场经济和科学技术知识，

① 江泽民：《在学习邓小平理论工作会议上的讲话》，见中共中央宣传部编：《毛泽东邓小平江泽民论思想政治工作》，学习出版社2000年版，第105~106页。

学习一点文学史、音乐史、美术史，了解中国文化和世界文化发展的梗概”①，要“学贯中西”②，“要博览群书，哲学、政治、经济、法律、历史、文学等方面的书籍都应读一些，科技知识也应尽可能多学一些”③。只有具备宽厚的理论基础，思想政治教育者才可能与思想政治教育对象有更多双方都感兴趣的对话域，才可能抓住更多有利的教育切入点，与思想政治教育对象进行更深入的思想交流，以理论的力量感染思想政治教育对象。

能力素质是思想政治教育者素质的另一重要方面。思想政治教育者所应具备的能力素质包括组织开展具体的思想政治教育的能力，激发思想政治教育对象接受意愿、接受需要的能力，清晰、准确、生动地讲解相应思想政治理论的能力，引导思想政治教育对象分析、认识现实生活中重大思想理论问题与实际问题的能力，以及调控思想政治教育整体进程的能力等多个方面。在科学技术迅猛发展的今天，思想政治教育者除了应具备上述能力之外，还必须具有熟练运用现代化的科学技术手段进行思想政治教育的能力。例如，目前互联网已成为越来越多的人们获得信息的重要渠道，在这种情况下，思想政治教育者要有效地开展思想政治教育，就应该掌握上网技术，并且能够通过互联网络发布相关的思想政治教育内容信息，进行网上对话等。苏联学者B.B. 姆什韦尼耶拉泽曾断言：“今天，在科学和技术革命的时代，随着全世界认识的成就和科学的威望史无前例地增加，如果不使用科学的数据、计算机、模型设计和各种信息系统，任何理论都不能指望具有影响或得到普及。”④

---

① 江泽民：《在全国宣传思想工作会议上的讲话》，见中共中央宣传部编：《毛泽东邓小平江泽民论思想政治工作》，学习出版社2000年版，第254页。

② 江泽民：《同出席全国宣传部长会议的同志座谈时的讲话》，见中共中央宣传部编：《毛泽东邓小平江泽民论思想政治工作》，学习出版社2000年版，第254页。

③ 江泽民：《视察人民日报社时的讲话》，见中共中央宣传部编：《毛泽东邓小平江泽民论思想政治工作》，学习出版社2000年版，第257页。

④ ［苏］B.B. 姆什韦尼耶拉泽著，王浦劬等译：《政治现实与政治意识》，中国社会科学出版社1990年版，第46页。

这一断言，虽然过于绝对，但却客观地揭示了理论宣传载体、工具与理论宣传效果之间的紧密联系。江泽民反复强调，思想政治教育要适应新的形势要求，充分运用大众传媒和文化设施，采取容易为群众所接受、所欢迎的方式方法进行。这也正是在强调思想政治教育者对先进科学技术的掌握及将其创造性地运用于思想政治教育中。

作风正，是对思想政治教育者所应具备人格素质的要求。作风，是一个人内在素质的外在表现，是反映一个人人格修养程度的窗口。思想政治教育与其说是以先进思想政治理论来塑造人的活动，还不如说是先进思想政治理论通过高尚的人格来塑造人的活动。高尚的人格，是贴切直观地表现先进思想政治理论的基本载体，它以其对先进思想政治理论的直观、形象的表现，产生一种直接印证先进思想政治理论的榜样示范力量，激发着思想政治教育对象对先进思想政治教育理论的接受欲望与接受行为，促使思想政治教育对象相应思想政治素质的形成。因此，要增强思想政治教育的有效性，思想政治教育者就必须加强人格修养，特别是要增强思想政治教育者的言行与思想政治教育者所宣讲的思想政治教育内容之间的契合性。所谓作风正，最核心的要求即思想政治教育者的作风必须与其所宣讲的思想政治教育内容相契合。说是一套，做又是一套，不可能产生任何教育效果。

作风正的问题，实质即以身作则的问题。是否以身作则，向来被人们视为思想政治教育有效性能否得以实现与增强的关键。早在抗日战争时期，周恩来就明确要求政治工作人员要以身作则。他指出："政治工作人员本身必须在思想上政治上行动上能够做全体官兵的模范，忠实于革命主义，以百折不挠的意志，艰苦耐劳的作风，去影响全体官兵；以谦逊和睦的态度，耐心说服的精神，去团结全体官兵。只有这样，才能提高政治工作的威信，推动政治工作的前进，发展政治工作的效果。一切高傲的出风头的空谈的恶习，以至贪污腐化的生活，必须克服与排除。"① 新中国成立之后，邓

① 《周恩来选集》上卷，人民出版社1980年版，第97页。

小平对于周恩来所强调的这一问题也反复重申，他说："政治干部更要强调以身作则，我们过去在战争年代就是这样。那时，你打仗不勇敢，怕死，你不同战士心连心，不联系实际，不联系群众，做政治工作就没有人听。政治干部不能说的是一套，做的又是一套。红军时代的政治工作条例就规定：'政治指导员进行政治工作全凭本身直接接近群众和熟识红军战士'，'政治指导员不论在执行自己的职务上和个人行动上，均须做全体军人的模范，并且要在言论和事实上来表现'。我们要恢复和发扬政治工作的优良传统，也要靠政治干部以身作则。"① 在谈到精神文明建设时，邓小平也明确指出："搞精神文明，关键是以身作则。"② 邓小平还将各级领导干部身体力行共产主义思想和共产主义道德视为我们党有效教育青年的前提条件，"我们自己在精神上解除了武装，还怎么能教育青年，还怎么能领导国家和人民建设社会主义！"③ 江泽民也指出："古人说'政者正也'，是讲为政者必须身正行直，办事公道，不以私害公。又说：'其身正，不令而行；其身不正，虽令不从。'群众对领导干部是要听其言、察其行的，你说的是一套，做的又是一套，台上讲反腐败，台下搞不正之风，群众怎么会信任你呢？这样的人，实际上已经丧失了领导资格。"④ 这样的思想政治教育者，实际上也已经丧失了做好思想政治教育工作的资格。

造就一支结构合理、相对稳定、素质过硬的思想政治教育队伍，是一项艰巨的系统工程。要加强这支队伍的建设，就必须真正提高全党对思想政治教育地位与作用的认识，在全党、全社会形成思想政治教育职业意识，引导人们将思想政治教育工作作为社会主义中国政治生活乃至整个社会生活系统中必不可少的一种职业来看

① 《邓小平文选》第2卷，人民出版社1994年版，第124~125页。

② 《邓小平文选》第3卷，人民出版社1993年版，第7页。

③ 《邓小平文选》第2卷，人民出版社1994年版，第367页。

④ 江泽民：《加强思想政治建设，提高干部和党员队伍素质》，见中共中央文献研究室编：《十四大以来重要文献选编》（中），人民出版社1997年版，第1197页。

待，从而为思想政治教育队伍的稳定和发展创造良好的思想环境；必须制定科学的思想政治教育者工作考核标准，确立合理的激励、晋升机制，从而为思想政治教育者队伍的稳定和发展提供有力的制度保障；必须加强思想政治教育方面的学科建设，为思想政治教育队伍的建设提供人才资源基地和素质培训基地。

六 积极推进思想政治教育的方法创新与模式转换

创新，是时代的要求和呼唤。面对新的形势，作为我们党的政治优势和优良传统的思想政治教育，也只有高高扬起创新的旗帜，才能真正增强自身的有效性，开创出生动活泼的新局面。正因为如此，江泽民在中央思想政治工作会议上明确指出，面对新形势新情况，思想政治工作在继承和发扬优良传统的基础上，必须在内容、形式、方法、手段、机制等方面努力进行创新和改进，这要成为今后加强和改进思想政治工作的重点。这一论述充分阐明了创新在增强思想政治工作有效性中的地位和作用，对于我们深刻认识思想政治教育创新的重要性、探索思想政治教育创新的规律和原则，具有重要指导意义。

1. 方法创新

邓小平在 1978 年谈到思想政治教育时强调，时间不同了，条件不同了，对象不同了，因此解决问题的方法也不同了。面对新的形势，思想政治教育的方法必须进行相应的创新。在新的历史时期，思想政治教育的对象愈益表现出个性化的特色，社会对人才素质的要求也愈益表现出多面性，思想政治教育可以利用的载体也愈益丰富，在这种情况下，适应于新形势的思想政治教育的方法必定是形态多样的。我们在此不必详细罗列各种具体的方法，但是，从总体上看，适应于新形势的思想政治教育方法需要体现出以下几个方面的特性。

(1) 民主平等性

随着社会的发展，思想政治教育对象的个性化需求、民主平等的要求必然越发明显，与此相适应，思想政治教育的方法必须注重民主平等性，尊重人、关心人、理解人、爱护人，在民主平等的氛围中谋求思想政治教育目的的实现。从另一方面看，民主平等性也是信息化的社会环境对思想政治教育的要求。在现代信息社会，教育者在获取信息的数量和速度上已不再占有优势。在电脑屏幕前，教育者和受教育者都是平等的，甚至教育对象比教育者占有更多的信息。教育对象与教育者之间“信息差”的减少和倒挂现象，客观地要求思想政治教育者强化平等意识，改进教育方法，放下架子，摆正位置，坚持民主协商和说服教育，从而疏通思想症结，增强教育的可接受性。

(2) 动态交互性

21 世纪是信息时代，而交互性正是信息文化的明显特征。正如有的学者所指出的，信息文化的标志无处不在，它的特征不是电子通信——那只是一种附属物，相反，是交互的性质标志着电脑网络空间的特性。这种交互性，是指人们在信息交流系统中发送、传播和接收各种信息时不仅表现为交互的操作方式，而且表现为一种积极的参与性。思想政治教育的实践，也必须强化交互性。思想政治教育者、思想政治教育对象都作为具体思想政治教育活动的不可或缺的主体参与思想政治教育活动，共同设定主题，共同讨论、交流。思想政治教育者在交互性活动中准确把握思想政治教育对象的思想发展动态，进行有针对性的引导；思想政治教育对象在交互性活动中深刻领会思想政治教育者的意图，积极将其内化，付诸实践。具有动态交互性的方法，将使思想政治教育更少臆测性、单向性，更多针对性、确定性，从而取得良好的教育效果。

(3) 开放性

新的世纪是一个经济全球化浪潮愈益高涨的世纪，经济全球化的进程同时也是不同思想文化相互碰撞的过程；新的世纪又是一个信息化的世纪，各种信息技术的运用无疑为人们在最广的范围内迅速地认识世界提供了有力的工具，弹指之间，世界便可尽展眼前。可以说，在新的世纪，思想政治教育面临的是一个开放的世界，它的工作对象是一个开放世界中的具有多种自由性、主动性的个体或群体。与此相适应，有效的思想政治教育方法必须重引导，而不是划禁区；重促进个体正确自我决断力的形成，而不是简单地依照一个一成不变的范式来塑造；让教育对象经风雨、见世面，而不是将其囿于温室之中保其不受风吹雨淋。缺少开放性的那种教育方法，只能是自我封闭，不可能产生什么教育效力。

2. 模式转换

思想政治教育的运行模式，即思想政治教育过程的组织方式。思想政治教育运行模式的优化程度，关系到思想政治教育过程的有效程度，也关系到思想政治教育有效性实现与增强的程度。思想政治教育运行模式是否优化的重要标准之一，即思想政治教育运行模式与思想政治教育生态的合宜性。

我们所处的世纪，是一个迅速变化的世纪。正如有的西方学者所指出的，当今时代，人类正处在一次伟大的转变中，这次转变尽管像有文字记载的历史上的任何一次转变一样深刻，但是要比以往任何一次转变快得多，“变化的速度加快了，稳定时期日益被迅速的、革命性的变革所中断”①。处于这一迅猛转变中的中国，所经受着的转变要更复杂、深刻。一方面，作为一个发展中的大国，我们是在经济、文化相对落后的社会主义初级阶段这一最大国情的基础上推动着现代化的进程。随着这一进程的推进，人们价值观念的多元化、经济利益的多样化、生活方式的多样化、组织形式的多样化都日趋明显地摆在人们面前。另一方面，作为世界的一员，我们又在现代化建设的过程中，同时面对着信息化、经济全球化、知识经济等最初由发达国家掀起的一个又一个所谓的“后现代化”的浪潮。这种独特的发展形势，构成当前思想政治教育的一种崭新生态。面对这一思想政治教育生态，要切实增强思想政治教育的有效性，我们既有的思想政治教育运行模式就必须进行一系列的转换。其中最主要的是实现思想政治教育运行模式由封闭化运行向封闭化

---

① ［美］E. 拉兹洛著，李吟波等译：《决定命运的选择》，生活·读书·新知三联书店 1997 年版，第 27 页。

与社会化运行相结合的转换，由垂直化运行向网络化运行的转换。

(1) 由封闭化运行模式向封闭化与社会化运行模式相结合转换

所谓思想政治教育的封闭化运行，在此专指以具体的生产、工作、生活单位为基本依托，由单位对各自的单位成员进行思想政治教育的运行模式。这种运行模式，在计划经济条件下是具有高度有效性的。因为在计划经济的条件下，社会中的每一个到了一定年龄的个体，都归属于相应的单位并具有严格意义上的单位成员的身份。在这种情况下，在各自单位党委部门领导下所开展的思想政治教育，具有全员覆盖性。这种全员覆盖性，为思想政治教育有效性的实现提供了最为基本、最为首要的条件，它将所有应该接受思想政治教育的成员都纳入到思想政治教育对象的范围。但是，随着社会主义改革的逐步推进，情况则发生了巨大的变化。首先，原有意义上的单位归属式的社会组织方式已经被打破，大批无归属单位的人群出现。其次，单位集合的构成成分也发生了变化，不直接接受党委部门领导甚至不设党委部门的单位纷纷出现。在这种新的形势下，仍旧仅仅按照原有的封闭化的思想政治教育运行模式，便不可能收到理想的思想政治教育效果。这是因为，一方面，仅仅按照原有的封闭化的思想政治教育运行模式，无法覆盖无严格意义上单位归属的人群，使这一部分本应接受思想政治教育的社会主义中国的公民无法纳入到思想政治教育对象的范围之中；另一方面，在一些不直接接受党委部门领导甚至不设党委部门的单位中，也有一部分应该接受思想政治教育的社会主义中国的公民无法纳入到思想政治教育对象的范围之中。因此，在这种新的形势下，要增强思想政治教育的有效性，就必须解决思想政治教育的覆盖面问题。这就要求我们的思想政治教育运作模式由单一的封闭化运行向封闭化与社会化运行相结合的模式转换，并在发挥封闭化运行模式作用的同时，强化社会化运行模式的效力，即成立以思想政治教育为主要职责的社会团体，明确其他相应社会团体的思想政治教育职责，进一步发挥电视、广播、报刊等社会信息媒体引导舆论、开展思想政治教育方面的作用，汇聚强大的从事思想政治教育的社会力量，直接以社会公众为教育、影响对象，从而实现思想政治教育施教主体的社会化、教育资源的社会化、教育对象的社会化，有效解决思想政治教育的覆盖面问题，增强思想政治教育的有效性。

（2）由垂直化运行模式向网络化运行模式的转换

垂直化运行模式是从思想政治教育内容传递方向的角度对思想政治教育运行模式的概括。从思想政治教育内容传递的角度看，有效的思想政治教育运行模式与人群的组织方式及整个社会的信息传递技术的发展有着密切关系。迄今为止，垂直化的运行模式仍然是思想政治教育的主要模式。这种模式，在原来的通过党委领导下的各种社会单位实现对社会成员全员性组织的条件下，以及在当时信息技术尚不甚发达的条件下，具有重要的效力。但是，随着人群组织方式的变化，垂直化的思想政治教育运行模式已经逐渐失去了全员性的人群组织形式方面的依托；当代信息技术的迅猛发展，在极大地拓展人们思想信息获取渠道的同时，也进一步减弱了垂直化思想政治教育运行模式对人们的影响力。人群组织方式的变化、信息技术的发展，是造成垂直化思想政治教育运行模式的效力在一定程度上减弱的外在条件。此外，随着改革开放的推进，随着社会主义市场经济的发展，人们自主意识的普遍增加则又从人们对思想政治教育内容接受的心理机制的角度，减弱着垂直型思想政治教育运行模式的效力。当前思想政治教育有效性的不足，原因之一就在于当垂直型思想政治教育运行模式的效力受到挑战的时候，我们没有确立新的适合于当前人群组织方式新特点、适合于信息技术条件及人们自主意识增强等新变化的思想政治教育运行模式。比如，据我国互联网络信息中心的资料统计，当前我国的 890 万“网民”中，以获取信息为目的者占总数的 57.97%，而以工作需要为目的者仅占总数的 6.75%①。在这 6.75% 的以工作需要为目的的“网民”中间，以进行思想政治教育的需要为目的的“网民”大概更是微

① 中国互联网络信息中心：《中国互联网络发展状况统计报告》，载《网络世界》2000 年 1 月 24 日，第 4 期。

乎其微的，即使这以工作需要为目的的6.75%的“网民”全是为了进行思想政治教育，但与以信息获取为目的的57.97%的“网民”相比，仍是一个微不足道的数字。从以上数据中，我们便足可以察觉出构建适合于高新信息技术条件的新的思想政治教育运行模式的紧迫性。在这种新的形势下，要增强思想政治教育的有效性，就必须实现由垂直化思想政治教育运行模式向网络化思想政治教育运行模式的转换。

对于这种网络化的思想政治教育运行模式，我们可以从两个方面进行理解：

第一，网络化的思想政治教育运行模式较之垂直化的思想政治教育运行模式增加了横向维度的思想政治教育内容传递渠道，即思想政治教育部门、思想政治教育者充分利用网络等现代高新信息技术，在众多的信息传递渠道中占有一席之地，并采取相应措施，增加自身在众多信息传递渠道中的吸引力，在人们自主地通过这一信息传递渠道获取信息的过程中，对人们的思想政治认知进行潜移默化的引导。

第二，网络化的思想政治教育运行模式并不简单否定纵向维度即垂直维度的思想政治教育内容传递渠道，而是将之作为自己的一个重要构成部分。这是因为，一方面，作为一个社会主义国家，在党委部门领导下的社会生产、工作、生活单位仍将在整个社会生产、工作、生活单位中占据最主要的地位，党委部门通过单位进行人群组织的组织形式仍将在相当程度上广泛存在，纵向维度的思想政治教育内容传递渠道仍具有相应的人群组织形式方面的基础；另一方面，高新信息技术的广泛应用，将世界变成了地球村，拓展了人们信息获取的渠道，提高了人们信息获取的速度，但是也在相应层面上构成了对主权国家政治安全的威胁、对人们思想文化健康状况的威胁。在这种情况下，要维护国家的政治安全，维护人们的思想文化的健康，增强人们在信息获取过程中的辨别力，就客观地需要有明确的社会政治价值导向，而纵向维度的思想政治教育内容传递渠道，正可以有效地发挥这种主导作用。

七　坚持思想政治教育的鲜明性

旗帜就是形象，旗帜就是方向。旗帜鲜明是共产党人的一贯品性。作为无产阶级利益的忠实代表，“他们没有任何同整个无产阶级的利益不同的利益”①，因而，他们从来不遮掩自己的观点，而总是明确地向世人表明自己的立场。共产党人的这种一贯品性，也决定了作为党的工作重要一环的思想政治教育必须始终坚持旗帜鲜明的原则。旗帜鲜明还是思想政治教育内在逻辑的必然要求。只有旗帜鲜明，思想政治教育才能向人们展示明确的目的，而目的明确性，正是目的能够有效发挥感召作用、凝聚作用、激励作用的首要条件；只有旗帜鲜明，才能向思想政治教育对象有力地展示应有的价值导向，从而发挥思想政治教育对思想政治教育对象的引导作用。是否旗帜鲜明，也直接关系到思想政治教育者在进行思想政治教育时的精神与行为状态。存在主义教育思想的代表人物马丁·布贝尔在谈及品格教育时就曾指出，不能在隐藏的状态中进行品格教育，“教育不能容许这种玩弄手段的行为。即使学生们并未觉察到这种隐藏的动机，这种隐藏的动机由于使教师失去他所具有的那种坦然直率的力量，也会对教师本身的行动起着消极影响。教师只能以他的整个人，以他的全部自发性才足以对学生的整个人起着真实的影响”②。布贝尔所讲的品格教育虽然有别于我们的思想政治教育，但是他所揭示的有效的品格教育所应有的明确性却完全适用于思想政治教育。当一个思想政治教育者对自己所要传递的思想政治教育内容都不敢理直气壮地宣讲时，我们无法推想这种思想政治教育会具有有效性。因而，是否旗帜鲜明，直接关系到思想政治教育说服力、感染力、震撼力的强弱，关系到思想政治教育有效性的大小。

---

① 《马克思恩格斯选集》第1卷，人民出版社1995年版，第285页。

② 华东师范大学教育系、杭州大学教育系：《现代西方资产阶级教育思想流派论著选》人民教育出版社1981年版，第301页。

对于思想政治教育的旗帜鲜明问题，马克思主义经典作家曾进行过多方面的强调。在《为什么社会民主党应当坚决无情地向社会革命党人宣战?》一文中，列宁就明确指出："轻视理论，对待社会主义思想体系躲躲闪闪、摇摆不定，就必然有利于资产阶级思想体系。"① 毛泽东在同《晋绥日报》的编辑人员谈话时，也提醒作为思想政治教育重要渠道的新闻宣传要旗帜鲜明，他说："我们必须坚持真理，而真理必须旗帜鲜明。我们共产党人从来认为隐瞒自己的观点是可耻的。我们党所办的报纸，我们党所进行的一切宣传工作，都应当是生动的，鲜明的，尖锐的，毫不吞吞吐吐。这是我们革命无产阶级应有的战斗风格。我们要教育人民认识真理，要动员人民起来为解放自己而斗争，就需要这种战斗的风格。用钝刀子割肉，是半天也割不出血来的。"②

在当前新的历史条件下，强调旗帜鲜明，对于增强党的思想政治教育有效性具有尤为重要的意义。随着对外开放的推进，我们在吸收、借鉴其他国家优秀文化成果的同时，也不可避免地面对着各种与社会主义价值观念相对立的腐朽思想文化思潮的涌入；随着社会主义市场经济的确立与深入发展，人们在自主意识、自我意识等不断强化的同时，也在价值观念方面呈现出多元化的趋势；随着经济全球化的不断推进，西方一些发达国家也不失时机地借助这种经济发展的客观趋势，积极推行文化扩张和文化殖民主义，利用先进的信息技术进行意识形态方面的渗透；随着网络的普及，思想政治教育原有垂直型的思想政治教育内容传递渠道逐渐失去了昔日的权威，而逐渐演化为人们众多信息获取渠道的一种，思想政治教育也面临着如何使自身具有比其他信息传递渠道更大吸引力的问题。这些新的情况，要求思想政治教育必须旗帜鲜明，确立社会主义应有的价值导向，有力地抵制各种与社会主义价值导向相悖的思想文化思潮，确立社会主义意识形态的主导地位。否则，思想政治教育将会失去应有的战斗力。正如江泽民在1993年1月15日接见全国宣

① 《列宁全集》第6卷，人民出版社1986年版，第362页。
② 《毛泽东选集》第4卷，人民出版社1991年版，第1322页。

传部长座谈会全体代表时所指出的，宣传思想工作要保持鲜明性的特点，在建设中国特色的社会主义过程中，我们应该提倡什么、发扬什么，应该反对什么、限制什么，不但我们宣传思想战线的同志们和我们的各级领导干部要遵循党的路线方针政策和邓小平同志的理论观点、战略思想，自己首先要认识得十分清楚，并身体力行，而且要通过各种形式的宣传教育，使广大群众也弄得很明白很清楚，在大的原则面前、是非面前，切不可含含糊糊。这也是我们党的宣传思想工作和整个领导工作的优良传统和重要经验。如果在原则、是非面前含含糊糊，就会使我们在工作中陷于不清醒的状态，甚至迷失方向。

当前，要旗帜鲜明地抓好思想政治教育，思想政治教育本身就必须时刻注意讲政治，在重大原则问题上立场鲜明，分清大是大非；必须切实以马克思主义及其在当代中国发展的新成果为指导，坚持党的基本路线和基本方针，科学规划思想政治教育内容体系，注重弘扬爱国主义、集体主义、社会主义主旋律，切实抓好理想信念教育，理直气壮地开展相关教育活动。

综上所述，我们从加强和改善党的领导、加强党的作风和党的理论建设以及加强思想政治教育队伍建设、积极推进思想政治教育方法创新和模式转换等方面简要探讨了思想政治教育有效性的增强问题。需要指出的是，如何切实增强思想政治教育的有效性，是新的时代、新的事业摆在每一位关心社会主义中国前途和命运的人们面前的重大课题。完满解答这一课题，远远不是本书的细微探讨所能企及的。但是，我们完全有理由相信，只要我们真正地本着解放思想、实事求是的精神，科学地分析思想政治教育所面临的新形势，探索新形势下人们在思想信息接受方面表现出的新特点以及人们思想意识形成发展的规律，我们便可以有力地回应新的形势向思想政治教育提出的种种挑战，全面地推动思想政治教育卓有成效地开展。

附录一

论思想政治教育理论研究的新范式与新形态

随着思想政治教育理论研究和学科建设的日渐深化发展，随着改革发展关键时期我国“经济体制深刻变革，社会结构深刻变动，利益格局深刻调整，思想观念深刻变化”① 所带来的思想意识领域一系列崭新课题的不断凸显，我们究竟需要什么样的思想政治教育理论研究？思想政治教育的理论研究如何才能有效应对当代中国发展所面临的重大理论和实际问题？诸如此类的问题便极其明确地提置到我们的面前。或言之，思想政治教育理论自身的发展、中国特色社会主义建设实践的推进和思想政治教育实践的推进，都向我们提出了一个无可回避的重要问题，即：在新的境遇中，我们究竟需要什么样的思想政治教育理论研究以及如何进行这样的思想政治教育理论研究？这一问题，是思想政治教育理论研究和学科建设必须关注的“基点”性问题、“元”问题；如何回应这一问题，事关思想政治教育理论研究和学科建设生命活力的大小，事关我们的研究

---

① 《中共中央关于构建社会主义和谐社会若干重大问题的决定》，《人民日报》2006 年 10 月 19 日。

是被实践提出的种种问题质问得“哑口无言”、被生动发展的实践远远地抛在脑后，还是根据实践的发展变化获得与时俱进的发展、在引领实践中获得更深层次发展的动力和养分。

面对这一问题，我们有必要思考思想政治教育理论研究范式的转换以及思想政治教育理论新形态的建构问题。

一　思想政治教育理论研究已经形成了自己的范式

范式，语出托马斯·库恩（Thomas Kuhn，1922—1996）。在其名著《科学革命的结构》中，库恩以范式及其发展变化为基线阐述了科学发展的基本模式。本文所谓的范式，即相应学术领域中由基本学术旨趣、核心学术概念、主要研究方法、整体话语形态等所构成，且为本学术领域的人们广为认可、遵循、持用的学术研究的范例、模式。从一定意义上讲，一个学术领域的研究范式，就是该领域学术研究在相应时期基本的特征总括，是该领域学术研究特征的重要标识。

范式不是先在的，它孕育、形成、确立于相应领域科学研究的发展进程中。在二十多年的学科化建设历程中，思想政治教育理论研究逐步由经验化走向科学化、由散在性走向系统性，逐步确立了自己的研究范式。思想政治教育理论研究范式确立的标志有着多种存在，如：思想政治教育的理论研究，确立了以探讨诸种思想政治教育现象、揭示思想政治教育的规律、丰富和完善思想政治教育理论体系、学科体系为核心的学术旨趣，确立了思想政治教育主体（或教育者）、客体（或教育对象）、内容、过程、方法、环境等为主要内容的核心概念系统，并基于这种概念系统的运用，形成了以逻辑研究、理论演绎等为主的研究方法和叙述方法，这些方面，共同标识着思想政治教育理论研究话语形态的基本特点。

思想政治教育理论研究范式的形成，对于思想政治教育学术、学科的发展，意义深远。首先，思想政治教育理论研究范式的确立，是思想政治教育学科化发展的重要成果和重要标志。库恩在谈到范式之于科学发展的意义之时指出，“取得了一个范式，取得了范式所容许的那类更深奥的研究，是任何一个科学领域在发展中达到成熟的标志”。① 如果套用库恩之论，我们可以说，正是由于研究范式的形成，使得思想政治教育学进入了常规科学阶段。对于数十年以及当下仍然致力于思想政治教育学科化、科学化建设的同仁们来讲，这无疑是思想政治教育理论研究和学科建设的硕果。

其次，思想政治教育理论研究范式的确立，奠定了本学术领域深入发展的基点。范式的形成使得思想政治教育成为一种常规的科学，而“‘常规科学’是指坚实地建立在一种或多种过去科学成就基础上的研究，这些科学成就为某个科学共同体在一段时期内公认为是进一步实践的基础”。② 常规科学为我们更加深入的研究确立了重要的基点和前提。正是基于业已确立的概念和方法体系，思想政治教育理论研究得以紧扣相对独立、相对稳定的研究对象，在本学科领域已经开辟的沃土上精耕细作，不断地将业已取得的研究成果推向更加精致。正如库恩所描述的那样：“常规科学所研究的范围是很小的；我们现在讨论的常规研究，其视野也受到严格的限制。但这些因信仰范式而受到的限制，却正是科学发展所必不可少的。由于把注意力集中在小范围的相对深奥的那些问题上，范式会迫使科学家把自然界的某个部分研究得更细致更深入，没有范式的指导这样做，将是不可想象的。”③

再次，思想政治教育理论研究范式的确立，促成了本学科学术共同体的形成和发展。范式的特征之一就在于“它们的成就空前地吸引一批坚定的拥护者，使他们脱离科学活动的其他竞争模

---

① ［美］托马斯·库恩著，金吾伦、胡新和译：《科学革命的结构》，北京大学出版社 2003 年版，第 10 页。

② ［美］托马斯·库恩著，金吾伦、胡新和译：《科学革命的结构》，北京大学出版社 2003 年版，第 9 页。

③ ［美］托马斯·库恩著，金吾伦、胡新和译：《科学革命的结构》，北京大学出版社 2003 年版，第 22 页。

式”。① 正是基于思想政治教育研究范式的确立，我们得以形成了本学科领域的“共同理想”和“通用语”，从分散走向整体，构成为一个相对紧密，可以进行广泛、深入交流的思想政治教育理论研究的学术共同体。也正是基于思想政治教育研究范式的确立，我们得以形成了本学科领域传扬学术、培育人才的基本体系。“研究范式……主要是为以后将参与实践而成为特定科学共同体成员的学生准备的。因为他将要加入的共同体，其成员都是从相同的模型中学到这一学科领域的基础的，他尔后的实践将很少会在基本前提上发生争议。以共同范式为基础进行研究的人，都承诺同样的规则和标准从事科学实践。科学实践所产生的这种承诺和明显的一致是常规科学的先决条件，亦即一个特定研究传统的发生与延续的先决条件”②，“每一代新的科学家都从中学会如何从事这一行业”。③

二　思想政治教育理论研究面临范式危机

思想政治教育理论研究范式的确立，标志并促动了思想政治教育学科、学术的发展。但是，面对当下新的境遇和新的使命，思想政治教育理论研究也面临范式危机，主要表现在，我们在持用既有范式来解答经济社会的发展给思想政治教育提出的重要理论和实践问题之时，客观地感受着理论回应现实的钝性和乏力。

1. 定域关注

每一个范式都包含着它对本学术领域关注范围、关注标准的划定。“科学研究的区分，就是根据科学对象所具有的特殊的矛盾性。……对于某一现象的领域所特有的某一种矛盾的研究，就构成

① ［美］托马斯·库恩著，金吾伦、胡新和译：《科学革命的结构》，北京大学出版社2003年版，第9页。

② ［美］托马斯·库恩著，金吾伦、胡新和译：《科学革命的结构》，北京大学出版社2003年版，第9~10页。

③ ［美］托马斯·库恩著，金吾伦、胡新和译：《科学革命的结构》，北京大学出版社2003年版，第1页。

某一门科学的对象。"① 因此，范式对本学术领域关注范围、关注标准的划定，使得本学术领域的研究对象更加鲜明地凸显出来，促成基于对研究对象特殊性的把握而深化相应的研究和探索。但是，范式对本学术领域关注范围、关注标准的划定，在该学术领域发展的一定阶段上，也会成为限制学术发展的局碍。

当下的思想政治教育理论研究，便在一定程度上局碍于多年来形成的研究范式所划定的关注范围之中，呈现出鲜明的"定域关注"倾向。如，在宏观和微观之间，当下的思想政治教育理论研究更关注微观而忽视宏观，即更关注作为一种具体教育活动的思想政治教育的运行及其发展，关注教育者、教育对象、教育内容、教育方法等之间的矛盾运动，基于这种关注而力求揭示思想政治教育的客观规律。对于思想政治教育更为宏阔的存在与发展，则尚未在自觉的层面上纳入关注的视野。在特定素质与素质整体之间，当下的思想政治教育理论研究更关注特定素质而忽视素质整体，即更关注思想政治教育素质的形成与发展、关注人的非智力因素的发展而相对忽视对人的素质的整体性存在、整体性提升与整体性发展的关注和研究。在内容和形式之间，当下的思想政治教育理论研究更关注形式而忽视内容，即更关注"为何教育"、"如何教育"的研究而相对忽视对"教育什么"的深层研究，等等。深化思想政治教育理论研究，增强思想政治教育理论研究回应重大理论和现实问题的能力，需要我们突破"定域关注"，将更多的景致纳入我们的理论视界。

2. 精细发展

日趋精细，可谓是新世纪以来思想政治教育理论研究的鲜明特征。这种精细，表现在对思想政治教育理论既有关注问题更加精微、细致的检视与探讨。从某种角度可以说，思想政治教育自学科化建设阶段起步之初起，或者说在本学科核心概念与基本理论分析框架确立之时起所涉及的概念、命题与基本理论，在二十多年来的

① 《毛泽东选集》第 1 卷，人民出版社 1991 年版，第 309 页。

思想政治教育理论研究中，无不被一一多次反复检视，以至于本学科的基本教材中所涉及的基本命题和基本理论，近些年来，无不被确立为本学科硕士、博士的学位论文选题，予以更加专深的探讨。精细发展推动了思想政治教育理论研究的深化，是思想政治教育理论发展的必经阶段，是思想政治教育专业化进程不断推进的重要标志。

基于特定范式而走向精细，是科学发展中的一个规律性的趋向。“在任何一门科学的发展过程中，最先接受的范式，通常会让人感觉到它对于科学研究者容易理解的大多数观察和实验，能给予相当成功的说明。因此，进一步的发展通常要求建构精巧的装置，发展出一套深奥的词汇和技巧，精练概念，使之不断地减少与它们通常的常识原型（Prototypes）之间的相似性。这个专业化的进程，一方面使科学家的视野受到极大的限制，并使范式变化受到相当严重的阻碍。科学已日益变得僵硬。”① 精细化发展给思想政治教育的理论研究带来了精细和深化，但也使得思想政治教育的理论研究面临着日趋闭守甚或僵硬的危险，其重要表现便是当下思想政治教育理论研究中复杂概念的不断增多、论证的日趋繁琐、成果的日趋深奥。作为“经世致用”之学的思想政治教育理论，正在演化为远离生活和现实的“玄学”。我们为建构这种“玄学”所付出劳动的价值，在有些时候，显然远远“超越了它们本身并不总是很高的固有的价值”。②

3. 学院走向

与精细发展相一致，思想政治教育理论研究正呈现出越来越强烈的学院化的发展取向，越来越多的思想政治教育学者致力于、满足于或局限于在“象牙塔”内构建自己的“精致科学”了。理论

① ［美］托马斯·库恩著，金吾伦、胡新和译：《科学革命的结构》，北京大学出版社2003年版，第60页。

② ［美］托马斯·库恩著，金吾伦、胡新和译：《科学革命的结构》，北京大学出版社2003年版，第60页。

和现实问题“走进学院”，是理论和现实问题获得理论把握和深刻解答的重要路径，是学科、学术发展的基本形式，但是，学科、学术一旦“学院化”，被困限在“学院”之内予以构造与发展，则面临着巨大的危险。推动思想政治教育理论研究学院化走向的，有多种动因。从客观角度看，与思想政治教育理论研究队伍的变化关系密切，“……随着近年来思想政治教育学科建设的推进，思想政治教育理论研究队伍中由校门到校门的、‘纯学生身份出身’的硕士、博士越来越多，他们或者从事思想政治教育实际工作的经历不足，或者根本没有从事思想政治教育实际工作的经历，缺乏思想政治教育工作的实践体验；在思想政治教育学科发展之初，根据学科建设需要加入研究队伍行列的思想政治工作人员，随着关注重点由实际工作向理论工作的转移，与思想政治教育实际工作逐渐疏远，对生动发展着的思想政治教育实践及其提出的新问题、产生的新经验感受不多。研究队伍构成的这种变化，使得当前的思想政治教育理论研究越来越‘学院化’。”① 从主观角度看，“还在于一部分思想政治教育理论研究者不能正确地理解学术性与政治性的关系，刻意保持与现实、与思想政治教育实践的距离，以期通过这种方式保持自己作为一个学者的独立思维，提升自己研究的学术性。……使得一些思想政治教育的理论研究逐渐游离于思想政治教育实践之外，失去其实践性，失去对思想政治教育实践独特矛盾的感知、理解和把握”②。思想政治教育理论研究“学院化”的重要标志，是近年来思想政治教育理论研究中“学科体系意识”的日渐浓烈、“问题意识”的日趋淡漠，越来越多的研究，不是以经济社会发展给思想政治教育提出的重大理论和实践问题为起点、为主攻方向，而是以基本的概念、范畴为起点，以构建相对完整的理论体系、学科体系为主攻方向。

① 沈壮海：《思想政治教育的文化视野》，人民出版社 2005 年版，第 323~324 页。

② 沈壮海：《思想政治教育的文化视野》，人民出版社 2005 年版，第 324 页。

4. 解题低效

步入常规科学阶段的思想政治教育理论研究，正如同其他步入这一阶段的科学一样，成为“一项高度累积性的事业”，着力于“扩展科学知识的广度和精度”① 并卓有成效，然而，却在助益于思想政治教育实践发展方面、在解答思想政治教育面临的重大理论和现实问题方面，客观地表现出一定程度上的乏力。20 世纪 80 年代末，邓小平曾经反复指出：“我们最近十年的发展是很好的。我们最大的失误是在教育方面，思想政治工作薄弱了，教育发展不够。我们经过冷静考虑，认为这方面的失误比通货膨胀等问题更大”②，“十年最大的失误是教育，这里我主要是讲思想政治教育，不单纯是对学校、青年学生，是泛指对人民的教育。对于艰苦创业，对于中国是个什么样的国家，将要变成一个什么样的国家，这种教育都很少，这是我们很大的失误”③。他还尖锐批评经济发展和思想政治工作“一硬一软不相称，配合得不好”④。在世纪之交，江泽民同志谈到思想政治教育时也明确指出：“这二十多年特别是十四大以来的思想政治工作，为促进改革、发展、稳定，为夺取现代化建设的胜利，提供了强大精神动力和重要政治保证。同时也应指出，在思想政治工作方面，我们也有过教训，一段时间内曾经发生过邓小平同志批评的抓经济建设一手比较硬、抓思想政治建设一手比较软的现象。对新时期思想政治工作如何加强和改进，缺乏深入的研究和有效的手段。”⑤ 在新世纪新阶段，我们仍然不得不承认的是，思想政治教育与新形势新任务不相适应问题的客观存在、

---

① ［美］托马斯·库恩著，金吾伦、胡新和译：《科学革命的结构》，北京大学出版社 2003 年版，第 48 页。

② 《邓小平文选》第 3 卷，人民出版社 1993 年版，第 290 页。

③ 《邓小平文选》第 3 卷，人民出版社 1993 年版，第 306 页。

④ 《邓小平文选》第 3 卷，人民出版社 1993 年版，第 306 页。

⑤ 江泽民：《思想政治工作面临的新形势新情况》，见中共中央文献研究室编：《十五大以来重要文献选编》（中），人民出版社 2001 年版，第 1329～1330 页。

不少薄弱环节的客观存在。对于这些论述中被持续反复提及的问题，以及人们常常感叹的思想政治教育低效问题的原因，我们可以从环境、条件、队伍、机制等方面给出丰富的回答，但是，我们同样应该深刻感受到的是，思想政治教育理论研究应该进一步更多地关注我们所面临的重大理论和现实问题，应该进一步提升其回应重大理论和现实问题的能力。

综上，思想政治教育理论研究面临着范式危机。思想政治教育的理论研究要在生动发展的实践面前继续持有强大的生命活力和理论穿透力，要实现新的提升和发展，就必须认真思考研究范式的转换问题。

三 思想政治教育理论研究范式转换的方向

任何一门科学，都是在范式的不断转换中实现自己的前进的。范式转换是成熟科学通常的发展模式，“……是科学革命所赖以转动的轴心”。① 因此，我们提出思想政治教育理论研究范式的转换，并不是否定思想政治教育理论研究丰富成果，而是期盼思想政治教育理论研究的新发展和新成就。

新范式的确立无法预设，而只能在新的研究实践中形成和发展。然而，我们虽无法对思想政治教育理论研究的新范式给出具体详细的概括，但却应当而且可以对新范式应该具有的基本特征给出粗略的描述。

1. 中国立场

新的范式，应当更加鲜明地张扬思想政治教育理论研究的中国立场。当今的中国，置身于经济全球化的迅猛激荡之中，面对着维护社会主义意识形态安全、社会主义文化安全的严峻课题。正如江泽民同志所指出的那样：“世界多极化、经济全球化的深

---

① ［美］托马斯·库恩著，金吾伦、胡新和译：《科学革命的结构》，北京大学出版社 2003 年版，第 31 页。

入发展，引起世界各种思想文化，历史的和现实的，外来的和本土的，进步的和落后的，积极的和颓废的，展开了相互激荡，有吸纳又有排斥，有融合又有斗争，有渗透又有抵御。总体上处于弱势地位的广大发展中国家，不仅在经济发展上面临严峻挑战，在文化发展上也面临严峻挑战。保持和发展本民族文化的优良传统，大力弘扬民族精神，积极吸取世界其他民族的优秀文化成果，实现文化的与时俱进，是关系广大发展中国家前途和命运的重大问题。"① 我们的理论研究，当旗帜鲜明地聚焦中国问题、关切中国利益。

思想政治教育理论研究的中国立场，还表现在它植根于当代中国的深厚土壤，并基于这种独特的实践而滋育学术自性。与其他人文社会科学的发展一样，近些年来，思想政治教育的理论研究在拓展国际视野、增强世界眼光方面迈出了可喜的步伐，但与此同时，也在一定程度上出现了"盲目崇外"、"盲目借鉴"的现象，出现了对西方相关理论的迷信和简单依附。在积极吸纳国外学者先进思想理论成果的同时，我们有些学者往往未能科学地辨析国外学者思想中的得与失，未能更加深入地思考这些外域的思想理论成果与当代中国思想政治教育的历史传统、本质属性、现实要求之间的距离，而简单盲目地根据这些思想理论中的一些论点，一些主张来指责、评论当代中国的思想政治教育，并依此开出自己医治中国思想政治教育问题的各式各样的"处方"；简单地主张"思想政治教育的国际化"，并在对西方相关概念、理论的简单借用中谋求所谓的"思想政治教育国际化"的实现。这种在将中国的思想政治教育与国外尤其是西方学者德育理论的对照中来"查找"中国思想政治教育的"问题"，在对西方学者德育理论的演绎中寻找解决中国思想政治教育问题的对策与出路的做法，以及在对西方相关概念和理论的简单借用中研究思想政治教育、推进"思想政治教育国际化"的做法，显然无助于推动具有中国风格与中国气派符合中国需要的

① 江泽民：《在中国作协第六次全国代表大会中国文联第七次全国代表大会上的讲话》，《人民日报》2001 年 12 月 19 日。

思想政治教育理论和实践的发展①，也与思想政治教育理论研究应当持有的中国立场相异。

2. 世界眼光

强调新范式应当持有鲜明的中国立场，并不表明我们的研究可以忽略研究视野的开阔性、开放性或者世界性。思想政治教育理论研究应当具有世界眼光，其基本内涵在于：第一，以对思想政治教育普遍性存在的确认为前提，在更为宽广的视域中考察它的各种存在形态，总结经验，把握规律，为我所用。第二，在复杂多变的世界背景中考察当代中国的思想政治教育，把握其特殊性，探讨其可能和应有的发展路向。当今世界是一个高度一体互动的世界，世界的发展离不开中国，中国的发展也离不开世界。在经济全球化席卷全球的同时，借助现代信息技术的应用和发展，伴随经济互动一体的推进，思想文化领域潮起潮落，往往具有世界性。我们无由截断中国社会思潮、思想文化、观念、心理与世界的往来互动，我们便必须承认、理清这种往来互动，并基于这种大的背景或实态，确立当代中国社会主义核心价值体系引领多样化社会思想的有效方略。

3. 问题意识

新的思想政治教育理论研究范式，应当以对问题的发现、回应为研究的基点，而不是以学科体系的建构和完善为研究的基点。问题是公开的、无畏的、左右一切个人的时代声音。问题就是时代的口号，是它表现精神状态的最实际的呼声。在发现问题、回应问题与发展理论、建构体系之间，发现问题、回应问题更具有第一性、前提性，学科体系只能在对问题的有力回应中才能得以科学的建构，舍此无他。正如马克思所指出的那样，一个时代的迫切问题，有着和任何在内容上有根据的因而也是合理的问题共同的命运：主要的困难不是答案，而是问题。

① 参见沈壮海：《思想政治教育的文化视野》，人民出版社 2005 年版，第 321 页。

思想政治教育理论研究对“问题”的关注，应当关注“新”问题、切准“真”问题、聚集“大”问题，同时也应该重话“老”问题。“新理论意味着支配常规科学原来实践的许多规则要发生改变。因此新理论必不可免地要对他们已经成功地完成了的许多科学工作加以重新审视。……新理论的同化需要重建先前的理论，重新评价先前的事实，这是一个内在的革命过程。”① 在确立思想政治教育理论研究新范式的过程中，我们需要以新的视野关注已有的问题和已有的成果，返本以求开新。

4. 学术思维

新的思想政治教育理论研究范式，应当更加鲜明地张扬学术思维。在当下的研究中，学术思维的缺失正极大地困扰着思想政治教育理论研究的发展。如满足于注释、汇编与组合，而将思想政治教育学实质上演化为“寻章摘句”之学；不击问题、止步于形式而将思想政治教育学实质上演化为修辞写作之学；回避社会现实、躲进概念而将思想政治教育学实质上演化为空洞玄学；人云亦云、不假思索而将思想政治教育学实质上演化为传达宣传之学等，都是学术思维缺失的重要表现。

我们所应张扬的学术思维，包括问题的学术定位、致思的学者立场、研究的学术精神，以及对学术责任和社会责任的自觉担当。问题的学术定位，指的是以学术角度，分析思想政治教育的客观实践；致思的学者立场，指的是以学者眼光探讨思想政治教育问题；研究的学术精神，指的是以求真务实、创新创造的学术精神，探索思想政治教育的规律与发展问题；对学术责任和社会责任的自觉担当，指的是研究对服务社会和人生目标的持守，对社会主流意识形态和民众思想政治素质提升的真切关注。思想政治教育理论研究的学术思维以其上述具体内涵而实现其科学性与政治性的高度统一。

---

① ［美］托马斯·库恩著，金吾伦、胡新和译：《科学革命的结构》，北京大学出版社 2003 年版，第 6 页。

5. 科际整合

在研究方法上，新的思想政治教育理论研究范式应当在更高层次上实现科际整合，即实现思想政治教育理论研究的多学科聚焦，实现多学科方法在思想政治教育理论研究中的深层次交融。“道德教育是一个需要多学科共同研究的领域，仅仅通过一门学科来探讨这一领域既是有限的，也是危险的。”① 科尔伯格之所以能在道德教育领域作出杰出的贡献，有学者认为其重要原因之一即在于其对多学科理论和方法的深入掌握：“在研究生学习期间，科尔伯格也受到了良好的研究方法训练。他十分熟悉实验心理学家和实验社会学家所使用的实验与调查方法以及设计与统计程序。格威斯称赞‘他是一位十分优秀的方法学家’，并回忆他曾专门集中一段时间学习格特曼（Louis Guttman）和拉扎斯费尔德（Paul Lazarsfeld）的量表方法。总之，科尔伯格在研究生期间所学习的各种理论和方法，为他以后的进一步研究奠定了坚实的基础。”② 对于远比道德教育内涵更为丰富、更具有复杂性的思想政治教育而言，多学科的聚焦更有其内在的必然。在当下，思想政治教育理论研究对多学科理论与方法的吸纳与运用，应当走出简单的“概念移植”、“方法套用”、“体系嫁接”等误区，进入新的层面和新的境界。

四 基于新范式的思想政治教育理论新形态

新的思想政治教育理论研究范式的形成和确立，将催生思想政治教育的理论新形态。从整体而言，这种新的思想政治教育理论形态，以当代中国思想政治教育实践及其创新与发展研究为核心基点、以“论”（思想政治教育基本理论研究）、“史”（思想政治教

---

① 转引自戚万学：《冲突与整合——20 世纪西方道德教育理论》，山东教育出版社 1995 年版，第 55 页。

② 郭本禹：《道德认知发展与道德教育》，福建教育出版社 1999 年版，第 8 页。

育历史发展研究)、“比较”(思想政治教育比较研究)为主要支撑。

1. 核心基点

以当代中国思想政治教育实践及其创新与发展的研究为思想政治教育理论研究新形态的基点与核心,是与前文所述及的中国立场、问题意识等相为一致的,也体现了“以我国改革开放和现代化建设的实际问题、以我们正在做的事情为中心,着眼于马克思主义理论的运用,着眼于对实际问题的理论思考,着眼于新的实践和新的发展”① 的精神和取向。我们要破除思想政治教育理论研究的学院化倾向,也必须走出书斋,步入生动火热的实践中,从中发现问题,努力作出有针对性有说服力的回应。我们强调思想政治教育理论研究的科际整合,而科际整合的基点,也正在于提出需要多学科共同关注的思想政治教育重大理论和现实问题。就此而言,以当代中国思想政治教育实践及其创新与发展的研究为思想政治教育理论研究新形态的基点与核心,实质上也是事关思想政治教育理论新范式能否得到确立的基点和核心问题。

思想政治教育实践及其创新与发展的研究,内容极其丰富,包括思想政治教育面临的新形势、新任务、新课题与新思路的研究,以及不同领域思想政治教育创新与发展的研究等,此不赘述。

2. 主要支撑

新的思想政治教育理论形态,以当代中国思想政治教育实践及其创新与发展研究为基点与核心,同时以“论”(思想政治教育基本理论研究)、“史”(思想政治教育历史发展研究)、“比较”(思想政治教育比较研究)为主要支撑。三者作为支撑,共同致力于推动思想政治教育理论研究回应重大理论和现实问题能力的提升,

① 江泽民:《高举邓小平理论伟大旗帜,把建设有中国特色社会主义事业全面推向二十一世纪》,见中共中央文献研究室编:《十五大以来重要文献选编》(上),人民出版社 2000 年版,第 13 页。

推动当代中国思想政治教育实践及其创新与发展的研究的深化。其支撑意义和生命活力，也于此得以彰显。

思想政治教育基本理论的研究，包括思想政治教育理论基础的研究、思想品德的个体发生发展研究、意识形态的社会发生发展研究，以及基于这些方面的研究而进一步推进的思想政治教育本体论、目的论和方法论的研究。对于思想政治教育基本理论研究，我们需要基于新的研究范式打通宏微观。从某种意义可以说，近些年来我们的思想政治教育学，所建构起来的，主要是“微观思想政治教育学”，它关注的是作为一种具体教育活动的思想政治教育，关注的是教育者、教育对象、教育内容、教育方法等之间的矛盾运动，关注的是个体如何内化社会的思想政治要求，成为具有相应思想政治规格的人。“微观思想政治教育学”为我们深刻把握思想政治教育活动的具体进程及其矛盾运动，提供了丰富而细腻的理论准备，但是却薄弱于对这种教育活动的社会性、整体性的宏观把握，而宏观把握的缺失，则必然反过来影响我们对具体教育活动微观把握的精确性。因此，在肯定思想政治教育学的微观建构的同时，我们必然面临着拓建“宏观思想政治教育学”的任务。“宏观思想政治教育学”关注的是作为一种社会运动的思想政治教育，关注社会意识形态发生发展的阶段、过程和规律，关注主流社会意识形态的建构及其主导性的确立与维护、发展，关注社会核心价值体系对多样化社会思想的引领和调控，关注的是整个社会的思想政治教育机制建构及其运行。“宏观思想政治教育学”的建构，将助益于我们对思想政治教育的整体把握，也助益于“微观思想政治教育学”的深化发展。

思想政治教育历史发展的研究，包括思想政治教育理论史与实践史的研究。通过历史发展的研究，探讨思想政治教育理论与实践发展的基本历程、基本经验、主要教训和客观规律。思想政治教育历史发展的研究是为现实的研究服务的，是对现实研究的支撑。思想政治教育比较研究同样如此，我们的目的是在比较中，拓展视野、发现问题、切准规律、服务现实。

库恩在其《科学革命的结构》中曾经写下了这样一段话：“从

现代编史学的眼界来审视过去的研究记录，科学史家可能会惊呼：范式一改变，这世界本身也随之改变了。科学家由一个新范式指引，去采用新工具，注意新领域。……在革命之后，科学家们所面对的是一个不同的世界。”① 我们呼唤着思想政治教育理论研究的新范式，也期待着看到思想政治教育理论研究的新世界。

① ［美］托马斯·库恩著，金吾伦、胡新和译：《科学革命的结构》，北京大学出版社2003年版，第101页。

附录二

宏观思想政治教育学初论

宏观思想政治教育学及其建设，是笔者近年来在思想政治教育研究领域重点关注的问题之一。对于这一论题，笔者虽索思数年，时有随思片语见诸文字或学术会议发言，学界也渐有关注与呼应，然而，到底什么是宏观思想政治教育学？为什么要推进宏观思想政治教育学的建设？如何推进宏观思想政治教育学的建设？……对于宏观思想政治教育学的建设中必须回答的这些基本问题，至今尚无专论。今就此试作“初论”，以求教于学界同仁。

一　思想政治教育学：微观何来

宏观思想政治教育学是在与微观思想政治教育学相对应的意义上提出的。因此，探讨什么是宏观思想政治教育学的重要方法和路径之一，便是对作为对应面的微观思想政治教育学的界说和分析。

微观思想政治教育学何在？当我们从思想政治教育学科与学术创新的意义上谈论宏观思想政治教育学及其建设的问题时，显然包含着一个基本判断：宏观思想政治教育学的发展，是对当下思想政治教育学的超越。那么，当下的思想政治教育学是否便是微观思想政治教育学呢？

考诸学术的历史发展与领域界分，谓之以“宏观”的学问，即着眼于整体、全局、战略等层面对相应对象进行的研究及其成果；谓之以“微观”的学问，即着眼于个体、局部、细节等层面对相应对象进行的研究及其成果。如宏观经济学“侧重于对国民经济总体的研究：不同产品、厂商及市场之间所存在的细微差异不在他们考察的范围之内。……对加总方法的运用以及对总消费、总投资和总产出等经济总量的强调，是宏观经济学区别于微观经济学的基本特征”①；宏观政治学侧重于“研究作为系统与整体的政治生活的外部的与内部的生态结构以及作为过程的政治演变与发展的规律”，而微观政治学则侧重于“研究作为个体与群体行为体系的政治生活的行为结构与行为演变的规律”②。当我们以宏观与微观之“学”的上述区划尺度来审度当下的思想政治教育学时，不难发现，当下的思想政治教育学，呈现出浓厚的微观色彩。以教育者与教育对象、目标、内容、机制、原则、方法、内化与外化、疏通与引导、教育与管理等为基本话语体系而构建起来的思想政治教育学原理，虽然也有从宏观层面对思想政治教育地位作用等问题的探讨③，但就其理论的基本视野、主要取向而言，则更多地是聚焦于作为具体教育活动的思想政治教育，以“教育者掌握的社会所要求的思想政治品德要求与受教育者思想政治品德发展状况之间的矛盾”④ 为基本矛盾，以对人（个体）的思想政治品德形成发展与

① ［美］安德鲁·B. 亚伯等著，任曙明、马强等译：《中级宏观经济学》，机械工业出版社 2009 年版，第 9~10 页。

② 严强等：《宏观政治学》，南京大学出版社 1998 年版，前言第 2 页。

③ 如教育部社会科学研究与思想政治工作司组编，邱伟光、张耀灿主编《思想政治教育学原理》（高等教育出版社 1999 年版）将思想政治教育的地位概括为“思想政治教育被经济基础决定又为其服务”、“是不同社会制度相互区别的重要特征”、“是社会主义精神文明建设的基础工作”；将思想政治教育的作用概括为“导向作用”、“保证作用”、“育人作用”、“协调作用”、“激励作用”。

④ 邱伟光、张耀灿：《思想政治教育学原理》，高等教育出版社 1999 年版，第 108 页。

教育引导过程及规律的探讨为其理论体系的核心内容①，着力于对思想政治教育活动展开及发展进程的理论抽象、理论说明。时到今日学界关于思想政治教育学原理的探讨虽已极为丰富，但在整体上仍然凸显着这些理论特征。这些理论特征，基于思想政治教育学原理在思想政治教育整个学科理论体系中的基础性、核心性地位，而渗化于思想政治教育理论研究的各个分支领域，从而使得作为整体的思想政治教育学，即包括思想政治教育学原理及其诸分支理论领域在内的思想政治教育学，鲜明地呈现出“微观”的基本色调。

当下思想政治教育学的“微观”色调，形成于其以教育学为底色的学术史。思想政治教育归根到底作为一种特殊教育形式的客观存在，与“思想政治教育”极其相近的“德育”在教育学领域中予以研究的悠久历史与丰厚积累，以及我国教育学的发展中对“思想政治教育”的相应关注②，等等，使得作为学科或学术体系意义上的思想政治教育学，在其创建之初，更多地取向于对教育学的参照。

作为学科或学术体系意义上的思想政治教育学，发端于20世纪80年代中期，以思想政治教育作为学科专业在高等学校的正式设立为基本标志③。成为思想政治教育学发展起步直接参照的教育学，则是与思想政治教育学发展起步大致同期的教育学，具体而

---

① 参见邱伟光、张耀灿：《思想政治教育学原理》，高等教育出版社1999年版，第92页。

② 中华人民共和国成立后，我国一些教育学著作中曾设有思想政治教育的专门章节，如1978年，北京师大教育系教育学教研室编写的《教育学讲授提纲》（1978年以征求意见稿的形式出四个分册，1980年修订后出上、下册）第七、八、九章分别为“思想政治教育的意义任务和内容”、“思想政治教育的过程和原则”、“思想政治教育的途径和方法”。

③ 1984年4月13日，教育部印发《关于在十二所院校设置思想政治教育专业的意见》，决定在部分高校设置思想政治教育专业，采取正规化的方法培养大专生、本科生和第二学士生等各种规格的思想政治教育工作专门人才，并提出，有条件的还可培养研究生。

言，是改革开放之后至20世纪80年代在中国的教育学。此期我国教育学领域最具代表性、影响最为广泛的著作，当推刘佛年主编的《教育学》（讨论稿）；北京师范大学教育学教研室编写的《教育学讲授提纲》；华中师范学院、河南师范学院、甘肃师范大学、湖南师范学院和武汉师范学院5所院校协作编写，后由王道俊、王汉澜主编的《教育学》；南京师范大学教育系编写的高师教育系专业基础课教材《教育学》；顾明远、黄济主编的中等师范学校教材《教育学》等①。这些论著，以“教育学的对象与方法、教育的概念或本质、教育与社会的关系、教育与人的关系、教育目的、学校教育制度、课程、教学、德育、美育、学校管理等”② 稳定的结构体系和集中的理论内容，基本确定了此期中国教育学发展的范型，代表着此期中国教育学发展的最高水平，甚或有论者认为，至今出于其右者仍然不多。

上述论著的深远影响不仅激荡于教育学界，至今回响不绝，而且对思想政治教育学的诞生（仅就学术体系而言，不涉及学科专业制度体系等），也起到了直接的孕化作用，为思想政治教育学理

---

① 刘佛年主编《教育学》（讨论稿）原系1961年4月中共中央宣传部召开高等学校文科教材会议以后所编写的教育学教材，1979年后由人民教育出版社再版，累计发行50余万册。北京师范大学教育学教研室编写《教育学讲授提纲》1979年印刷，1980年修订后再次印刷。华中师范学院、河南师范学院、甘肃师范大学、湖南师范学院和武汉师范学院5所院校协作编写的《教育学》1980年由人民教育出版社出版，后多次修订再版，共计发行200余万册；后由王道俊、王汉澜任主编，于1988年由人民教育出版社出版新编本第1版，次年出第2版。南京师范大学教育系编写的高师教育系专业基础课教材《教育学》以1980年编的《教育学》为基础修改而成，1984年由人民教育出版社出版。顾明远、黄济主编的中等师范学校教材《教育学》1982年由人民教育出版社出版第1版，1987年出第2版。参见孙喜亭：《中国教育学近50年来的发展概述》（《教育研究》1998年第9期）；瞿葆奎：《中国教育学百年（中）》（《教育研究》1999年第1期）；郑金洲：《改革开放30年的教育学研究》（《教育研究》2009年第3期）等文中的有关分析和评论。

② 郑金洲：《改革开放30年的教育学研究》，《教育研究》2009年第3期。

论内容与体系的确立、发展浸入了深深的教育学底色。这种孕化作用和底色意义，不仅渗透于两个学科相关代表性论著的字里行间，而且还体现在诸多的方面。如：言说话语的相通——教育者、教育对象、教育目的、教育方法、教育过程、教育评价，以及任务与内容、过程、规律、原则、途径与方法等，既是教育学及其德育论的言说话语，也是思想政治教育学的言说话语；结构体系的相近——赫尔巴特《普通教育学》所确立的以教育目的为起点①、以教育目的→教育过程→教育方法为基线的教育学体系，不仅是 20 世纪 80 年代中国教育学体系的基本依循，也通过此期中国教育学体系的影响，成为思想政治教育学理论体系的基本格式；理论旨趣的相似——此期教育学对教育本质、教育要素、教育目的、教育方法、教育过程、教育原则、教育规律、教育评价、教育管理等问题的理论兴趣、理论阐述方式，及对研究对象的界说、对教育过程的描述、对教育内容的分析、对教育规律的概括等，同样体现在思想政治教育学的理论建构中；学术印记的相因——受赫尔巴特关于教育学以实践哲学和心理学为基础②论断的影响，教育学研究中形成了探讨本学科与相关学科关系的学术传统，这种学术传统同样传承于思想政治教育学对自己学科关系与学科定位的关注中，基本上每种关于思想政治教育学原理的著作都要辟出专门的章节阐论思想政治教育学的理论基础或学科借鉴；资源借鉴的相亲——在对诸多理论问题的探索中，思想政治教育学的研究往往表现出对教育学研究成果的明显亲近感，极为注重对教育学（当然不只是 20 世纪 80 年代

① 赫尔巴特著《普通教育学》的副题即《由教育目的引出的普通教育学》。见赫尔巴特：《普通教育学、教育学讲授纲要》，浙江教育出版社 2002 年版，正文第 1 页。

② 赫尔巴特认为："教育为作为一种科学，是以实践哲学和心理学为基础的。前者说明教育的目的；后者说明教育的途径、手段和障碍。"见赫尔巴特：《普通教育学、教育学讲授纲要》，浙江教育出版社 2002 年版，第 207 页。

的中国教育学）思想资源的主动借鉴①；等等。除此之外，与本文论题直接有关的教育学对于思想政治教育学的“孕化作用”和“底色意义”，则表现在其为思想政治教育学所浸染上的“微观”色调。

之所以如此，正在于成为思想政治教育学底色的教育学即20世纪80年代的中国教育学本身便是“微观”的。对于此期教育学的微观性，教育学界多有阐论。如，有论者指出：“研究学校教育内部运动发展规律属于微观教育学范畴；把教育作为一个大系统、一个整体来研究属于宏观教育学范畴。传统教育学只研究微观教育，而不研究或很少研究宏观教育”②；“传统的教育学著作通常侧重于关注教育的目的、内容、手段和方法等微观层面问题，并且形成了一个固定的研究范式，这一学术框架的研究成果在促进教育学

① 如邱柏生教授在回顾自己参加《思想政治教育学原理》（指邱伟光、张耀灿主编的《思想政治教育学原理》，高等教育出版社1999年版）的编撰工作时，便这样写道：“在笔者十余年前参编《思想政治教育学原理》时所撰写的‘思想政治教育的过程和规律’一章中，曾提出思想政治教育过程要综合运用多种教学论的问题，当时的话语表述是：‘思想政治教育过程的核心问题是有关教育论的综合作用的产物’，这在当时来说诚然是作为一种应然状态而期待的，并且阐述得比较简单粗略，所列举教学论的理论口径也不一致，也没有提及更为具体和直接的一些教学论，如前苏联学者所提出的教学过程最优化原理、问题教学原理等，但现在看来这一议题依然有现实意义。当时曾经说明了包括实质教学论、形式教学论、生活教学论、结构教学论等不同理论的主要特征。比如，实质教学论认为，教学过程就是传授实用的知识和品德的过程，在掌握知识的过程中自然发展着受教育者的心理能力；形式教学论认为，教育过程主要是训练受教育者的心理能力（只是训练思维、想象、记忆等心理能力），传授掌握知识的手段；生活教学论认为，教育过程就是组织受教育者从自身的生活中学、‘从做中学’、‘从经验中学’的过程；结构教学论把教育过程的核心问题看成是课程问题，课程的核心是知识结构和智力结构问题。当时的意图就是希望思想政治教育过程能够成为综合各种教学论精神的复合过程。”（见邱柏生：《思想政治教育学原理教学中若干理论难点探微》，《思想理论教育》2010年第5期）。这种“资源借鉴的相亲”还可从当下思想政治教育论著（含博士学位论文）的参考文献中看出。

② 游心超、侯晓明、郑年春：《宏观教育学导引》，《武汉大学学报》（社会科学版）1985年第5期。

发展的同时也限制了教育研究的思考路向，忽略了对教育微观内容产生重大影响的宏观社会环境，也意味着教育研究在内容上对实现教育的各种外在条件的轻视”①；“教育学缺乏宏观研究，缺乏包含人生全过程和与不同生活场所相关联的整体式教育视野”②。也有论者将教育学谓为“学校教学学”③。

教育学中这种微观性的形成，有着多种原因。一方面，这是赫尔巴特所开创的教育学传统的延续。赫尔巴特所开创的“普通教育学”实即以“教学”为核心内容的教育学体系，或可称之为“教学学”④。另一方面，这也与教育学在中国发展的独特境遇和进程有关。中国的教育学最初是20世纪初假道日本引进的西学，而引进的重要动力之一，即是在教育救国等思潮影响下服务于师范教育在中国的发展。亦如有学者所明确指出的那样，“教育学的最直接和引进之初最急之‘用’，是为师范学校的‘教育学课程’的教学所‘用’”。⑤ 由此而带来的直接影响便是“把作为人类知识总体中的一门学科的教育学，与作为师范学校课程之一的教育学混为一谈”；“教育学研究范围主要局限于普通教育中的中小学教育和学校教育。因为师范院校的学生以当中小学教师为职业定向。故教育学作为中小学教师的专业培养的课程内容，就与职业方向相对应。在教育学中，与其他类型和层级的教育——职业教育、高等教育、学前教育、成人教育、特殊教育等相对应的学科，相对都发展

① 李三福：《视野开阔 立意高远———评田刚研究员的〈宏观教育学实话〉》，《当代教育论坛》2010年第7期。

② 叶澜：《中国教育学发展世纪问题的审视》，《教育研究》2004年第7期。

③ 项贤明：《教育学的学科反思与重建》，《教育研究》2003年第10期。

④ 有研究指出：“从词源学的角度讲，国外‘教育学’的名称，无论是英语国家的‘pedagogy’，还是法语国家的‘pédagogie’，德语国家的‘pädagogik’，都与‘教学论’更为相近，或说其原意就是‘教学论’。”（见巴战龙：《教育学的尴尬》，《读书》2003年第10期）

⑤ 叶澜：《中国教育学发展世纪问题的审视》，《教育研究》2004年第7期。

得较晚和较薄弱，而且在开始建设这些学科时，其中的原理部分、教学部分，往往从‘普通教育学’中演绎而生。”①

当下思想政治教育学的“微观”色调，同样便从这种微观的“普通教育学”中演绎而生。

二 思想政治教育学：拓建宏观

时至今日，摆脱微观的局限，正越来越成为教育学发展的重要努力方向。在对教育学发展境遇与路径的考量中，不少学者尖锐地指出过教育学发展的“迷惘”、“尴尬”、“困境”、“危机”、“终结”、“失败”、“废墟”② 等诸种现象和问题。而微观性，则被视为导致教育学发展中上述问题的重要原因之一；与此相应，不少学者认为，教育学走出“迷惘”、“尴尬”、“困境”、“危机”、“终结”、“失败”、“废墟”的重要路径选择，即由微观而宏观，向“大教育学”转型，“以全部教育现象为研究对象”、“从整体出发为重建而谋划”，这是教育学“世纪新生的希望之路”③。教育学只要“拓展成对作为人类实现文化传承与创造的机制研究的教育之学，作为实现父母必尽之责的教育之学和作为个人在不同人生历程和环境中实现创造、自我完善和有意义的人生所必不可缺的教育与自我教育之学，那么，教育学的发展方向、学科价值与地位就不会是如今的状态，它将成为人之成为人所必须的学问和能力之一”④。

---

① 叶澜：《中国教育学发展世纪问题的审视》，《教育研究》2004 年第 7 期。

② 参见吴钢：《论教育学的终结》，《教育研究》1995 年第 7 期；刘铁芳：《问题与期望：试论教育学的改造》，《河北师范大学学报》1999 年第 1 期；项贤明：《教育学的学科反思与重建》，《教育研究》2003 年第 10 期；巴战龙：《教育学的尴尬》，《读书》2003 年第 10 期；叶澜：《中国教育学发展世纪问题的审视》，《教育研究》2004 年第 7 期；吴黛舒：《中国教育学学科危机探析》，《教育研究》2006 年第 6 期；赵蒙成：《教育学的迷惘》，《读书》2001 年第 5 期等。

③ 项贤明：《教育学的学科反思与重建》，《教育研究》2003 年第 10 期。

④ 叶澜：《中国教育学发展世纪问题的审视》，《教育研究》2004 年第 7 期。

坦率而言，教育学发展中面临的诸多困局和焦虑①，有些是当

① 这种困局和焦虑，反映在教育学界关于教育学发展的探讨中，诸如：做纯粹概念研究；漠视实践问题，缺乏实践意识；用外来的理论去诠释中国实践；用既定的理论程式去说明、“规范”实践（或者说理论与实践的彻底脱离；用“非实践性”的理论去联系实践）（参见郑金洲：《中国教育学研究的问题与改进路向》，《教育研究》2004年第1期）。考察中国教育学学科危机有两个主要的维度：与“中国”对应，表现为“中国性”缺失的危机；作为一门学科，表现为“教育学”的属性缺失的危机（吴黛舒：《中国教育学学科危机探析》，《教育研究》2006年第6期）。“千人一面”、“似曾相识燕归来”；未解决理论与实践、规律与政策、批判与继承、逻辑与历史等之间的关系（参见孙喜亭：《中国教育学近50年来的发展概述》，《教育研究》1998年第9期）。百年来中国教育学始终在本土与外来的冲突中、在传统与现代的激荡中、在与其他学科的砥砺中、在与教育实践的对话中艰难行进，谋求教育学的本土化、现代化、自主化、实践化。但是，由于这些问题一直未能得到有效的解决，在各种颇具颠覆性的后现代思潮的影响下，在激进的“超越”意识的驱动下，中国教育学似乎陷入了一种“无根”的“漂泊”状态。具体来说，这种“漂泊”状态主要表现在四个方面：“去学科感”、“去科学感”、“去历史感”、“去实践感”（程亮：《中国教育学：从“漂泊”到“寻根”》，《教育学报》2008年第3期）。理论、学科及研究的范式危机；学术合法性危机；综合、整体性危机；双重裂解危机；以及“中国性缺失”、“学科性质模糊”和“独立性缺失”；教育学理论体系上的支离破碎、研究方向上的随意性、缺乏创学派的动力与激情、学术导向上的媚外倾向及学术规范意识淡薄等（参见杨小微：《中国教育学发展的“危机”中寻找“转机”》，《全球教育展望》2011年第7期）。无用的教育学；“指令化”教育学和教育学“意识形态化”；不科学的教育学；不加批判地运用和西方中心主义；教育学中褊狭的民族主义（参见庄西真：《由教育学问题说开去》，《湖南师范大学教育科学学报》2005年第1期）。重范式、轻问题，重研究、轻反思，重范式之中的研究、轻基础与背景，重科学追求、轻人文努力等偏向，使教育学研究缺少了思想性、开放性、灵活性（刘铁芳：《问题与期望：试论教育学的改造》，《河北师范大学学报》教育科学版，1999年第1期）。沦为别的学科的领地（陈桂生：《略论教育学成为“别的学科领地”的现象》，《教育研究》1994年第7期）。一直受到“西方范式”和“苏联范式”的禁锢和困扰，长期没有形成属于自我独立的教育学范式（柳海民、林丹：《困境与突破：论中国教育学的范式》，《东北师大学报》哲学社会科学版2007年第3期）。教育理论思维的缺失（任永泽：《教育学研究的理论思维》，《教育发展研究》2008年第3期）。移植国外教育理论，缺少自己独立的思考；移植其他学科，失去了教育学研究的特性；依附政治，失去了教育研究的独立性；脱离现实，失去了问题的针对性（岳伟，胡志坚：《教育学理论的贫困：反思与应对》，《辽宁师范大学学报》社会科学版，2005年第3期）。研究者在渴求学术发展的同时滞留于只（或多）“说”（教育）不（或少）“做”（研究）的怪圈；分支学科在各自分路掘进的同时却忽视了相互之间的协和共济；教育学研究在借鉴“他者”的同时却隐现“自我”迷失的危机（程天君、吴康宁：《当前教育学研究的三个悖论》，《教育研究》2006年第8期）。此类文献还有不少。需要指出的是，这里所罗列的观点，有些反映在该文作者对有关情况的综述中，并非即是该文作者本人的观点。

下的思想政治教育学也客观面对、真切感受着的。这或许和思想政治教育学与教育学之间的孕化、底色关系有着密切关联——当然这只是原因之一。教育学界以走向宏观与整体为方向实现学科、学术“重生”、“重建”的呼吁和努力，对于以其为底色而成长起来的思想政治教育学的创新发展，无疑提供了富有价值的借鉴。尽管我们力倡宏观思想政治教育学并非跟着教育学界的主张邯郸学步、东施效颦，但这两种学术体系之间历史的与现实的密切关联，总会将大致相同的理论难题与现实命运提置到两个不同学界的面前，从而使得其关于创新发展路径的探讨具有重要的相互启益作用。

同教育学一样，当下的思想政治教育学面临的诸多难题中，根本的问题在于理论与实践之间的隔膜，或者说是理论的“解题低效”①。问题产生的原因我们虽可从多种角度寻找，但其中一个重要方面即理论的微观性与实践的丰宏性之间的矛盾。就本质而言，思想政治教育即一个社会主流意识形态建构、维护与发展的特殊政治实践活动。作为一种客观存在，思想政治教育具有极为丰富的存在形态和复杂的运行体系。它与人类社会政治活动的诞生共寓一体，又无处不在于人类各种类型的政治形态之中；它与一个社会意识形态的发展变化密切贴合，又与这种社会意识形态的制度性、运动性实现相为一体；它具有自己的运行规律及发展变化的相对独立性，又从根本上受制于经济基础和社会存在；它有着关注的重点群体，又指向于全体公民及公民的不同生命时段；它离不开以个体为对象的深入细致的研究、教育和引导，又离不开对整个社会意识形态发展变化历史传统、阶段特征、影响因素、动态趋势的整体考量及有基于此的战略设计；它将国家机器掌握的一切教育体系纳入自己的运行系统，又调动着一切能够调动的社会体系加入关于“主旋律的合奏”；它表现为教育目的、教育内容、教育方法、教育者

① 沈壮海：《论思想政治教育理论研究的新范式与新形态》，《思想理论教育导刊》2007 年第 2 期。

与教育对象等相互作用而推进着的具体活动进程，又表现为依循相应的制度与机制而展开的复杂运行体系；它有着以明显的教育活动形式表现出来的方面，又有着多种多样以潜隐的形式发挥潜移默化作用的方面……显然，在如此多态多质、丰富宏大、高度复杂的思想政治教育客观存在面前，我们以特殊性质与形态的思想政治教育为聚焦对象、以具体的教育活动为关注焦点、以对教育过程相关问题的探讨为理论体系核心内容的思想政治教育学，显然以其研究对象的特殊性、局部性、具体性、个体性、细节性等，呈现出微观之学的鲜明特征。

基于部分和局部而生成的理论显然只能反映、解释、指导作为其实践基础的部分与局部，而不能反映、解释、指导整体与全局，不能满足整体与全局对理论反映、解释与指导的渴求；部分与局部总是在整体与全局中才凸显出其意义并真正富有效力地发挥作用的，由此也决定了仅基于部分和局部而生成的理论往往是不彻底的；基于部分和局部而生成的理论如若被视为全面地反映了应予以把握的整体对象时，既会遮蔽应有的理论视野，形成诸多的理论盲点，又会窄化推动理论发展的丰富实践泉源。近年来，学界关于思想政治教育理论研究与实践发展脱节、理论成果对客观现实解释力钝化、理论研究的选题困惑及低水平重复，以及对思想政治教育实效性不强等感慨，都与上述问题有着密切关联。诸如此类问题的化解之道，即在于给思想政治教育的丰宏性存在以全面的理论反映，建设宏观的思想政治教育学。

宏观思想政治教育学即从宏观与整体上研究思想政治教育的学问。区别于微观研究对作为具体教育活动的思想政治教育的关注，宏观思想政治教育学着眼于作为社会主流意识形态建设特殊形式的思想政治教育；区别于微观研究对个体思想政治素质发展变化与教育引导的关注，宏观思想政治教育学着眼于整个社会意识形态的发展变化及主流意识形态的建构、维护和发展；区别于微观研究对思想政治教育内在运行过程的关注，宏观思想政治教育学着眼于思想政治教育与各个社会系统的息息互动，及思想政治教育的整体运行体系、制度与机制；区别于微观研究对思想政治教育具体推进的理论支撑，宏观思想政治教育学着眼于对思想政治教育创新发展的战略考量。

宏观思想政治教育学既可以理解为理论体系，也可以理解为理论视野。作为理论体系与理论视野的宏观思想政治教育学相互影响、呼应和支撑。作为理论体系的宏观思想政治教育学，即宏观思想政治教育学原理。这一理论体系当努力从宏观与原理的层面阐述思想政治教育的本质论、形态论、目的论、价值论、意识形态论、与社会大系统的关系论、决策论、制度论、体系论、运行论、管理论，等等。“一门科学提出的每一种新见解都包含这门科学的术语的革命。”① 宏观思想政治教育学原理的建设，需要我们从教育者与教育对象、目标、内容、机制、原则、方法、内化与外化、疏通与引导、教育与管理等话语体系中解放出来，围绕宏观思想政治教育学的理论内容，形成或引入相应的概念范畴，构建新的话语体系，阐述思想政治教育在宏观与整体层面的基本原理。宏观思想政治教育学原理的建设，需要坚持总体性的研究方法，“注意总的联系”和“事物的总的概貌”，注意长时段与大范围的考察②，而不“陷入一种几乎是无休止、无结果的对枝节问题的思辨中”③。与总体性的研究方法紧密联系，在对宏观与整体的研究中，还需要注意从抽象上升到具体的方法的科学运用。因为在这里作为研究对象的宏观与整体，“当它在头脑中作为思想整体而出现时，是思维着的头脑的产物”，如果我们在研究的过程中不能够把它从精神上“具

---

① 《马克思恩格斯文集》第5卷，人民出版社2009年版，第32~33页。

② 在致瓦尔特·博尔吉乌斯的信中，恩格斯这样写道：“我们所研究的领域越是远离经济，越是接近于纯粹抽象的意识形态，我们就越是发现它在自己的发展中表现为偶然现象，它的曲线就越是曲折。如果您画出曲线的中轴线，您就会发现，所考察的时期越长，所考察的范围越广，这个轴线就越是接近经济发展的轴线，就越是同后者平行而进。”见《马克思恩格斯文集》第10卷，人民出版社2009年版，第669页。

③ 《马克思恩格斯文集》第10卷，人民出版社2009年版，第692~693页。

体再现出来”即从抽象上升到具体，从而使其再现为“许多规定的综合……多样性的统一”、“具有许多规定和关系的丰富的总体”，那么，摆在我们面前的便只是“关于整体的一个混沌的表象”，我们的研究也便只能“在分析中达到越来越简单的概念；从表象中的具体达到越来越稀薄的抽象”①。在这种情况下构建的宏观思想政治教育学，无疑也便会离其现实基础越来越远，成为空洞无物的玄学。

宏观思想政治教育学建设的意义，绝不止于构建形成相对完整的基本理论体系，更表现为它提醒我们以宏观的理论视野，去观察、思考、研究有着丰宏性存在的思想政治教育，以便看到更为丰富的景致，为思想政治教育学的理论建设，汲纳更多的理论与实践资源。在思想政治教育学的发展进程中，我们长期以来曾经囿于对思想政治教育“中国形态”的认识而忽视甚或否认思想政治教育在不同社会形态中的普遍性存在，制约了我们的理论视野，也阻滞了我们的理论建设。这种局限当前虽已突破，但认识思想政治教育过程中的“教育形态”的局限即我们前文反复提及的主要将思想政治教育视为一种特殊的教育活动的认识局限，仍然比较明显地遮蔽着我们的理论视野。这种理论视野的遮蔽带来的消极影响，既表现为我们对教育体系之外的思想政治教育、对思想政治教育的众多社会实现形式等存在明显的理论盲点，也表现为我们在对国外思想政治教育进行研究和比较时，更多地以我们解读教育活动时惯用的地位、作用、目的、方法、途径等范型对其进行格式化的解读，更多地关注道德教育、价值教育、价值澄清等比较德育论所关注的理论流派，关注杜威、科尔伯格、拉兹·西蒙等比较德育论所关注的学者人物。实际上，当眼界打开之后，我们便会看到一个更加五彩缤纷的世界。如：1960年前后，面对“在扮演世界角色的美国的影响力的诸方面，盟国和敌国对美国的经济发展、技术革新、贸易手段、文化吸引力及其庞大的盟国体系”提出的一系列挑战，美

① 《马克思恩格斯选集》第2卷，人民出版社1995年版，第18~19页。

国人感觉到了其“世界角色的危机”①。在这一背景下，美国兴起了一场关于国家目标的讨论。这是一场动员极其广泛的讨论。“1960 年春天，关于国家目标的话题在全美国的政治会议、开幕讲话、杂志专栏、新闻社论、广播和电视中随处可见。国家性组织将这个议题纳入议事日程，‘美国老兵组织’把它定为夏季集会的主题，总工会号召其全国 20 万成员对这个问题展开进一步讨论”；“各行各业都大力寻找国家目标。在历史界，奥斯卡·翰德林编撰了一部名为《美国的原则和问题：国家目标》的书。……著名科学家组成的一个委员会（其中包括玛格丽特·米德）在《科学》杂志上提出，应当重新认识‘科学能够对国家目标做出什么贡献’”。众多“舆论界的老手：阿切博尔德·麦克利什，克林顿·罗西特，戴维·萨尔诺夫，比利·格拉汉姆，沃尔特·李普曼，阿德莱·史蒂文生，约翰·加德纳以及阿尔伯特·霍尔斯塔特……都加入了‘一场国家辩论’”；“洛克菲勒兄弟基金会于 1956 年开始了一份长期计划，它的目的是‘确定国家的目的和目标’”，并于 1961 年发表了题为《美国的前景》的研究报告；“总统竞选中也出现了这种讨论”，“两位主要的总统竞选人，约翰·F·肯尼迪和理查德·M. 尼克松撰文阐述他们对于国家目标的看法”；“政府的顶层人物也开始寻找目标。艾森豪威尔总统在 1959 年 1 月的国情咨文中，呼唤能够指导这个国家及其人民的目标。1960 年初，艾森豪威尔召集了一个研究国家目标的总统委员会……其中包括了各个领域的学者和专家”，并于此后发表了题为《美国人的目标》的研究报告；美国《生活》杂志将这一场讨论称之为“我们这一代人

---

① ［美］唐纳德·怀特著，徐朝友、胡雨谭译：《美国的兴盛与衰落》，江苏人民出版社 2002 年版，第 393 页。在该书中，作者曾生动地描述过美国人心目中的这种危机感：“现实主义语出惊人的先锋汉斯·摩根索已经开始将美国称作两个世界上最强大的国家之一，认为它差不多与苏联旗鼓相当。‘美国不再是世界上最强大的国家了’，他在 1957 年惊人地声明，‘它在实际和潜在的军事力量上甚至无法与苏联匹敌。’摩根索在修订他在当时还属经典的作品《国家间的政治》时，删去了所有涉及美国的卓越地位的注释。”（见该书第 398 页）

最重要的一场辩论"①。从宏观的视野来看，对于这一场讨论及类似的问题，我们能否从思想政治教育的角度予以深入研究和解读呢？答案应该是肯定的。当眼界打开之后，我们完全可以突破认识思想政治教育时的"教育形态"的局限，基于丰富的事实和宏阔的观察，构建思想政治教育比较研究新的内容体系。与此同理，对思想政治教育历史发展、重大现实问题的研究等，也都会因宏观视野的确立而实现研究范式的转换与理论新形态的构建。

三 思想政治教育学：宏微之间

提出建设宏观思想政治教育学，是思想政治教育学发展到当下阶段的产物。没有思想政治教育学二十余年来的发展和积累，包括以微观为基本色调的思想政治教育学的发展，以及具有一定宏观性的思想政治教育理论研究的逐渐推进，我们便无法真切地感知思想政治教育理论研究尚且存在的"无知之境"，也无法准确把握思想政治教育理论研究实现新跃升的努力方向，同样也没有构建宏观思想政治教育学的理论准备。概言之，微观思想政治教育学的日趋成熟，一些带有宏观性的思想政治教育研究的开展，为宏观思想政治教育学的整体建设与发展奠定了基础。

宏观思想政治教育学的建设，也并不否定思想政治教育学在微观层面的发展。正如任何一种事物都有其宏观存在，也有其微观存在，需宏观观照，也需微观审察一样，微观思想政治教育学与宏观思想政治教育学二者都是我们研究思想政治教育所需要的。微观思想政治教育学的建设，不仅不会因宏观思想政治教育学建设的推进而受到弱化，相反，宏观思想政治教育学的建设恰恰会带来微观思想政治教育学创新发展的新契机。当下的思想政治教育学，虽然以微观为基本色调，但客观而言，其中也不乏宏观性的成分，是宏、微观杂糅于一体的。这种状况，既带来了宏观部分的明显薄弱，也

① ［美］唐纳德·怀特著，徐朝友、胡雨谭译：《美国的兴盛与衰落》，江苏人民出版社 2002 年版，第 393~397 页。

带来了微观部分的有欠精微。宏观思想政治教育的建设，无疑会卸下当下以微观为基本色调的思想政治教育学对宏观问题时有顾盼的重负，促进专注于对微观问题的精深探索。事实上，仅就微观思想政治教育学的发展而言，也仍然有许多艰巨的任务需要面对。如，在原理层面，到底如何确立其理论体系？如何将原理与政策及其他应用层面的内容有效地区分开来？如何基于二十余年来的发展和积累，形成以内生性概念范畴等为主体的话语体系？①如何更加准确深刻地概括人的思想政治素质发展变化及教育引导的规律等，这些都是微观思想政治教育学的精细发展必须关注的重大基础性课题。

思想政治教育宏、微观之学是共生的。马克思指出："最一般的抽象总只是产生在最丰富的具体发展的场合，在那里，一种东西为许多东西所共有，为一切所共有。这样一来，它就不再只是在特殊形式上才能加以思考了。"②宏观思想政治教育学的原理也只有当思想政治教育的各种存在形态、形式与方面都得到最丰富发展的情况下才能获得最充分的发展条件。同样，思想政治教育各种存在形态、形式与方面的最丰富发展，也为以具体思想政治教育形态、形式与方面为研究对象的微观思想政治教育学的发展创造了条件、提出了需求。就此而言，思想政治教育的宏、微观之学共生于思想政治教育各种存在形态、形式与方面最丰富的具体发展。当下思想

① 有研究者认为，教育学领域存在这样的情况："在研究方法上，教育从来没有确切的取向，传统上沿用哲学和心理学的成果。一方面是运用思辨的方法谈论教育本质、教育规律、教育中的主客体关系、教育与社会的关系等问题；另一方面是采用心理学的成果对学生身心发展规律的描述说明如何进行教学。在概念体系上，教育学基本借用哲学和心理学的词汇，如教育规律、教育本质、教学的主体和客体、人的发展、教学中的矛盾等等。这些概念并不是对教育活动的理论概括，而是教育学者的先验预设。由于哲学和心理学为不同的知识体系，这些概念很难在教育学的旗帜下获得协调一致的界定，所以从未被组织为一个逻辑的理论框架。因此，当教育学的陈述与教育实践的现实产生冲突时，人们便不知所措，因为这些理论既游离于现实，又不具备改造、组合和理解经验的理论功能。"（吴钢：《论教育学的终结》，《教育研究》1995 年第 7 期）思想政治教育学领域是否存在类似的现象？如何看待这类现象？这些问题需要我们思考。

② 《马克思恩格斯选集》第 2 卷，人民出版社 1995 年版，第 22 页。

政治教育实践极为丰富的展开，正为思想政治教育宏、微观之学的共同发展创造了广阔沃土。

思想政治教育宏、微观之学是互促的。同一学科中宏观、微观两种不同的学术发展向路与理论学说之间，总是相互促进而非相互冲突与削弱的。如宏观经济学与微观经济学，“鉴于宏观与微观、总量与个量，两者虽相互区别，却又相互依存，关系至为密切，即使当‘宏’、‘微’两种分别各自成为独立学科以后，其发展情况固然因时因地而互有缓急消长，但总的进程则是亦步亦趋、彼此呼应的”。①这是因为，对事物的宏观认识与微观认识，总是紧密地联系在一起的。恩格斯曾经指出：如果我们不知道构成“自然界或人类历史或我们自己的精神活动……这幅总画面的各个细节”，“我们……就看不清总画面”，而“为了认识这些细节，我们不得不把它们从自然的或历史的联系中抽出来，从它们的特性、它们的特殊的原因和结果等等方面来分别地加以研究”。②同样的道理，我们如果不能看清思想政治教育总画面的各个细节，也便看不清思想政治教育的总画面，要看清细节，就必须有精确的思想政治教育的微观研究。而问题的另一面则是，对事物的研究，如果“撇开宏大的总的联系去进行考察”，“只见树木，不见森林”③，则会陷入形而上学的思维方式。总之，看清“总画面”与看清“细节”在我们对事物的认识中构成为互为条件、相互支撑的关系。思想政治教育的宏、微之学也因其对“总画面”与“细节”的各自集中关注而相互支撑、相互影响，共同推动着思想政治教育理论与实践的发展。

思想政治教育宏、微观之学的发展，需要努力与思想政治教育的实践发展同步，与哲学社会科学乃至自然科学中相关学科的发展同步。思想政治教育宏、微观之学的发展均需以高度的开放性而广

---

① 张培刚、厉以宁：《微观宏观经济学的产生和发展》，湖南人民出版社1986年版，第23~24页。

② 《马克思恩格斯选集》第3卷，人民出版社1995年版，第359页。

③ 《马克思恩格斯选集》第3卷，人民出版社1995年版，第360页。

纳理论与实践的养料，这就需要向生动的实践开放，向与人和社会有关的各个科学领域开放。前文曾经提到，在多年的理论建设中，思想政治教育学的理论研究非常关注对思想政治教育学理论基础和学科借鉴的探讨。这种探讨的真正意义，不在于我们在教材中数目不等地列出若干条相关理论或相关学科的名录，而在于思想政治教育的理论研究能否与这些相关理论、相关学科的发展基本同步，能否基本同步性地将相关理论与学科与时俱进的新成果渗化入自己的发展——无论是理论、方法还是视野——之中。要达到这一步，无疑需要我们付出极为艰辛的努力；但如果我们不达到这一步，则思想政治教育学的宏观无以立其宏阔，微观无以求其精微——处于这种状况中的思想政治教育学，便只能偏居一隅，自赏已芳了。

参考文献

《马克思恩格斯选集》（1~4卷），人民出版社1995年版。

《列宁选集》（1~4卷），人民出版社1995年版。

《毛泽东选集》（1~4卷），人民出版社1991年版。

《邓小平文选》（1~3卷），人民出版社1993年、1994年版。

《毛泽东邓小平江泽民论思想政治工作》，学习出版社2000年版。

中共中央文献研究室：《社会主义精神文明建设文献选编》，中央文献出版社1996年版。

汪金权：《江总书记抓党建重要活动记略》，人民出版社1998年版。

袁贵仁：《马克思的人学思想》，北京师范大学出版社1996年版。

刁培萼、丁沅：《马克思主义教育哲学》，华东师范大学出版社1987年版。

王新农：《马克思主义理论教育规律及实效性研究》，天津大学出版社1994年版。

肖前：《马克思主义哲学原理》上、下册，中国人民大学出版社 1997 年版。

刘建军：《马克思主义信仰论》，中国人民大学出版社 1998 年版。

陈秉公：《思想政治教育学》，吉林大学出版社 1992 年版。

王玄武：《政治观教育通论》，高等教育出版社 1999 年版。

郑永廷：《思想政治教育方法论》，高等教育出版社 1999 年版。

张耀灿：《中国共产党思想政治教育史论》，高等教育出版社 1999 年版。

姚新中：《道德活动论》，中国人民大学出版社 1990 年版。

唐凯麟、龙兴海：《个体道德论》，中国青年出版社 1993 年版。

张琼、马尽举：《道德接受论》，中国社会科学出版社 1995 年版。

鲁洁、王逢贤：《德育新论》，江苏教育出版社 1994 年版。

戚万学、杜时忠：《现代德育论》，山东教育出版社 1997 年版。

万俊人：《现代西方伦理学》上、下册，北京大学出版社 1990 年版。

黄钊：《三德教育论纲》，武汉大学出版社 1997 年版。

戚万学：《冲突与整合——20 世纪西方道德教育论》，山东教育出版社 1995 年版。

袁桂林：《当代西方道德教育理论》，福建教育出版社 1994 年版。

瞿葆奎：《教育学文集·课程与教材》上、下册，人民教育出版社 1989 年版。

瞿葆奎：《教育学文集·德育》，人民教育出版社 1989 年版。

瞿葆奎：《教育学文集·教育目的》，人民教育出版社 1989 年版。

陈佑清：《教育目的论》，湖北教育出版社 1994 年版。

华东师范大学教育系、杭州大学教育系：《西方古代教育论著选》，人民教育出版社 1985 年版。

华东师范大学教育系、杭州大学教育系：《现代西方资产阶级教育思想流派论著选》，人民教育出版社 1980 年版。

马俊峰：《评价活动论》，中国人民大学出版社 1994 年版。

冯平：《评价论》，东方出版社 1995 年版。

王雩：《认识系统运行论》，中国人民大学出版社 1990 年版。

郭湛：《人活动的效率》，人民出版社 1990 年版。

李德顺：《价值论》，中国人民大学出版社 1987 年版。

丁宁：《接受之维》，百花文艺出版社 1990 年版。

张嘉同、沈小峰：《规律新论》，中共中央党校出版社 1993 年版。

欧阳康：《社会认识论导论》，中国社会科学出版社 1990 年版。

[美] 约翰·杜威著，王承绪译：《民主主义与教育》，人民教育出版社 1990 年版。

[美] 拉尔夫·泰勒著，施良方译：《课程与教学的基本原理》，人民教育出版社 1994 年版。

[美] 布鲁纳著，邵瑞珍等译：《布鲁纳教育论著选》，人民教育出版社 1989 年版。

[美] 威廉·H. 克伯屈著，王建新译：《教学方法原理教育漫谈》，人民教育出版社 1991 年版。

[瑞士] 皮亚杰著，卢濬选译：《皮亚杰教育论著选》，人民教育出版社 1990 年版。

[日] 小原国芳著，由其民等译：《小原国芳教育论著选》，人民教育出版社 1993 年版。

[英] 赫·斯宾塞著，胡毅、王承绪译：《斯宾塞教育论著选》人民教育出版社 1997 年版。

[美] R. E. 安德森、I. 卡特著，王吉胜等译：《社会环境中的人类行为》，国际文化出版公司 1988 年版。

[美] 麦克莱伦著，宋少云、陈平译：《教育哲学》，生活·读

书·新知三联书店 1988 年版。

［苏］苏共中央直属社会科学院心理学和教育学教研组编，史民德、何得霖译：《党的工作中的社会心理学和教育学》，广西人民出版社1986 年版。

［美］乔治·霍兰·萨拜因著，盛葵阳、崔妙因译：《政治学说史》上、下册，商务印书馆 1986 年版。

［美］格林斯坦、波尔斯比著，竺乾威等译：《政治学手册精选》，商务印书馆 1996 年版。

［苏］B. B. 姆什韦尼耶拉泽著，王浦劬等译：《政治现实与政治意识》，中国社会科学出版社 1990 年版。

［苏］伊·斯·马里延科著，牟正秋、王明辉译：《德育过程原理》，人民教育出版社 1985 年版。

［美］罗伯特·梅逊著，陆有铨译：《西方当代教育理论》，文化教育出版社 1984 年版。

［英］博伊德著，任室祥、吴元训译：《西方教育史》，人民教育出版社 1985 年版。

［美］威廉·麦独孤著，俞国良等译：《社会心理学导论》，浙江教育出版社 1997 年版。

［美］安东尼·奥罗姆著，张华青、孙嘉明译：《政治社会学》，上海人民出版社 1989 年版。

［加］克里夫·贝克著，詹万生等译：《学会过美好生活——人的价值世界》，中央编译出版社 1997 年版。

Hugh F. Chine, Robert A. Feldmesser. Program Evaluation in Moral Education, Education, Educational Testinging Service, 1983.

Lawrence Kohlberg. The Psychology of Moral Development. Harper & Row, Publishers, San Francisco, 1984.

Carolel. Hahn. Becoming Political. State University of New York Press, 1998.

Charles Eugene Conover. Moral Education in Family. School and Church. The Westminster Press, Philadelphia.

Kohlberg L. & Turiel E.. Moral Development and Moral

Education. In Lesser, S. G. (Ed.), Psychology and Educational Practice, 1971.

Kohlberg L.. The Moral Atmosphere of School. Collected Papers on Moral Development and Moral Education, 1973.

Raths L., Harmin, M. & Simon. S. Teaching for Value Clarity. Values and Teaching, 1966.

Pervin L. A.. Social Learning Theory of Personality. Personality: Theory and Research, 1984.

Wilson J. B.. General Introduction. In Wilson J. B., Williams N. & Sugarman, B. N., Introduction to Moral Education, 1967.

后　记

摆在读者面前的这本书，是在我博士学位论文的基础上修改而成的。

1987年，我从河南省博爱县的一所乡村初等中学考入了河南省焦作市中等师范学校，在太行山脚下度过了令人难以忘怀的三年学习生活。1990年师范学校毕业之际，我有幸被免试推荐为武汉大学思想政治教育专业的一名本科生，踏上了珞珈山这片令人神往的土地，并在这里一口气读完了思想政治教育专业的学士、硕士学位。1997年硕士毕业之际，在众多师长的关爱中，我又有幸考取了武汉大学马克思主义理论与思想政治教育专业的博士研究生，成为我们国家在高等学校正式设立马克思主义理论与思想政治教育专业博士点之后的首批博士研究生中的一员。这本书，是武汉大学思想政治教育系在专业方面对我十载培育的结果，也是我对自己十年面壁的一个初步小结。

作为人类社会中的一种政治实践活动，思想政治教育的诞生，与人类社会政治生活的出现同步。在它的历史发展进程中，中外众多的思想家对其进行过不计其数的极富智慧性的探讨。但是，在

"思想政治教育"这一特定概念下，以特定的学科为依托，以人类社会中的这一特殊的政治实践活动为主题，进行科学化与学科化的专门性建设，却是20世纪80年代之后的事情。因此，与众多的兄弟学科相比，思想政治教育学无疑显得很稚嫩。稚嫩，往往内含着无限的发展生机，但与此同时，稚嫩，也往往意味着成长历程中将经受种种不易，意味着需要我们更多的呵护和培植。作为一名受思想政治教育专业培育十年的书生，我觉得自己有责任参与到众多学者所极力推动着的思想政治教育学科化与科学化的进程中，并为之贡献自己的绵薄之力。

本书以"思想政治教育的有效性"为核心论题展开，从基础理论研究的角度切入，同时注重理论与实际、历史与现实的紧密结合，力图对思想政治教育的理论建设与实践发展有所帮助。本书自文稿初就至最终付梓，历时一年半，其间文字内容时有增删与调整。如果说这本书尚有其可取之处的话，我觉得主要表现在：第一，在整体框架方面，提出了一个具有一定新颖度与严整性的体系结构。本书对思想政治教育要素、过程、结果、规律的依次探讨，构成一个相对完整的理论分析框架，为思想政治教育有效性问题探讨的系统性奠定了基础；这种理论分析框架的确立，又使得本书对思想政治教育有效性问题的探讨，有了向纵深挖掘的可能，避免了仅仅只是在思想政治教育结果的有效性上做文章的局限。第二，在具体观点方面，提出了一些新的说法。本书提出了思想政治教育活动包括教育者、教育对象、教育目的、教育内容、教育方法、教育情境六个要素的观点；提出了思想政治教育内容由两个层面构成的观点，并论证了思想政治教育内容由第一层面向第二层面转换的必要性及转换的基本方法论原则；提出了思想政治教育过程由思想政治教育者的意识活动过程与实践活动过程、思想政治教育对象的意识活动过程与实践活动过程四个子过程构成的观点，并论述了这四个子过程的具体运行及其所内含的思想政治教育基本矛盾的形态转换问题；提出了将思想政治教育活动的教育性、可持续性作为衡量思想政治教育活动有效性的重要方面的观点，等等。当然，提出新观点是一个问题，所提新观点是否严密、是否站得住脚则是另一个问题。我期待着来自各方面的教诲。

在珞珈山上度过的这十余年的时光里，我时时都得到众多的师友们的关爱和支持。本书的写作，更是得到了众多可敬的师长们的关心。我攻读硕士学位、博士学位期间的导师黄钊教授就本书的写作多次约我悉心长谈，指导我推敲本书的写作提纲，逐句审读本书的初稿，写下了大篇幅的修改意见及相关批注，并为本书拨冗赐序；梅荣政教授多次就我的学术研究方向的确立进行指导，并对本书所涉及课题的研究方法、写作思路、行文风格等提出了极其宝贵的意见；在我借调国家教育部社政司工作期间，社政司的领导和老师对本书的写作及我的专业学习、业务工作予以了悉心指导。本书初稿作为博士论文申请答辩时，教育部社政司司长顾海良教授、中山大学郑永廷教授、清华大学刘书林教授都在百忙中认真审读论文并给予了全面的评析；中国人民大学许征帆教授，中山大学郑永廷教授，华中师范大学张耀灿教授，武汉大学梅荣政教授、宋镜明教授、石云霞教授、丁俊萍教授组成的博士学位论文答辩委员会对论文进行了鞭辟入里的剖解与评论，充分肯定了论文的成功之处，也中肯地指出了论文需要改进与加强的方面。多年来，师母罗萍教授对我的学业、工作、生活也给予了很多支持和教诲……应该说，本书的写作，凝聚着各位师长太多太多的关怀和垂爱。每念及此，我常常忐忑不安，只恐自己交出的答卷有负于各位师长的厚爱。

数年来，导师刘德厚教授也始终关注我学业上的进展情况。博士入学之初，刘老师与我就博士生专业学习和学术研究问题的多次语重心长的交谈，至今尤在耳边萦绕。目前，刘老师又不顾自己学术研究与学术活动的繁忙，指导我进行着博士后期间的相关课题的研究。王玄武教授、刘行淼教授、任大奎教授、胡树祥教授、孙居涛教授、骆郁廷教授与武汉大学政治与行政学院思想政治教育系的各位老师、院资料室的各位老师以及我读博士期间的很多同学多年来对我的学习和工作给予了多方面的指导、支持和帮助，在此一并致谢。

本书有幸得以正式出版，离不开武汉大学出版社、武汉大学政治与行政学院、武汉大学人事部博士后管理办公室的大力支持。在本书得以顺利面世之时，谨表示衷心的感谢。

在这里，我还要感谢我可敬的父母和可爱的妻子。是父母用自己的汗水换来了我多年攻读的机会，他们至今仍在遥远的故乡辛勤地劳作；我的妻子除了兢兢业业地做好自己的本职工作外，还为支持我的学业、工作作出了大量的奉献。我谨以此书献给他们。

由于学识有限，本书错谬之处，真诚地希望各位专家、学者批评指正。

沈壮海

2001 年 4 月 17 日于珞珈山

再版后记

这本书初版于 2001 年，并于 2008 年推出过修订后的第二版。近来多有读者反映已无从购得。在出版社的支持下，现修订再版。

修订中，我逐句细读全书，做了大量文字方面的再推敲工作，力求文句更精炼、准确、晓畅。基本框架、主要观点等未做任何改动。文中支撑论证的素材，均一仍其旧，保持原貌。书后附录了《论思想政治教育理论研究的新范式与新形态》、《宏观思想政治教育学初论》两文。这两篇文章，可视为姊妹篇，表达了近年来我对思想政治教育基础理论建设的一些新认识。在 2008 年版的后记中我曾写道："基于实践的理论创新是思想政治教育实践创新的先导，也是切实提升思想政治教育有效性的重要前提；如何在研究范式的转换中，更加强劲地激活思想政治教育理论研究的生命力，为思想政治教育的实践创新提供有力的学理支撑，也当是思想政治教育有效性研究的重要论题。"希望所附两文，能够对读者思考本书的主题即思想政治教育有效性问题有所补益。

真诚感谢本书形成过程中各位老师的精心指导及出版以来学界同仁的肯定与鼓励，期盼读者朋友们的批评指正！

沈壮海

2016年3月7日于珞珈山